本丛书得到韬奋基金会资金资助

"十一五"国家重点图书出版规划项目

书林守望丛书

美丽的选择

何启治 著

首都师范大学出版社

图书在版编目(CIP)数据

美丽的选择/何启治著 . 一北京：首都师范大学出版社，
2010.12

(书林守望丛书/吴道弘主编)

ISBN 978-7-5656-0247-4

Ⅰ.①美…　Ⅱ.①何…　Ⅲ.①出版工作一中国一文集
Ⅳ.①G239.2-53

中国版本图书馆 CIP 数据核字(2010)第 244043 号

书林守望丛书
MEILI DE XUANZE
美丽的选择
何启治　著

项目统筹：张　巍
责任编辑：陈　曦　　　责任设计：张　朋
责任校对：李佳艺　　　责任印制：沈　露
首都师范大学出版社出版发行
地　址　北京西三环北路 105 号
邮　编　100048
电　话　68418523(总编室)　68982468(发行部)
网　址　www.cnupn.com.cn
北京嘉实印刷有限公司印刷
全国新华书店发行
版　次　2010 年 12 月第 1 版
印　次　2010 年 12 月第 1 次印刷
开　本　787mm×1 092mm　1/16
印　张　20
字　数　292 千
定　价　43.00 元

做文化的守望者

——《书林守望丛书》总序

柳斌杰

　　文化是每一个民族赖以生存的根基和灵魂，而出版事业和出版物，是民族文化的结晶，是民族精神的物质承载者，是衡量一个国家和民族文明程度的重要标志。从事这项伟大事业的出版人，不仅是出版活动的实践者，而且是人类文化创造、积累、交流、传播的组织者和参与者，是文化产品的生产者、民族精神的护卫者和时代精神的弘扬者。任何时代，治书修史者都肩负着神圣的历史责任、文化责任、社会责任，在我国，这种传统一直延续了几千年。但是，目前受名利诱导和网络快餐文化的影响，出版界跟风炒作、追求市场效应一夜成名而不顾文化品位等现象时有耳闻。在种种浮躁的背后，反映出来的是出版从业者文化品格的缺失。唯其如此，为繁荣学术和民族文化而坚守文化天职、恪守社会责任的职业精神和文化追求，尤其值得在出版界大力弘扬。

　　出版人是文化薪火的传承者，具有坚守文化自信的历史责任。众所周知，出版是人类文明薪火相传的重要依托，一个国家民族科学文化的传播和传承，有赖于它的出版事业。中华文明之所以历经五千年而一脉不绝，就在于中国历代政治家、著作家、出版家、藏书家接续几千年文明发展进程中形成的尊崇历史、珍惜古籍、编修文献、善待图书、重视典藏的优良传统，他们将中华文化的精髓融入历代出版物之中，一代一代地传之后世，肩负起了将一个时代的科学文化及思想智慧真实地记录下来、传承下去的历史责任，使中华民族的文化根基与时俱丰、愈加巩固。作为新时期文化创新和文化传播的主体，当代出版工作者更加需要继承传统、关注时代，一方面自觉承担起对民族文化传统的保存、整理、批判、传承的责任，保持中华文化的统一性、延续性；另一方面推动文化创新和发展，弘扬和培育符合时代要求的民族精神，在增强民族的凝聚力、创造力以及同世界其他文明进行对话的文化自信力方面作出贡献，使中华民族独立于世界民族之林的文化根基更加坚韧。

出版人是文化创新的推动者，具有坚守文化本性的特殊责任。作为一种文化生产的基本业态，出版既有产业的属性，又有意识形态的属性，必须通过创新来保持文化的独特品质和内容的先进性。从这个意义上说，创新是出版工作者的不竭动力和显著特征，不仅是文化积累和产品制造的组织者，而且也是文化内容的选择者和把关者，当然应当是新知识领域的开拓者和新成果的发现者、催生者。一方面，知识的保存、生产和应用，文化和技术的传承、生产和原创，都是以出版活动为基础的。历史上重要的思想创新、科学发现和技术进步主要是通过出版物得以传承和发展的。另一方面，从造纸术、印刷术到当代激光照排系统、计算机王码汉字处理系统以及数字技术的应用，出版人率先将新成果引进出版业，引发出版形式和内容的不断创新。在文化传播过程中，出版人通过传承优秀民族文化、吸收外国文化精华、把握时代需要，促进着社会文化的不断进步。而现代出版史上鲁迅发现大批文学青年、叶圣陶对巴金处女作的慧眼识珠、巴金对曹禺作品的琢璞为玉的佳话，也反映了出版人所必备的发现新人新作的创新品质。在当前的创新型时代、创新型国家建设的过程中，人民群众的伟大创造，已然成为文化创新取之不尽、用之不竭的源泉，迫切需要出版工作者发现、认识、扶持、推广，进而铺垫中华民族元气深厚的文化创新的阶石，培育中华民族根深叶茂、神韵独具的文化创新的活力。

出版人是时代思潮的引领者，具有坚守文化领土与文化阵地的社会责任。出版的本质不仅在于积累文化、创造新知，不断推出更优秀的文明成果，而且还在于按照一定的价值目标对社会现实文化作出评价，通过选择、把关实现对社会风气、学术思潮、文化倾向的引导。古代中国知识分子正是借助"竹帛长存"所构成的社会认知体系和社会规范体系，才唤起了"见贤而思齐"的文化自觉和道德自律。"五四"时期以《新青年》为中心凝聚的一大批知识青年的出版传播活动，将"科学"与"民主"汇聚成了思想解放的伟大潮流。在当今政治多极化、经济全球化、文化多元化、新技术日新月异的国际背景下，在经济社会急剧转型、社会文化事业和文化产业发展不平衡的国内背景下，承担着建构社会主义和谐社会及传播先进文化的神圣使命的出版工作者，其选择、把关进而引导大众的责任更加重大，需要通过对精神生产加以规划与组织，对精神产品进行鉴别与加工，对文化遗产作出选择和整理，对社会信息予以筛选和传递，打造传承主流文化和主流价值观的精品力作，不断巩固主流文化阵地。这就要求当代出版工作者必须深深植根于中国特色社会主义伟大实践，敏锐把握时代变革的风气之先，不随波逐流，不跟风炒作，不断提高辨别真善美和引导大众文化、传播主流文化和主流价值观的能力，致力于弘扬民族精神和时代精神，为中国的改革开放和现代化建设事业提供有力的思想保证、精神动力和智力支持。

历史已经证明，出版业作为文化传承和文化创新的核心，如果没有文化理想和文化追求，便失去了发展的根基。而出版工作者的文化价值取向、人文素养、文化责任、文化运作能力和学术品评能力，又直接影响到出版物的文化含量。从这个意义上说，对于文化的坚守，不仅是一种出版理念，也是一项出版实践。在竞争日益激烈的世界文化市场中，能否坚持文化本位，能否坚守文化责任，对新时期的出版从业者来说，无疑是一种严峻的考验。《书林守望丛书》的问世，为我们提供了一部关于新中国出版人的精神文化启示录。其中反映出的经过沉淀而彰显的文化品格，尤其应该成为新时期出版工作者的精神支柱。这套丛书的作者，是一群深深地钟情于出版事业的文化守望者，他们在"书荒"时代辛勤耕耘，在"书海"时代坚持方向，恪守文化的尊严，组织、规划、策划、编辑、出版过一大批反映时代精神、民族精神及具有学术价值、文化品位的标志性工程，主持、主编过一大批科学、人文、经济、教育等方面为广大读者喜闻乐见的知识读物，为全社会提供优秀的精神食粮作出过重要贡献。在他们身上体现出来的勇于开拓、后启来者的创新精神和坚守精神家园、淡泊名利的文化风骨，堪称典范。希望通过这套丛书的出版，使新时期的出版工作者形成一种更加清醒的文化自觉，在文化与产业协调发展的道路上走得更加坚定，产生更多让世界为之惊喜的拥有自主知识产权的民族文化品牌，再现中华民族宏大的文化气魄。

当前，出版业的发展同政治、经济、社会、文化的发展一样，要在

003

世界范围内的大对话、大交流、大竞争、大角逐中，把握机遇，迎接挑战，创造新的辉煌，需要一大批具有真才实学且能开阔视野、崇尚科学、追求真理、尊重创造、包容多样的新型复合型出版人才，来担当中国特色社会主义文化建设的推动者。《书林守望丛书》汇集的新中国成立六十年来成长起来的十几位出版家在长期为人作嫁的职业生涯中的思想火花、书坛掌故，集中反映了新时期出版工作者的精神风貌，不仅抓住了时代的新变化，也深刻把握了出版职业的新要求。这套丛书的作者，或者长于出版规划，或者长于鉴赏加工，或者长于经营管理，但都有将丰富的实践经验升华为理论的深沉思考。将这些经过实践检验的理论总结汇集起来，转化为鲜活的历史智慧和生命依托，对于未来的新型出版人才，无疑具有深远的精神哺育作用。我希望这套丛书的出版，能够吸引更多才华横溢、富有创造力的新军投身我们的出版事业，使中国出版人的文化守望薪火相传，为推动社会主义文化大发展大繁荣建功立业。

2009 年 7 月

目 录

美丽的选择
——回眸文学编辑四十秋(代自序)

广受注目的"卖饭记"

从 1992 年到 1995 年,中国大陆的《深圳特区报》、《新闻出版报》、《光明日报》、《大连日报》、《中国青年报》等媒体,《漓江》、《芳草》、《芙蓉》、《新华文摘》等杂志,以及海峡对岸台北的《中央日报》等近二十家新闻出版单位分别以《卖饭生涯——大陆教授在纽约》、《唐人街的唐教授》、《中国教授在纽约》等大同小异的题目,或选载或连载,或全文刊登一部讲述大陆教授在纽约唐人街华人餐馆打工故事的纪实文学作品,而深圳的海天出版社则主动向作者组稿,将它结集出版。

《中国教授闯纽约》,这部从大江南北到海峡对岸持续数年颇受关注的纪实文学作品,就是我 1989 年 6 月至 1990 年 6 月到美国探亲并一度到纽约唐人街华人餐馆打工的文字收获。作品中的"唐教授"就是我,故事中写到的一切,都是我的亲身经历,我的见闻和思考。

知道我要去美国探亲,作家柯云路对我说:"老何,你去美国探亲,机会难得,我不想劝你写什么东西,倒是希望你留心观察那里的生活——任何新鲜的生活对作家来说,都应该是一笔财富。"而另一位在 1989 年 6 月 14 日亲自送我到首都机场的好朋友、颇具声望的中年评论家冯立三却对我说:"启治,你自费去一趟美国不容易。我劝你不必急急忙忙地赶回来,而要利用这个机会好好地观察、了解美国,回来认真地写一本真正的书。"

一个劝我不一定写,一个劝我认真地写一本真正的书。但他们的意

1960 年，河北丰润县的田野上。

在困难的日子里，我和全国人民一道共度时艰。（左起第一人为何启治）

见有一点却是共同的：都让我借赴美探亲的机会，好好地观察、了解一下这个号称世界上最强大、最富有的超级大国。

这也符合我的心愿——有人说美国的月亮最亮最圆，当然也有人说我们自己的月亮才又亮又圆；那么我们何妨改变一下思考问题的角度：从彼此月亮的阴晴圆缺中，取长补短而不断地完善自己呢？我想，作为还有点文化知识的人，到一个全新的社会环境去观察体验生活，应该用自己的眼睛来看，用自己的头脑来想，从而获得属于自己的、决非人云亦云的印象。

也许，正是这些主客观原因，使得《中国教授闯纽约》不但具有题材的新鲜感，而且能够"真实地、丰富地(既有中心场景又有其辐射圈)，有吸引力地展示了纽约华人社会经济与文化生活情景……"(冯立三)较之许多浮泛的写海外华人生活的作品，它也"更具有个性……纪实，达到了逼真的程度；叙述，达到了生动形象的文学层面"(李炳银)。

除了这部给作者带来相当可观的"双效益"的《中国教授闯纽约》，十多年前，我还曾以传记文学《少年鲁迅的故事》(新蕾出版社 1981 年版)获得全国优秀少儿读物一等奖;以报告文学《播鲁迅精神之火——记新版〈鲁迅全集〉的诞生》(合作,载《当代》1981 年第 5 期)获得 1981 年~1982 年中国作协全国优秀报告文学奖。

人到中年,又经历过十年浩劫,能有如此创作成果,似可聊以自慰了吧。但在我看来,在我回眸往昔的时候,我想说,就创作而论,我只是一个在碰到机会时不敢偷懒的业余作者罢了;如果要说自豪,那我只能因为我终身的职业编辑生涯感到自豪,它使我同一大批当代优秀作家和优秀作品不期而遇。

《古船》、《大国之魂》、《白鹿原》

我是广东龙川县人,1936 年 9 月生于香港。关于我的文学编辑生涯,可以用一句话来概括:1959 年毕业于武汉大学中文系,旋即分配到人民文学出版社,直到 1999 年退休,又同时返聘到 2003 年,才完全离开工作岗位。

择要而言,我在人民文学出版社当过校对、编辑及《当代》杂志编辑部副主任、副主编兼编辑部主任,常务副主编;1992 年起为主管人文社

1960 年 1 月何启治、叶冰如(1936~2002 年)夫妻摄于北京

当代文学编辑工作的副总编辑，期间，先后担任过《中华文学选刊》主编、《当代》杂志主编，中国作协中直工作委员会委员。1982 年参加中国作协，1989 年被评为编审。退休后仍任《当代》杂志顾问，人文社专家委员会委员，系终身职业编辑。

四十多年来，我除了本职的编辑工作，还有一些比较重要、甚至有点奇特的经历可以一提：先后下放河北丰润县农村锻炼(1960 年)，参加中宣部组织的文化工作队到山西文水县刘胡兰的故乡搞文化调查(1964 年)，到上海原荣氏某申新纱厂粗纱车间当"临时工"(1964 年)，为中国作协赴大庆慰问团最年轻的团员(1965 年)，是王杰生前所在部队的"战士"(1966 年)；1974 年至 1976 年，作为当时中央出版系统派出的唯一的援藏教师，我在青海格尔木和拉萨等地工作过，还曾不甘寂寞地筹办并主编过西藏格尔木中学的文学性校刊《红柳》；1976 年 10 月至 1980 年底，参加新版《鲁迅全集》的注释、编辑工作，又一次接受鲁迅精神的熏陶，感受鲁迅的博大精深；1989 年 6 月至 1990 年 6 月到美国探亲，在纽约的华人餐馆和华人衣厂有过一段意想不到的打工生涯，等等。然而，几十年来，我的青春和生命主要还是耗费在中国当代文学方面。我曾经和自己的同事们不止一次地说过，我们一般地说都是普普通通的人才，但由于人民文学出版社和《当代》杂志在当代文坛中举足轻重的地位，它们理所当然地被视为中国当代文学的"巨人"之一。伺候好这个"文学巨人"就是我们光荣的责任。

我这么想，也是尽心尽力地这么做的。

1986 年五六月间，年轻的张炜带着他的长篇小说处女作《古船》到北京来找《当代》。这时，我刚刚担任《当代》杂志的副主编，第一次受主编的委托负责终审长篇小说。

《古船》描述的故事是从改革开放的 80 年代回溯到 40 年代的胶东土改乃至后来的"大跃进"、大饥荒和"文革"年代。这深沉厚重悲壮动人的故事让人读来回肠荡气，感慨良多。其中关于土改，更不乏惊心动魄的场景。我读后认定这是一部真实感很强，塑造了一些内涵丰富、有典型意义的人物形象，具有开拓意义和史诗品格的大作品。当即决定在《当代》1986 年第 5 期全文刊发经张炜略加修订的《古船》。

《古船》在当时还有二十多万发行量的《当代》发表后，果然引起强烈

1959 年 8 月何启治(后排左 2)自武汉大学中文系毕业留念。

前排左起：妹妹何桂芳、母亲刘惠珍、大嫂陈婉雯；后排左起：

弟弟何启庆、大哥何启光、四哥何启源。

005

的反响。

　　然而不久，在 1987 年"清除资产阶级精神污染"的背景下，《古船》受到了严厉的、来自当时某些意识形态领导人的口头而未见诸文字的批评（连电话记录都没有），以致当时的社长、主编竟以行政命令的方式指示不要出版《古船》的单行本。而我也不得不据理力争，坚持自己对《古船》的基本评价，强调要维护党的文艺政策的严肃性和稳定性，并以个人名义向社长、主编写了书面保证，立下"军令状"，愿意为《古船》单行本的出版承担责任。这样，才使《古船》得以在 1987 年 8 月由人文社正式出版。

　　在我看来，当对一部作品有不同的意见，特别是有来自领导的批评意见时，对自己经手的稿件能够排除私心杂念，采取实事求是、敢于负责的态度，应该是一个编辑良好的职业道德最重要、最集中的表现。

　　《大国之魂》，是我 1990 年 6 月从美国探亲回来后面对的第一部比较复杂的书稿。

　　其时，我刚刚成为主持《当代》日常编务的常务副主编。经过调查研

何启治作品书影（部分）

究，我首先排除了题材重复、美化美国等似是而非的问题。我强调要冷静地、不带偏见地看待四川青年作家邓贤辛苦经营数年、反复修改多次的这部《大国之魂》。我通过具体的分析后指出：在滇缅印战场与日寇周旋的确实是蒋介石、国民党及其军队，而作品着意通过二战中滇缅印战区的故事来透视中日英美等大国的民族之魂，无论对中国军队、中华民族的优劣，或西方盟友和日本侵略者的长短，都作了严肃冷峻的剖析和充满激情又真实准确的表现，角度独特，发人深省，无疑是同类题材中独树一帜、有分量有魅力的好作品。

针对作品的现状，我提出删去一些枝蔓，特别是全部删去作者家世（其父是当年中国远征军的运输兵，其母是蒋纬国的妻侄女）这些部分，但一定要保留第一次在我国战争历史文学中披露的日本军队组织随军慰安妇的内容（约两万字），从而可以在全稿三十一万字中选用最精彩也是相对完整的部分（约二十万字）刊发于《当代》1990年第6期。后来香港、台湾出版的《大国之魂》，所用的便是精粹凝练的"《当代》版"。三十一万字的全稿则于1990年10月由人文社出版。

《大国之魂》一鸣惊人，邓贤也一跃成为四川较有影响的、备受海内外瞩目的青年作家。

1992 年早春，我收到了陈忠实的来信，说他已经完成了自己的心血之作——长篇小说《白鹿原》。

我和我的同事们在读完陈忠实这部长篇小说之后，虽然有一些具体的修改意见，但总体上一致肯定《白鹿原》是一部既有历史深度和新鲜感，又有可读性，既有突破旧观念的认识价值，又有雅俗共赏的审美价值的现实主义长篇巨著。

我先签署了分两期(1992 年第 6 期和 1993 年第 1 期)在《当代》连载《白鹿原》的终审意见，又在 1992 年 9 月调任人文社主管当代文学的副总编后，签署了作为重点书出版这部长篇小说的终审意见："这是一部显示作者走向成熟的现实主义巨著。作品恢弘的规模，严谨的结构，深邃的思想，真实的力量和精细的人物刻画(白嘉轩等可视为典型)，使它在当代小说之林中成为大气(磅礴)的作品，有永久艺术魅力的作品，应作重点书处理。"这样，这部描写渭河平原五十年变迁的雄奇史诗，一轴中国农村色彩斑斓、触目惊心的长幅画卷便展现在读者的面前。我就这样成了《白鹿原》的组稿人、终审人，也是它的责任编辑之一。

《白鹿原》一出世，评论界欢呼，新闻界惊叹，读者争相购阅，一时"洛阳纸贵"。《白鹿原》自 1993 年 6 月由人文社出版单行本以来，总印数早已超过百万册(含初版本、修订本、"茅盾文学奖"获奖书系、"百年百种优秀中国文学图书"书系和精装本等)，而其盗印本不下十种，其印数与正版接近。如此看来，说《白鹿原》的总印数在两百万册以上，当不为过。

然而，如此为读者酷爱的《白鹿原》面世以后，在好评如潮之外，确实还有另一种声音。除了学术争鸣之类的意见尚属正常以外，《白鹿原》确实受到了很不公平的待遇：一方面是没有正式的批评意见，连电话通知我也没有接到，书照样印，可就是不让宣传，好像允许出书就是天大的恩赐似的。这就如同被晾在无物之阵里，让人深感压抑而又无奈；另一方面是，虽然《白鹿原》诞生以来，先后获得陕西省作协组织的第二届"双五"最佳文学奖和"炎黄杯"人民文学奖，但它在具有官方色彩的各类评奖(如"国家图书奖")活动中均告落选，而在新闻出版署组织的"八五"(1991～1995 年)优秀长篇小说出版奖的评奖活动中，它连候选的资格都

007

被主持会议的临时负责人粗暴地勾销了。

我对《白鹿原》所受的不公平对待深感不满。

1996 年 11 月，我写了《从〈古船〉到〈白鹿原〉》（载《漓江》1997 年第 1 期）一文，在《永远的〈白鹿原〉》这一专节中，我理直气壮地肯定："《白鹿原》是堪与优秀的世界文学作品媲美的、厚重而有魅力的大书"。评论家蔡葵、何镇邦看到文章后主动打电话来表示赞赏。老蔡说，现在这样满怀激情、充满自信地为好作品呐喊的文章太少了。

后来，《白鹿原》几经周折终于在 1997 年底揭晓的第四届"茅盾文学奖"中榜上有名。我备受鼓舞，立即撰写《欣喜·理解·企盼》一文，表示由衷的祝贺，对《白鹿原》并非伤筋动骨的修订也表示了相当的理解。1998 年 7 月，中央电视台"读书时间"节目组在无锡组织了一次活动，其中一个内容是请与会嘉宾举出二十年来自己最看重的一部书并略述理由，作为对新时期以来优秀出版物的肯定与回顾。当主持人李潘把话筒交到我手里时，我很自信地说："作为一个老文学编辑：二十年来我最看重的一部书就是陈忠实的长篇小说《白鹿原》，理由就在于它所具有的惊人的真实感，厚重的历史感，典型的人物塑造和雅俗共赏的艺术特色。"

除了《永远的〈白鹿原〉》，关于这部长篇小说和它的作者，我还写了《〈白鹿原〉档案》、《陈忠实和他的〈白鹿原〉》等近十篇文章，累计有好几万字，都是毫不犹豫、理直气壮的肯定与赞美。这在我四十多年的编辑生涯中，可以说是绝无仅有的，也完全是自觉自愿去做的。

在《古船》、《大国之魂》和《白鹿原》这三部重要作品的编辑经历之外，还有两件往事值得一提。

其一，是阿来荣获第五届茅盾文学奖的长篇小说《尘埃落定》，开头并没有被《当代》某些看过此作的编辑所看好。我后来意外看到这部小说之后，作为主编立即决定选载此作的一部分于《当代》1998 年第 2 期，并为此撰写了对《尘埃落定》备加赞赏的"编者按"。

其二，是由于我的支持和推荐而在《当代》和人文社连续发表、出版作品的柳建伟，于 1998 年至 2001 年 2 月终于又完成了一部规模宏大、以西部某省会为中心舞台，在经济建设的矛盾纠葛中抒写人物命运的长篇小说《英雄时代》。这部长篇由于高唱主旋律又被某些同事所不认同。但我认为只要坚守文学的本分，唱响主旋律不一定就不好。何况此作歌颂了各种各样的时代英雄，包括来自底层的平民英雄，而且又是柳建伟心血之作《时代三部曲》的最后一部，(前两部是写当代农村生活的《北方城郭》和我军现代化建设的《突出重围》，都获得较高的评价。)我们应该将《三部曲》完整地推出。虽然当时我已退休，但我的意见还是说服了其他同仁。《英雄时代》于2001年3月出版后，我应约撰写了《谱写时代的英雄乐章》一文，发表在《人民日报》(海外版)上。而柳建伟则在送给我的样书上热情地题写了这样的话："恩师何启治先生存念　经您培育的《时代三部曲》出齐，愿与您共享这一阶段性成果……"下署："学生柳建伟敬呈2001年4月成都"。

2005年4月11日，第六届茅盾文学奖终于评出，《英雄时代》榜上有名。这时候，一位同事回忆说，当年何老师就说过，《英雄时代》不但该出，说不定还会得个茅盾文学奖呢！可见，一个有眼光、有主见的编辑，该坚持时就得坚持，可不能人云亦云啊！

此外，在新时期、在当代文学的编辑岗位上，我还为一些重要作品或文学新人有艺术个性作品的发表和出版发挥了重要的作用，它们是：《衰与荣》(柯云路)，《大上海沉没》(俞天白)，《女巫》(竹林)，《南京的陷落》(周而复)，《商界》(钱石昌、欧伟雄)，《秦牧全集》，《陈国凯选集》，《赤彤丹珠》(张抗抗)，《文学评论家丛书》(陈荒煤、冯牧主编，共十六种)，《惑之年》(母碧芳)，《趟过男人河的女人》(张雅文)，《人间正道》、《天下财富》(周梅森)，《缱绻与决绝》(赵德发)，《我是太阳》(邓一光)，《霹雳三年》(王火)，《牵手》(王海鸰)，《歇马山庄》(孙惠芬)，《狂欢的季节》(王蒙)，等等。当了几十年文学编辑，成果不过如此，但毕竟是尽心尽力地为作家服务过，还是可以聊以自慰吧。

美丽的人生缘于美丽的选择

回顾几十年的文学编辑生涯，难忘在人生的长途中有过两次面临重要的抉择。

头一次，是在"五七"干校的后期(1972年)，广西一些大学到湖北咸宁去挑选老师。我可以选择去大学教书，却终于还是选择了人民文学出版社，在1973年夏天回到人文社的小说北组当编辑。这是从教还是从文的选择。

第二次，是如前所说的自费到美国去探亲。1990 年在纽约，我可以留下来，肯定会衣食无忧，家人、子女将来跟着我移民也当不成问题。但这一来，我将面对终生的精神痛苦和灵魂的拷问。我最终还是在一年探亲假满之前选择了回国重操旧业——依然做我喜欢做的文学编辑工作。这样，我在物质上只能求个温饱，至今也不过住在一套不到七十平方米的老式楼房里，但在精神上却一直感到相当愉快而富足。这可是去国还是回来继续报效祖国的选择。

柳青说过，人生的成败在于关键的两三步要走好。（大意）我庆幸自己在人生的关键时刻作了正确的选择。

美丽的人生缘于美丽的选择。考虑到这几十年来的政治、社会环境，如果我们对人对事都不苛求的话，我在即将进入古稀之年的时候，会从心底里感到快乐而欣慰。

无怨无悔，愧则有之

010

人活到五六十岁的时候，慢慢就会对自己的大半生作一些回顾。这时，我往往会问一些朋友和一些知名人士：迄今为止，你此生感到比较得意或比较满意的事情是什么？用同样的问题来问自己，我这个离开学校就到人民文学出版社工作的终身职业编辑会毫不犹豫地说，此生比较满意的就是做了自己比较有兴趣、又是比较有意义的文学编辑工作。

然而，哪里有十全十美的人生呢！

1949 年 10 月 14 日广州解放的时候，我还只是一个刚上初中二年级的十三岁的少年。和许多人一样，我也有迎接新生活的热情和狂喜。我很快就考入名校中山大学附中（当时的校址就在鲁迅生活过的大钟楼——如今的鲁迅博物馆），进入高中后又合并到华南师院（师大）附中。我先入团（新民主主义青年团），后入队（少先队），当团干部，当学生会主席。1954 年考入武汉大学中文系以后，还是当校团委宣传部长之类的学生干部，并在 1956 年参加了中国共产党。我拥有崇高的共产主义理想，心里充满阳光，哪里会想到厄运会降临到自己的身上呢?!

首先遭遇的是 1958 年的所谓超英赶美的"大炼钢铁运动"。美丽的珞珈山立即成了烟熏火燎的炼铁厂，大操场上似乎在一夜之间冒出了一大片土高炉。学生斋舍的铁门都拆了化为铁渣，不管哪个专业的师生都轮班上第一线去炼铁，中文系有半年没上过一堂课……学生们发牢骚了，团干部们有意见了。这一切汇集到我这个中文系团总支书记这里，我便以团干部代言人的姿态向上反映。结果是被判定为走资本主义白专道路的"白旗"，平生头一遭招来了满墙大字报的批判。我的典型言论"难道大学生是廉价劳动力吗?"被画到一张漫画上，从一只线条轮廓相当柔媚的狐狸的口中吐出。我只好在批判大会上检讨自己的"个人主义"和"白专道路"思想。我是经历过1957年"反右斗争"的人，为什么不会吸取经验教训呢? 恐怕还是性格使然吧——我不是张牙舞爪、剑拔弩张的人，但总以为有话就要说出来。何况，又是那样自信呢!

第二回，是在"文革"之中，略经犹豫，便依然响应号召，起来"造反闹革命"。那结果可想而知，是在1970年寒冷的冬天，遭到了几个月的隔离审查，是有十几年党龄的青年编辑成了"'五一六'现行反革命分子"，又是平生头一遭迎来了"车轮战"式的反复批斗和"逼供信"的折磨。连续几天几夜除了吃饭排泄和"老实交代"的权利，竟不许有一分钟的睡眠! 满耳是"交代! 交代! 交代!"和"抵赖! 抵赖! 抵赖!"之类的连珠炮。到末了便出现了幻视和幻听——把一根小小的火柴棍看成面目狰狞的大棒，把围攻者的厉声质问听成了梦幻似的天方夜谭……于是，我又被迫在全连(社)大会上作了子虚乌有的"交代"。到第二年，在"九一三"林彪叛逃事件之后，在主持运动的军宣队不闻不问的情况下，我能做的就是自己贴大字报公开为自己平反。

今天回想起这些事情，作为终身为人民文学出版社服务的工作人员，我依然无怨无悔，虽然愧则有之。

所谓愧，一则指四十年来的编辑工作本来可以少一些失误，还可以做得更好、更出色一些。马失前蹄的突出例子是，1991年六七月间，由于最终没能说服老主编，《当代》与张炜的长篇小说力作《九月寓言》失之交臂(详见我的《是是非非说"寓言"》，载《上海文学》2005年第7期)。二是想起自己在拔"白旗"、揪"五一六"和历次以"左"为特征的政治运动中，为自己的软弱而感到羞愧和汗颜。但我又想，情况这么复杂，谁又能面对人生的每一个关口都能作出美丽的选择呢?!

011

岁月无穷，人生有限。一个人一辈子能做成一两件有价值的事情就不错了。就此而论，我的确为自己终身职业编辑的选择而感到欣慰。

正是从这样的认识出发，2004年12月，我借给赵克勤学长祝贺七十华诞为他写贺联的机会，也情不自禁地为自己写了一副回顾大半生编辑生涯的对联：

白旗红旗五一六覆雨翻云谁论定

长稿短稿三六九为人作嫁我甘心

落款处自书：六十八岁启治自嘲。多少年来，面对长长短短的各种稿件，把它们分成三六九等，分别作出留用、退改或不用处理这种几十年如一日的编辑生涯，我真是乐此不疲，甘之如饴呵！

在祝贺我七十华诞的美好日子里，我的兄长似的好朋友，以长篇小说《战争和人》（三部曲）荣获茅盾文学奖的王火赠贺联一副："南山峨峨生者百岁，天风浪浪饮之太和。"而另一位好朋友、著名评论家何西来则赠诗曰："亦有文章传海内（指我有《文学编辑四十年》等九种著作面世），平生豪壮二编书（指推出长篇小说《古船》和《白鹿原》）。为人作嫁岂言苦，端的乾坤一腐儒。"王火和西来兄的真挚友情让我感动。

012

人生易老天难老。就算"人生百年"，比起漫长的人类史来也实在是微乎其微。今天，我们并不是，而且以后也不可能生活在至善至美、完美无憾的社会中。下一个千年的人类在审视今天人类生活的时候，一定会发现我们还有太多的愚昧和落后。那么，我们又何必苛求自己短暂的一生完美无缺呢？本着这样的信念，在我已年过古稀的时候，虽然早已是白发稀疏，近视眼也已深达1450度，却依然快乐地读书、看稿、写作，每天还坚持到社区花园里漫步，每周坚持游泳锻炼……

正是：夕阳无限好，何须叹黄昏！

2006年2月20日草成

2009年11月30日补正

第一辑

世纪书话

世纪书话

——我和当代优秀长篇小说的遇合机缘

　　我的文学编辑生涯简单到可以用一句话来概括:1959 年夏毕业于武汉大学中文系,旋即分配到人民文学出版社;1999 年退休,返聘到 2003 年;迄今仍在业余做一些无法推辞的文学编辑工作。

　　几十年来,我经手编辑的、特别是负终审责任的长篇小说大约有近百部,我对其中一些重要作品或文学新人有艺术个性的作品的发表或出版(再版)发挥了重要作用的,主要有:《铜墙铁壁》(柳青),《古船》(张炜),《衰与荣》(柯云路),《大国之魂》(邓贤),《大上海沉没》(俞天白),《女巫》(竹林),《南京的陷落》(周而复),《商界》(钱石昌、欧伟雄),《白鹿原》(陈忠实),《赤彤丹珠》(张抗抗),《惑之年》(母碧芳),《趟过男人河的女人》(张雅文),《人间正道》、《天下财富》(周梅森),《北方城郭》、《突出重围》、《英雄时代》(柳建伟),《霹雳三年》(王火),《牵手》(王海鸰),《歇马山庄》(孙惠芬),《狂欢的季节》(王蒙),等等。其中突破性的成果,当属《古船》和《白鹿原》。

　　1997 年 8 月 17 日,我在和青年作家柳建伟作关于编辑、出版者与长篇小说创作关系的对话中,曾经坦然地说:"我曾多次表示,我读《白鹿原》时还有一种职业的'兴奋感'和'幸福感'。有朋友告诉我说'幸福感'有点那个。那个的意思我懂,无非是不含蓄,有点太下蹲状了。今天我仍愿这么说。这种感觉是一个文学编辑在阅读显然会在当代文学史上占据重要地位的鸿篇巨著手稿时的心情。就像一个作家写出了自己一生中为数不多的重要作品时的感觉一样。不管是作家还是编辑,这种职业状态一生中不会太多。我……只有在读《白鹿原》和《古船》时,出现了这种状态。一旦这种状态出现了，它就可以驱使一个把编辑当终身事业的人，把个人的利害得失彻底忘却，坦然面对一切可能的意外，与这样的作品共荣辱，与写出这种作品的作者同进退。一个编辑，如果对这样的作品在基本的评价或判断上有失误，那就意味着人生道路的大失败。"（见《五十年光荣与梦想》，载《当代作家评论》1998年第1期）

评论家何西来在《何启治和他的〈文学编辑四十年〉》一文中特意引用了我的这一段话，并说："我之所以不嫌其长地引用这段自白，是因为它写得很直白、很真诚，能够反映一个职业编辑的独立品格和敬业操守，反映了他对编辑职业的敬畏之心，以及他的自信心、自豪感和神圣的守土意识。这段话的要害是'共荣辱'、'同进退'六个字。只有到了如我们这个年龄的过来人，才能真正懂得在近几十年来我国具体的政治环境下，这六个字是多么不容易做到，要做到又意味着什么。"（转引自《何启治作品自选集》，广东教育出版社，2005年6月第1版）

何西来的这段话可谓深得我心。我之所以要在我的《世纪书话》之前先引述这些话，就是为了让读者先注意到我这几十年来的编辑工作所处的政治文化背景。

一切都不是偶然发生的。

一、《铜墙铁壁》：再版时，要查一查有没有为彭德怀"招魂"的问题

1973年7月，我从咸宁"五七"干校回到北京，仍在人民文学出版社现代文学编辑室小说北组做编辑工作。组里分配给我的主要工作之一，就是柳青著长篇小说《铜墙铁壁》的再版。

《铜墙铁壁》，完稿于50年代初，1951年9月由人民文学出版社出版，以后又译成外文对外发行，在国内外都有较大的影响，是柳青的代表作之一。1962年重印这本书时，在当时的历史背景下，已由出版社提出，经柳青同意，把书中出现的彭德怀、刘景范两同志的名字删去。

1971年，刚刚恢复部分业务工作，人文社就将《铜墙铁壁》列入第一批再版书的名单中；同年召开的全国出版工作座谈会，在"书籍审查意

见"中，也认为此书"基本是好的"，"修改后可再版"。

为此，人民文学出版社从 1971 年 3 月起首先就柳青本人的政治情况，多次向陕西省革命委员会原省级机关斗批改领导小组进行调查。直到 1972 年 5 月 21 日，才从陕西省革命委员会杨梧"五七"干校的复函中得知柳青"已审查清楚，属人民内部矛盾"，从而通过了《铜墙铁壁》再版的第一道门坎。

1973 年 3 月，人民文学出版社为配合纪念《在延安文艺座谈会上的讲话》发表 31 周年的活动，想力争在 5 月 23 日以前再版《铜墙铁壁》。但由于文字改动不少，改版已不能解决问题，出版社只好决定将书稿发厂重排。此书在 5 月出版已不可能。

柳青自己，对于《铜墙铁壁》的再版自然是寄予希望的。他在 1973 年 8 月 1 日的来信中高兴地说："费了三个星期，总算赶出来了。……没有想到我活着做了这件事。多少年不敢再看一遍的东西，这回终于把它改成一本书的样子。……这大约是我最后一次修改，费点周折是值得的。为了我国文学的利益和广大读者，你们会安排好的。"

然而，令人料想不到的是，又过了两年多，直到 1976 年 2 月，《铜墙铁壁》的再版才算终于完成。为什么一本书的再版过程会如此曲折而漫长呢？

005

《铜墙铁壁》必须经过修订才能再版的意见，最初是由 1971 年的全国出版工作座谈会和出版社方面提出来的。概括起来，主要的意见是：主要英雄形象石得富还不够高大，光有朴素阶级感情，缺乏阶级斗争、路线斗争觉悟；贬低群众的作用，把群众写得太落后；毛主席"人民战争"的伟大战略思想体现不足，写得不深刻；书末直接描述毛主席的革命实践，要慎重；第二章通过区委书记金树旺的口，三次提到刘少奇同志在中共七大《修改党章的报告》里的话，需删去；以及作品的语言有点艰涩难读，等等。

这些意见在当时那个历史背景下，是不难理解的。有些具体的删改意见也比较容易处理。但全书的实际修改工作还是在直接和柳青同志接触后由他自己来完成的。

当初，人文社曾经想抢在纪念《在延安文艺座谈会上的讲话》发表 31 周年时再版《铜墙铁壁》，这当然只能用简单处理的办法来对待了。此时

已经是1973年的春天。由于时间匆促，1973年4月初这部小说发再版重
印书稿的时候，只是在旧版上做一些很简略的删改工作。诸如删去刘少
奇的三句话；把某些战争场景的具体实写(驴"肠子突出肚皮")改为虚写
("有的驴炸伤了")；把实写"点着了用《解放日报》卷成的火纸"改为虚写
"点着了用旧报纸卷成的火纸"；删去石得富和银凤"先奸后娶"的谣传；
以及一些文字上的润色、修饰等等。

　　如此改动，靠简单的改版已不能解决问题，争取在1973年5月出书
已无可能。这样，柳青才有机会在同年夏天系统地对全书校样作一次认
真的校读修改。

　　他对此是十分看重的，在1973年7月16日来信中说："校样(按，
指4月初发排的《铜墙铁壁》校样)……不看则已，一看就感到不安。二十
二年前出的这本书本来是平庸的，如果不印也就算了，可以给人考察一
个作家的发展过程。也就是说仅仅供少数人翻一翻它。现在要重排再印，
肯定流传颇广。能够改动的不加改动，这就是对人民的态度问题了。鉴
于此由，我决定进行必要的修改。"可见，他的态度是严肃认真的，也是
十分诚恳的。

　　那么，根据什么原则进行修改呢？他在同一封信中表示："仅仅是文
字上和细节上动一动，不动情节。"也就是说，基本故事情节不动，人物
没有增删，只是作了一些文字上的修饰和细节上的修改。

　　为了完成这样的修改，他要求用"大约一个月的时间"，而实际上，
只用了三个星期就"赶出来了"(见上引1973年8月1日给编辑部的信)。
考虑到他病弱，又正当酷暑，这样快赶出来已很不容易了。

　　从他寄回来的校样看，他在编辑部作了初步改动的校样上，确实又
对全书做了较大的、但也仅仅是"文字上和细节上"的修改，不牵涉基本
情节的改动。

　　这些文字上和细节上的改动，主要是：

　　一、文字上的修饰、连缀、润色，避免艰涩的语言而使文气更加顺
畅明达。

　　二、骂人的粗话如"狗日的"都予以删除，实在不得不用时则改为通
行的"他妈的"。

　　三、删去有损金树旺形象的一些文字。如原第七章通过区长曹本安

的思想活动的描写，说金树旺"动不动引经据典，说话拐弯抹角的作风，……是近几年学来的卖弄和狡猾。"等等。

四、删去石永公害怕敌人的心理活动描写。如原第八章写石永公回忆"1936 年红军从葭、吴两县撤退后，国民党和当地豪绅地主疯狂屠杀人民留下的阴影"，使他听到"险恶的风声，曾经每一根汗毛都在颤凛"。

五、删去石得富被敌俘获受到严刑拷打后想一死了之的一些所谓"消极"的描写，增加对他住家环境的带有亮色的描写（通过金树旺的观察），增加对他英雄行为的赞颂等等。

六、在文字上注意表现石得富和银凤正确对待爱情生活，处理好革命利益和私情的关系。

七、在文字上注意表现以石得富为代表的人民群众积极备战，坚决支持我野战军反对胡宗南军队入侵边区的战争。

八、删去一些啰嗦、多余的话。如删去关于筹备粮站人员配置的第一、第二种意见，直接把第三种意见作为区上的意见说出来。又如第十二章开头删去兰英、银凤向石得富、金树旺请示撤退路线（牵涉陕北许多怪地名）的一大段交代性文字。还删去一些关于战争形势的近乎概念的分析文字，等等。

九、删去了每一章的标题。

收到柳青寄回来的、经过修改的校样之后，我们编辑部在 1973 年 8 月 7 日回信说："看到你在上面作了认真细致的修改，我们感到这表现了你对党的文学事业和工农兵读者的高度责任感。我们完全理解你的心情，支持你的修改。"信上还说"清样出来后，再寄给你一份。如我们在校对过程中还有不同意见，再告诉你，请你斟酌"。

这"不同意见"在 8 月 18 日编辑部给柳青同志的信里果然提出来了。信上说："仅有若干字句，我们感到还可改进……我们在退厂改版之前已作了一些改动。现将这些改动过的部分另纸列上，请你酌定。"

柳青 8 月 20 日在收信的当天就立即作复，表示基本上同意编辑部所作的改动，指出"所改的地方大多数都比原来的概念更清楚。"但还是有三处改动，是他不赞成的。他在回信中说：

……只有三处，我看不当。

（一）139 页（按，在第十章末尾，新版书第 121 页）："他们还牵着敌人的鼻子走，为野战军创造了良好的歼敌战机哩！"（按，这是编辑部的修改意见）是书本语言，不是生活语言（口语），出于区委书记金树旺之口，不合适，显得生硬。原文"（毛主席和党中央……）配合行动"与上下文联系起来理解，概念并不含糊，所以还是不改好。所改的意思在小说的后边作者的叙述部分有准确说明，读者会有完整的印象。文学作品不是技术书，不能要求每句话都量尺寸，这样有损于生动性。

（二）189 页（按，在第十四章，新版书第 162 页）："……大自然的暴风雨顿时阻止了人类的暴风雨。"大自然和人类是对称的名词，合起来是一句柔和的文学语言。把"人类"改成"阶级搏斗"（按，这是编辑部的改动），和上边那条一样，虽然概念更准确一些，但语言却生硬起来。还是不改好。原来的意思是清楚的，不会给读者模糊的印象。

（三）231 页（按，在第十六章，新版书第 199 页）："……解放军从来都不占县城"是概念不清楚，应改为"不争县城"，就清楚了。如果改成"一城一地的得失"（按，这也是编辑部的修改意见），不合乎石得富语气，显得不调和。我写小说描写部分尽量不用政论语言。

上述三条，请在校样改过为感。

历史地看，编辑部的三条修改意见在当时是不难理解的。但柳青却在收信当天毫不犹豫地立即复，明确地指出"不当"，逐条驳回，要求"在校样改过"来。在第一条意见中，他还在（读者会有）"完整印象"这四个字下画了圆圈，加以强调。在个人迷信甚嚣尘上的当时，敢于坚持通过小说中人金树旺说："我们时常喊叫保卫毛主席，保卫党中央。毛主席和党中央留在咱陕北，除不要野战军保卫他们，他们还配合行动哩！"这看来真有点太"出格"了。这是因为，不管通过上下文读者会得到什么"完整印象"，应该说，孤立地看这句话，在那个时候是谁也不敢说通得过的。而柳青却敢于断然地坚持这样做，而且还认为这才是生活语言，这样才不至于损害文学作品的生动性。由此以及另外两条意见，我们不难看出，作为一个文学艺术大师，他对于文学要从生活出发，要坚持个性化的语言和文学的生动性是多么珍视，而在这样执著的坚持中，又包含着多么难能可贵的勇气和胆识！

然而，当时人文社的编辑部和当时的社会是息息相通的，我们不能不考虑各种各样的具体意见乃至压力。因此，柳青的意见自然也就不可能痛痛快快地被编辑部所接受。

　　在这种情况下，我于 1973 年 9 月奉派赴西安，受命直接和柳青同志面商《铜墙铁壁》的文字修改方案。

　　柳青，作为一个有深刻思想和艺术才华的作家，他除了史诗式的《创业史》（可惜由于大家都知道的原因只完成了第一、二部），还有优秀长篇小说《铜墙铁壁》和《种谷记》等作品，都在我国当代文学史上占有光荣的一席。所以，我是带着敬仰之情去造访的。

　　记得就在莲湖路他的住处，我第一次见到这位心仪已久的作家。他留着两撇胡子，穿着深色对襟布衫，戴一副圆镜框老式眼镜，头顶瓜皮帽，脚穿粗布鞋。虽然眼镜后面那双眼睛还常常闪耀着敏锐、机智的光彩，但身子枯瘦，手上青筋暴突，说话中间还常常不得不停下来往嗓子眼里喷药水……"文革"期间给这位杰出的作家所造成的伤害，是一目了然的。

　　因此，在我们连续几次交谈中，柳青对运动中"左"的表现常有一些愤激之言。但在谈及《铜墙铁壁》的修订时，却总是用商量的口气，既坚持了他认为应该坚持的原则，又对我们采取支持的、合作的态度。我们关于一些文字的具体修改意见，他都是比较痛快地接受了的。

009

　　其中有一处修订颇能说明问题。这就是石永公当着坏种说"上面几次三番不让区乡随便押人"（见新版书 91 页）这句话，当时有人认为有敌我不分之嫌。对此，柳青认为可以不改。他耐心地分析说，第一，这样写有其特殊性。这是战争环境，县机关当时早就转移了。第二，这样写在情节上有连贯性。正因为是这样的环境，下面写到让坏种逃跑了。第三，这样写也有针对性。这是写小说。他特别强调说："这不是写政治经济学。要写出石永公胆小怕事的性格来"。他在这里强调"不是写政治经济学"和他在 8 月 20 日复信中强调"文学作品不是技术书"是一个道理，是一样的意思。正是受了他"要写出石永公胆小怕事的性格"这话的启发，我建议他在"说"字之前加上副词"嗫嗫嚅嚅地"，即改为："石永公在旁边嗫嗫嚅嚅地说：'上面几次三番不让区乡随便押人。'"他当即同意了。而且还说："如果还有困难，就将整句话删去，也是可以的。"

　　但关于 8 月 20 日复信提出的三条，他还是坚持自己的意见，而且进一步说服了我。这样，我们最后就把"解放军从来不占县城"改为"……不争县城"(见新版书第 199 页),把"大自然的暴风雨顿时阻止了人类的暴风雨"改为"……阻止了人间的暴风雨"。都只是一字的改动。

然而,第十章末尾,"毛主席和党中央留在陕北,除不要野战军保卫他们,他们还配合行动哩!咱们这回要不顾一切困难,帮助野战军把三十六师消灭了!"这句话,不管后面有多少准确的说明,不改动在当时也是无法通过的。最后,只好采用柳青自己主张的"删而不改"的办法,把文句中"除不要野战军保卫他们,他们还配合行动哩!"删去(见新版书第 121 页)。

涉及本书再版的,还有一个重要问题,就是该如何处理小说中关于毛主席形象的描写(见新版书第 238~242 页)。一方面,当时有人提出这种描写要慎重,同时,小说中写到毛主席说的几句话又找不到出处。(当然不可能找到出处)

怎么办呢?我是主张保留不动的。理由是:

一、《铜墙铁壁》是小说,不像某些回忆录那样,不存在作者可以借此为自己树碑立传的问题;

二、上述片断已成为全书的有机组成部分,作者所正面描写的毛主席形象是光辉感人的;

三、本书初版于 1951 年,至今已经过二十多年的考验,国内外的反应都是好的。

自然,因为查无实据,毛主席的话只好保留内容而去掉引号。

但是,根据当时有关文件的规定,"涉及毛主席的革命实践活动,涉及党的历史……等书稿、画稿,……中央一级出版社必须经主管部门审查。"这样,我们只好正式向出版口领导小组作书面的请示报告,并得到他们的同意。而柳青同志在这个问题上,是完全支持我们的。

前面已经提到,柳青对此书的再版,是严肃认真的。我们曾提请他考虑写篇《后记》。对此,他在 1973 年 8 月 1 日的信里表示,"是不是要借此机会向读者交代几句,正在考虑。"但稍后,在 8 月 11 日的信中又说,"经考虑,《后记》一类文字不写了。一写就啰嗦,难免夹杂些感慨。这样做,不符合我写长东西以来的作风。还是让读者自己去看吧。我建议你们'出版说明'上只提一句做了不少修改(主要在文字上和表现手法上,这使得作品面貌有不小改变,虽然内容基本未动)就行了。"我们自然是照他的意思办了。从信中这些话也不难看出，他之所以这样决定，和当时复杂的政治情况也是有直接关系的。

至此，《铜墙铁壁》颇费周折的文字修改工作总算完成了。我想，它的再版当是毫无疑问的了。正是从这样的认识出发，1973 年 12 月 28 日我从西安给出版社写的汇报信中，认为再版前要做的修改工作已经全部完成，而柳青却说，"这本书不急，暂时不再版，再放一放也是可以的"；我觉得他的话中有潜台词，意思是"如有其他考虑就暂时不出吧"，因而在信里说，"我觉得他可能是有点误会，已略加解释"。

实际上，后来的事实说明柳青同志对形势的估计是比较冷静、比较清醒的，而我自己倒是过于天真了。

果然，回到机关后，"批林批孔"运动就日趋热闹，断断续续以"四大"的形式开展起来。这运动又果然对《铜墙铁壁》的再版发生了直接的影响。由于各方面的反应乃至干预，以致出版社领导小组在研究这部小说的再版问题时，又提出了两个问题：一、书中有没有宣扬"孔孟之道"的文字？二、再查一查有没有为彭德怀"招魂"的问题。我以《铜墙铁壁》责任编辑的身份列席会议。

关于第一个问题，我汇报说经过全面检查，只发现第五章开头讲到会计陈绍清老汉的时候，说他"是个穷念书人，早年在私学堂教'子曰学而时习之'糊口……"我说，现在把引用《论语》的这句话删去，也就不成问题了。

关于第二个问题，我认为"彭德怀"的名字早已删去，而且柳青本人主张，为了保险一点，牵涉 一些真人的地方可把实写改为虚写，如"西北野战军后勤司令员"，可把"司令员"改为"负责人"（按，实际上最后改为"西北野战军后勤司令部的同志"，见新版书第 239 页），这样就不是专指某一个人了。经过这样的改动，应该说不会有什么问题了吧。如果这样还不行，那就只有把 1947 年陕北沙家店战役的整个历史背景改了——可这一改，也就不成其为《铜墙铁壁》这部书了。

其时，到 1978 年 9 月才被正式任命为社长兼总编辑的严文井同志只是社领导小组的成员而不是主持人。面对这样荒诞的问题，文井以他一贯的幽默站出来说，既然没有把握就不要贸然做结论，并建议请李季同志来把关，（按，当时《人民文学》杂志还没有复刊，李季带领一批《人民

011

文学》杂志的编辑做复刊的筹备工作，其建制暂时挂靠在人民文学出版社。)"因为沙家店战役进行时，他正在陕北赶着毛驴办小报。"

我不知道李季同志作何回应。事情就这样拖了下来，直到1974年夏我作为援藏教师赴西藏、青海工作，社里决定将修订过的《铜墙铁壁》付型，并将打好纸型后先放着的意见告诉了柳青同志。柳青对此不持异议，并对我说，"你可以告诉出版社，我不着急。如果没有把握就这样先放着吧。"

这部书稿一放就放到1975年11月17日，才以"落实毛主席关于调整文艺政策的指示"为理由作为急件付印，并于1976年2月再版发行。我在青海西藏驻格尔木办事处中学收到这本样书的时候，已是初夏时节，我就要结束援藏教师的工作回出版社重操旧业了。

这就是荒唐年月发生在人民文学出版社的比较典型的荒唐事。

二、《古船》：第一部用新的历史观写土改和反思当代历史的长篇小说险些遭到禁止出版的厄运

1986年，在《当代》分工管山东地区的编辑王建国通过热情细致的工作组来了张炜的第一部长篇小说《古船》。当年五六月间，张炜带着他的长篇小说处女作《古船》的修改稿到北京，就住在人文社的邻居中国语言文字改革委员会简朴的招待所里。王建国陪同我(时任《当代》副主编兼编辑部主任)去看他。只见他身穿黑汗衫，理短发，眼眶和脸庞都有点浮肿，慢声细语地说话，还常常微蹙着双眉，一脸疲惫而又难受的样子。听说他用心地写了两年《古船》，写了改，改了再改，定稿时还不满三十岁，而所写故事的时间跨度却有四十年，是从改革开放的20世纪80年代回溯40年代的胶东土改乃至"大跃进"、大饥荒和"文化大革命"。这么年轻的张炜能写好他没有经历过的这一切吗？我不由得产生这样的疑问。张炜就娓娓地向我解释。那内容，后来也成了他在《古船》作品讨论会上发言的一部分。就是说，为了完成他的第一部长篇小说，他"构思、准备前后有四年，具体写、修改用了两年时间"(见1994年10月版《古船》第411页)。谈到这几年的准备时，他说："我走遍了(芦青)河两岸所有城

1993 年夏，何启治（右）与张炜摄于何启治办公室

镇，拜访了所有大的粉丝厂和作坊。我读过了所能找到的所有关于那片土地的县志和历史档案资料，仅关于土改部分的，就约有几百万字。我还访问过很多很多的当事人，当年巡回法庭的官员，访问过从前线下来的伤残者、战士、英雄和幸存者"（见 1994 年 10 月版《古船》第 410 页）。

013

《古船》所描述的，果然是深沉厚重悲壮动人的故事，其中关于土改，更不乏惊心动魄的画面。它所具有的悲剧美，令人荡气回肠，感慨良多。读这样的长篇小说，读者会深深感受到历史的呼唤。我们有值得自豪、骄傲的光荣历史，也有悲惨、辛酸的民族苦难史，滴着血、流着泪的历史。小说以其强烈的现实感，深厚的历史感和未来意识给人以感染和启迪，使我们在面对复杂、艰难的时势时，仍能看到希望。总之，我认为，这是一部真实感很强，塑造了一些内涵丰富、有典型意义的人物形象，具有开拓意义和史诗品格的大作品。

然而，我在读稿后也有一些疑虑。主要是：其一，小说既写了国民党还乡团的残酷报复，也直接描绘了在土改中一些农民违反党的政策，错打错杀的恐怖画面。在这个重要问题上如何掌握分寸，我还没有把握。

其二，小说在艺术上似乎尚欠圆熟，有的表现在语言文字上，有的表现在塑造人物上，如多次讲隋抱朴学习《共产党宣言》寻找自己行动的理论依据，总显得有点牵强。

其时，我刚刚担任《当代》杂志的副主编兼编辑部主任，第一次受主编委托负责终审长篇小说。主编秦兆阳由于年事已高和健康等原因一般不看长篇稿只听听汇报，另一位主编孟伟哉作为人文社的新任社长正忙于社务，还有一位副主编朱盛昌刚刚在 1986 年 6 月升任人文社副社长，也无暇旁顾。为慎重起见，我一再建议孟伟哉或朱盛昌参与终审。商议的结果只好请朱盛昌抽空看《古船》直接写到土改扩大化、错打错杀的第十七、十八章。老朱看后也认为一定要改。和张炜面商的结果，是由他加了土改工作队王书记制止乱打乱杀坚决执行党的土改政策的一个片断（一千多字）。

既然《古船》关于土改中有乱打乱杀违反党的土改政策的现象被认为是真实的，现在又加上了"巡回人民法庭"和土改工作队王书记坚决制止乱打乱杀、维护党的土改政策的文字，其他问题就不必对作品和年轻的作者求全责备了。这样取得了基本的共识，便决定在《当代》1986 年第 5 期全文发表《古船》。

我在这一期《当代》的"编者的话"中，一开头便说："新时期的文学呼唤史诗的诞生。许多优秀的当代作家都在作这样的努力和追求——对生活作史诗式的表现和创作史诗式的作品。青年作家张炜……把他多年经营、精心创作的第一部长篇小说《古船》奉献给本刊的读者，就是这种努力和追求的体现。《古船》以胶东地区处于城乡交叉点的洼狸镇为中心展开故事，在近四十年的时代背景上，以浓重凝练的笔触对我国城乡社会面貌的变化和人民的生活情状作了全景式的描写。我们希望，作者在塑造典型和完成史诗式作品方面所作的可贵的努力，能够获得读者和文坛的欢迎和注意。"

当时，《当代》的发行量还有二十多万。《古船》在《当代》全文刊出后，立即引起读者和文坛的强烈反响。1986 年 11 月 17—19 日，中共山东省委宣传部联合中国作协山东分会、山东省文学研究所、山东省文学创作室、《文学评论家》和《当代企业家》编辑部等五单位在济南召开了《古船》研讨会。外地赴会的，除了代表《当代》的我和王建国之外，还有《文艺报》、《上海文学》、中国作协上海分会的周介人等同仁，加上山东省的作家、评论家和文学研究工作者共五十多人。12 月 27 日，《当代》编辑部又邀请在北京的部分评论家、作家、编辑近四十人在人文社的东中街宿舍会议室开了一整天的《古船》座谈会。

　　这天大雪纷飞，交通阻塞，与会者的踊跃和热情让人感动。人文社社长兼《当代》杂志主编孟伟哉也亲自到会向作者表示祝贺，向与会者表示欢迎和感谢。两次讨论会规模之大，争论之激烈和深入的程度，均可谓盛况空前，以致不久之后，在有人准备编《〈古船〉评论集》时，很快便从当时散布在全国各地的文艺报刊上收集到六十多篇文章。

　　在讨论中，绝大多数论者对《古船》备加赞赏。有人认为《古船》是当代文学至今最好的长篇小说之一。它给文学十年带来了特殊的光彩，显示了新时期长篇小说创作的突破性的重要实绩。

　　对《古船》的批评主要集中在两点：第一，作者运用了《共产党宣言》作为隋抱朴性格突破的依据，却没有把握好《宣言》的基本主题：阶级斗争。如何看待土改以来几十年的政治、阶级斗争的教训，"史诗"应对此作全面的总结，而《古船》并未达到，小说对土改这段历史的主流并没有足够的表现。第二，小说对鲁迅所说的中国脊梁式的人物没有足够的挖掘和表现。小说对赵家的描写缺乏人物系列；李家没有摆在这个重要位置上；而隋家的抱朴则是具有奥勃洛莫夫性格的人物，想的多，做的少……高大全式的人物是没有的，但高大的人物是有的，中国脊梁式的人物是有的。像《古船》这样的小说应该让这样顶天立地的人物占有一定的位置。（可参看《当代》1987 年第 2 期"本刊记者"的报道）

　　然而，这毕竟不是文学评论界意见的主流。在公开的文学评论中确实是一片叫好赞扬的声音。

　　评论家雷达的见解有相当的代表性。他坦陈他读《古船》的感受说："（《古船》）几乎是在人们缺乏心理准备和预感的情势下骤然出世的。就像从芦青河中捞出那条伤痕斑驳的古船一样，小说陡然撕开并不久远的历史幕布，挖掘着人们貌似熟悉其实陌生的沉埋的真实——人的真实；同时，又像那个神秘可怕的'铅桶'下落不明一样，小说揭示了隐伏在当代生活中的精神魔障；当然，小说也有自己的理想之光，它要骑上那匹象征人性和人道光辉的大红马，尝试寻求当代人和民族振兴的出路。由于

015

它是如此奇异的作品，读者和评论者在片刻的惶惑后无不为之轻轻战栗，继而陷入绵长的深思。"随后，雷达热情地赞叹说："环顾今日文坛，能以如此气魄雄心探究民族灵魂历程（主要是中国农民的），能以如此强烈激情拥抱现实经济改革，又能达到如此历史深度的长篇巨制，实属罕见。所以，我把它称作民族心史的一块厚重的碑石。"《古船》无论对张炜还是对当代长篇小说创作，都是一个重大的腾跃和拓展。"他把《古船》称为"心灵史诗""民族心史""人之书"。

关于争议较多的小说对土改的描写，他经过调查，肯定"在生活的真实上作者是有充分依据的。"他又对作者表示理解说："作家并不想否定和反对阶级斗争，他看到这是不可超越的必由阶段，从他对还乡团的疯狂报复和地主的劣迹的叙述可以明显感到。作家在今天重写土改，是试图用一种新的意识，即把它作为人向自由境界漫漫长途跋涉的一个苦难阶段来看，所以重点不再像以往的作品那样，强调革命爆发的必然性根源，而是转换视点，强调即使在正义的大革命中，仍然伏藏着历史的惰性，民族的惰性和人的惰性。这样的眼光，正是宏观的现代意识的表现。我们没有理由要求千万代作家只能用一种固定的眼光来写历史。……作家的态度很容易使我们想起雨果在《九三年》中说的：'在绝对正确的革命之上有一个绝对正确的人道主义'。"雷达得出结论说："《古船》既有民族心史的挖掘，又留出很多正在我们时代展开的难题。所以，在社会改革的舞台和文学的舞台上，它都堪称一块厚重的基石，一次长篇小说审美意识上的大幅度扩展和变迁，一首雄浑深沉的序曲！"（引自《民族心史的一块厚重碑石——论〈古船〉》，载《当代》1987年第5期）

而张炜对某些简单批评的答辩则更加直截了当。他在1986年11月济南讨论会的发言中说："有两个同志提到了土改的描写，说是虽然写的是事实，但还是不应该写到农民对剥削阶级的过火行为。我想这种想法倒是可以理解。不过农民的过火行为党也是反对的——党都反对，你也应该表示反对。至于土改中'左'的政策，已在当时就批判了——当时批判了的，现在反而不能批判了吗？最终问一句，我仅仅是在写土改吗？

"有一个同志甚至说可不能否定土改——谁否定了？我否定的只是党和人民所一贯否定的东西，即否定极'左'和愚昧、否定流氓无产者的行径。歌颂土改及土改政策，最好就是写一写在火热斗争中党的领导者的形象。王书记是土改的负责人，他怎么样？为什么不提他在书中的态度、他的坚定性和牺牲精神呢？……

"至于抽象的人性、人道主义……我还是想说人道主义的确有真假之别。如果是抽象的，那么是你抽象了……你所认为应该运用的'阶级分析'的方法，恰恰完全被你抛弃了。……我偏偏要抛弃这种抽象的东西，要写一点有分析的、不盲目的、具体的东西。"(《古船》1994 年 10 月版第405、406 页)张炜显然是带着一种激情来反驳那些简单化的责难。他的这些话应该能帮助我们理解张炜和他的《古船》。

然而，对《古船》除了公开的批评文字，据说还有更严重的、来自当时某些领导者的口头而未见诸文字的批评，以致当时的社长、主编虽然并未看过作品，却指示我不要公开报道《古船》讨论会。我认为这种违反惯例的做法会有损于《当代》的声誉。争取的结果，是同意发表讨论会的意见，但必须突出批评性的意见，而且要把两地四天讨论会的意见压缩到一千多字的篇幅。这就是发表在《当代》1987 年第 2 期上的报道文字和当时文坛舆论对《古船》的赞扬很不相称的原因。报道是我整理的，但确实是在主管领导干预下的违心之作。

不久，社长又以行政命令的方式指示不要出版《古船》的单行本。真要这么做，问题可就严重了。我不得不据理力争，强调要维护党的文艺政策的严肃性和稳定性，并坚持自己对《古船》作为一部优秀长篇小说的基本评价。为此，我不得不冒着一定的风险，在 1987 年 2 月 2 日向社长、主编正式写了书面报告。我在报告中说："我主张明确回答作者：《古船》按原计划和正常程序出书，哪怕先印一万册也好。前些日子出版局的会议上，刘杲同志说迄今禁书只有一种：《查特莱夫人的情人》。《古船》不在查禁之列，就不必因拖延或别的原因而刺激作者或有负于读者。"为了表明自己郑重负责的态度，我在这份写给出版社一把手的书面报告中毫不含糊地说："如果有必要，我愿意对上述建议负责。"这样，才使《古船》一书得以在 1987 年 8 月正式由人民文学出版社出版。看来，社长本人也为《古船》单行本的出版做过解释和争取工作，所以他在 2 月 3 日给朱盛昌的信里说，"启治同志提出的建议请阅，并请去拜望兆阳同志，同他交换意见。……《古船》出书事估计问题不大，过两天我告诉你们。"

但在 1987 年所谓"清除资产阶级精神污染"的背景下，已改任中宣部文艺局局长的老孟在当年的涿县（河北）组稿会的发言中，在他所列举的精神污染在文艺界的八大表现的第二项中，在批评有的作品"以人道主义观照革命历史"时，还是不指名地批评了《古船》。

后来有好几年，关于《古船》的争论似乎渐渐平息。1994 年底，由于一位发了财的作家提供的经济支持，人民文学出版社得以和广东炎黄文化研究会联合主办优秀长篇小说"人民文学奖"的评奖活动，其评奖范围为 1986～1994 年九年间人民文学出版社出版的长篇小说。

评委会由人民文学出版社当代文学的资深编辑和广东炎黄文化研究会的代表共同组成。在北京市郊集中了十七位评委进行讨论。《古船》被认为是对现实的观察和对历史的反思都相当凝重和深厚的优秀作品，被参加无记名投票的全体评委一致通过为炎黄杯"人民文学奖"的获奖作品（同时获奖的还有长篇小说《活动变人形》、《长城万里图》、《战争和人》、《白鹿原》、《南渡记》、《第二个太阳》和《地球的红飘带》等十三部）。

后来，听说在第四届"茅盾文学奖"的专家工作班子也是以无记名投票方式产生的，为终评委提供的候选作品名单中也有《古船》（全票通过）。至此，对《古船》的评价似乎已经有了公正的定论。然而，《古船》最终并未获得"茅盾文学奖"，而且在 1996 年年底，上级主管领导机关又要求人文社全面系统地汇报《古船》从组稿、发表、出书到评奖的全部情况，只是后来再无下文。

截止到 2008 年上半年，《古船》在人民文学出版社以"百年百种优秀中国文学图书书系"和"中国当代名家长篇小说代表作"等名义出版的总印数累计已达十几万册。2007 年 1 月，漓江出版社出版《古船》单行本，一次印行 3 万册。这本《古船》的腰封上，印有台湾学者陈晓林的话："《古船》断然是五四以来最重要的长篇小说之一。文学评论界称其是'民族心史的一块厚重碑石'，言简意赅，正是直指核心的评价。"又指该书"入围两届茅盾文学奖"，为庄重文文学奖、人民文学奖获奖作品，入选海外"华语文学百年百强"，国内"华语文学百年百优"，与《骆驼祥子》、《边城》一起，入选全球著名出版集团哈珀·柯林斯"拥抱中国"计划。《古船》备受海内外文学界瞩目，已是不争的事实。

附录：

关于《古船》致张炜的信等

关于《古船》的评论

一、拟同时刊出山东济南讨论会和北京的讨论会纪要。两篇都太长，每篇都可作删削，前者三千字左右，后者四五千字即可。

二、西安《小说评论》副主编李星有一封读《古船》致张炜的长信。我已看过。信中有一些精彩的且又比较独到的见解，如关于算经济账，关于从《天问》到《共产党宣言》的联想和分析等等。我意不必作为信来刊载（作者的身份似也不宜），而是摘其要改为一篇论文予以刊发。当否请老朱酌定。

何启治
1987 年 1 月 15 日

关于《古船》的评论，包括座谈纪要，我同老孟商量了一下，暂不发。

朱盛昌
1987 年 1 月 17 日

张炜同志：

你好！

早该给你写封信。只因为目前的环境使我们的工作增加了许多困难，眼下又正在忙于发第 2 期的稿子（我经手发邓刚的《白海参》，工作量比较大），就想过几天再从容地和你谈谈。但今天收到你 16 日的信，我便决定立即复信。实在有许多话要对你说。

首先，我想告诉你，虽然我没有看到任何文字的东西，但某人对《古船》不满大概是真的。说起来也不奇怪，特别是在眼前这样的政治背景下。

其影响如何，还要看一看。但直接的作用是：我们不得不把第 2 期准备上的关于《古船》的评论文字全部暂时停发。

　　我多次说过，在我们的工作范围内，文学想和政治抗衡是不可能的，文学的力量太小了。因此，我们这样做，可以说是讲策略，也可以说是没有办法的办法。

　　但这并不意味着我们对《古船》的评价有什么变化。起码可以郑重地表示，我的认识不变，而且我所熟悉的一些评论家的看法也不变。和冯立三联系后，我们决定也先把我的文章放一放（《光明日报》原来想在22日刊出），因为眼前在大报上发这种文章太招人注意了。但我在《文学自由谈》的文章不撤稿（他们已通知我发排），冯立三给《山东文学》的文章也不撤。如果这样的文章要批，那批我们好了。如果允许辩论，那就辩一辩——除非以权力取代真理。

　　老孟确实已经就任中宣部文艺局局长。他的新职不允许他长久地管文学出版社和《当代》。社长大概再当个把月，《当代》第3期以后，主编名单中就没有他的名字了。但我已当面力陈我捍卫《古船》的意见。我不信一代评论家的眼睛都瞎了。因此，我已告诉建国，要他摘要整理讨论会上知名评论家的意见，同时想请你把这一类同志给你的信也摘要给我寄来。必要时我要借重这些意见说话。

　　还有，请你就近找《山东文学》负责人给我要一份冯立三的评论文章的清样寄来。他的文章题目是《历史与人的全面突现——评〈古船〉》。据他告诉我，他的许多话都是针对可能举起的棍子说的，所以我也很看重。

　　鲁迅早说过，文艺是没有力量的（比起决定国家民族命运的事情，文艺也不重要）。可惜我们太爱它，总愿罄其所有去爱它。这是我们的悲剧，也是我们的骄傲。

　　关于《古船》，我还有一点自信。某种力量可能限制它的影响，但它最终会被这个世界承认，因为它太有分量了，不是一两脚就能踢倒的。我愿与它共荣辱。但在具体做法上，也请你理解和支持我们，而且也请你冷静些，好吗？

　　问小王好，并愿她给你更多的力量和爱。

启　治

（1987年）1月19日夜9时

孟伟哉同志：

你好！

考虑到自信《古船》从根本上说是一部优秀的长篇小说，考虑到各种批评意见说到底还是属于争鸣的性质，考虑到《当代》的总体形象是站得住的，我认为在此微妙时期，还是以发表关于《古船》的最起码的文字为好。这样做无论对作者、还是对《当代》在读者中的印象来说都是好的，就是对文艺领导者来说，也是一种民主和开放精神的体现。

现遵嘱将我在两份"纪要"基础上整理的"综述"送上，请审阅，并盼尽快退还，以便及时发表于《当代》第2期（既然发关于《古船》的评论，则似可同时发关于《老师啊，老师》、《孽障们的歌》和《桃源梦》的评论，请酌）。

同时，我主张明确回答作者：《古船》按原计划和正常程序出书，哪怕先印一万册也好。前些日子出版局的会议上，刘杲同志说迄今禁书只有一种：《查特莱夫人的情人》。《古船》不在查禁之列，就不必因拖延或别的原因而刺激作者或有负读者，何况载有《古船》的《当代》已经印行了二十多万册呢！附上有关《古船》的材料两份，供参阅。

如果有必要，我愿意对上述建议负责。

当否，请批示。

　　此致

敬礼！

　　　　　　　　　　　　　　　　　　　　　　何启治
　　　　　　　　　　　　　　　　　　　　1987 年 2 月 2 日夜

盛昌同志：

启治同志提出的建议请阅，并请去拜望兆阳同志，同他交换意见。

我的意见。目前暂时冷静一下，还是必要的。就是说，在版面上，对拿不准的作品暂不进行评论，多发些作品，会更好些。相反，对于已经展开讨论的问题，如柯云路、何新文章，如有较好的文章，倒可以继续讨论。因此，我的意见，"综述"可不急发。请听听兆阳同志意见。

另，白羽同志的作品处理方式，我同他讲了一下，他不愿删，太费事，他无时间，分两次载他倒无意见。此事，也请向兆阳同志讲讲。白羽同志过去对兆阳同志不公正，近年来很感歉疚。你谈时注意一下，作品发了，对改善他们的关系更好。

兆阳同志病了，请代我问候。

《古船》出书事估计问题不大，过两天我告诉你们。又及。

孟伟哉
1987 年 2 月 3 日

三、《大国之魂》：对文学新人不必求全责备，一个文学编辑，永远应该把发现、支持文学新人作为自己的基本职责之一

1990 年 6 月，我从美国探亲回来。7 月，当时的人民文学出版社副总编、《当代》杂志主持日常工作的副主编朱盛昌因病全休，我接替了老朱来主持刊物的日常编务(后由出版社领导给予"常务副主编"名义)。这时候，我面对的第一部比较复杂的书稿便是四川青年作家邓贤的长篇纪实文学作品《大国之魂》。

邓贤，1953 年 6 月生于成都一个高级知识分子家庭，原籍武汉。1971 年初中尚未毕业即响应号召上山下乡，到云南生产建设兵团(后改为国营农场)种甘蔗七年，经受艰难生活的磨炼。1978 年考入云南大学中文系，毕业后留校任教，1988 年调四川教育学院中文系任教至今。

从 1982 年开始，邓贤一边教书一边写《昆明虎案》之类的通俗作品，未成大器。但邓贤并不甘心。早在 1972 年，即松山大血战二十八年之后，这个中国远征军(青年军)的后代就徒步来到松山凭吊旧战场，然后去腾冲，去畹町，去密支那，去父辈远征鏖战过的滇缅战区遗址，去寻，找关于他的命运，他的家庭乃至民族命运的谜底。

1988 年春，《当代》编辑洪清波去云南组稿巧遇邓贤，得悉邓贤矢志不渝地要把 1941～1944 年中国远征军入缅作战的这段战史写成百万字的长篇小说。清波热情地向邓贤组稿，但他和周昌义等在冷静地权衡了邓贤的主客观条件后，就实事求是地劝他扬长避短，下决心把写百万字长篇小说的打算改为浓缩到三十万字的写真人真事的纪实文学作品。

　　邓贤从善如流，果然在翌年年底交出初稿。1990 年春，在有关领导原则上肯定这部稿件的前提下，又由《当代》编辑周昌义和人文社当代文学综合编辑室负责人高贤均去成都和作者面谈修改意见。此时，作者数易其稿，已经使尽浑身解数且又精疲力竭，而编辑部内部又有不同意见，有的领导者对稿件的把握还有一些保留和疑虑，以致作品甚至有可能在迁延不决中搁浅的危险。

　　我所面对的主要疑难问题是什么呢？

　　其一，是否存在题材重复的问题。

　　在 1990 年间，已有解放军文艺出版社出版的《缅甸，中日大角逐》等作品问世。乍一看来，似乎真是有题材重复即所谓题材撞车的问题。这可是编辑之大忌。后来面世的同类作品往往半途夭折；勉强推出来，也成明日黄花，很难引人瞩目了。那么，《大国之魂》是否存在这一危险呢？我不得不做一点调查比较。于是，找到《昆仑》杂志，看它刊发的《缅甸，中日大角逐》的重要片断《兵败野人山》，发现此作比较侧重文学描写，在表现角度上却略嫌线条单一。而《大国之魂》则不然。它从中国远征军在滇缅印战区的溃败写到胜利大反攻，向读者展示了二战中的重要战史，资料翔实，丰富多彩。它还成功地刻画了史迪威、蒋介石、宋美龄、孙立人、杜聿明等众多人物。恢弘博大，绰约多姿。就作品的立意而言，它着意于通过战争的现象透视中日英美等大国的民族之魂，无论对中国军队，中华民族的优劣，或西方盟友和日寇侵略者的长短，都作了严肃冷峻的剖析和充满激情而又真实准确的表现，角度独特，发人深省——这是特别值得肯定的，是作品深度和力度的体现。它还超越个人的好恶之上，超越我们通常对人事的道德评判准则，严格地尊重客观历史，从而揭示了种种鲜为人知的历史事实：诸如 1944 年元旦刚过，美国白宫竟下达了除掉蒋介石的指令；第一次在我国战争历史文学中披露了日本军队中的随军慰安妇问题，揭示了日本民族内在的生命意识和精神气质；又据实告诉读者，日本侵略军中最残暴、战斗力最强的第五十六师团官兵，竟全是由日本本州造船厂的工人所组成，号称“本州兵团”……凡此，都使《大国之魂》在同类题材作品中成为新颖独特、独树一帜的，有分量、有魅力的具有独立存在价值的优秀作品。

　　其二，有没有刻意美化美国的问题。

　　在我看来，这主要是个有没有科学的历史观的问题。罗斯福当总统时的美国在二次世界大战的反法西斯战争中的重大贡献是不容怀疑的历史事实。《大国之魂》在这一点上是忠实于历史的，对罗斯福总统和史迪威将军等人的刻画描绘，也比较公允全面，并无以偏概全、一叶蔽目之病。我们在1990年中美关系处于紧张状态的时候，只有抛弃短视的功利之心，才能真正冷静地、理智地正视历史，从而以应有的胆识和勇气，为真正维护和发展中美两国和人民之间的伟大友谊作出应有的贡献。

　　其三，也有人提出，《大国之魂》有没有美化蒋介石、忽略我党在抗日战争中的伟大贡献或有悖于我党对有关历史和人物(如戴安澜将军)的评价之嫌？

　　我想，如果我们不带偏见地、冷静地面对这一段历史，就会明白滇缅印战场既是二次世界大战的局部，也是整个中国抗日战争的局部，就中方而言，在这个战场上与敌人周旋较量的确实是蒋介石、国民党及其军队；何况，当时作为"委员长"的蒋介石也是国共两党认可的、名义上的全国抗日的统帅。因而，只要我们像历史的原貌那样描述这一段历史和有关的历史人物，既不溢美伪饰，也不人为地丑化贬抑，就不存在上述问题。《大国之魂》实际上就是这样做的，它既肯定了蒋介石抗日的历史作用，又揭示了他的民族利己主义、自私和刚愎自用、指挥失误等等，就是对为国捐躯的戴安澜将军的描绘，从根本上看也没有歪曲他作为民族英雄的本色，只是使他作为活生生的人显得更本真、更可信罢了。

　　然而，作品几经修改，确实仍然存在枝蔓过多，文字芜杂之类的缺陷。在排除了上述几个问题的疑虑之后，这也是一个编辑不能马虎放过的问题，何况要先在《当代》杂志刊发，也必须适应刊物篇幅实在紧张这个实际问题。

　　针对作品的现状，我提出：可由发稿责任编辑动手，除了对原稿文字作必要的规范性加工之外，还要去掉一些枝蔓，特别是全部删去作者家世(其父是当年中国远征军的运输兵，其母是蒋纬国的妻侄女)的有关部分，从而可以在三十一万字中选用最精彩、最重要的部分在《当代》刊发。此事由洪清波等具体执行，其结果是以近二十万字的篇幅在《当代》1990年第6期上发表了《大国之魂》最精粹、也是相对完整的部分。后来香港、台湾出版《大国之魂》时，所用的便是更加紧凑凝练的"《当代》版"。

《大国之魂》在《当代》1990 年第 6 期刊发并由人民文学出版社出版单行本(1991 年 10 月)后,在海内外读者中引起强烈反响,可谓一鸣惊人。文坛公认《大国之魂》是当时三部同类题材作品中的佼佼者。该书先后获得新闻出版署颁发的首届直属出版社优秀编辑一等奖,团中央、文化部、广电总局、新闻出版署等主办的首届中国青年优秀图书奖和人民文学出版社与广东炎黄文化研究会联合颁发的炎黄杯"人民文学奖"(1986~1994年)。

邓贤随后又有《中国知青梦》、《流浪金三角》等纪实长篇力作问世,他本人由此从地区性的作者一跃成为四川最有影响的、备受海内外瞩目的青年作家之一。

由此可见,一个编辑对一部书稿作出取舍的正确判断固然很重要(此事难易的程度也往往视具体情况而有很大差别),但对一个作家的创作路子提出正确的建议,对一部复杂的、还不是很成熟的作品进行具体的删改加工,使之更上一层楼,应该说就体现了更高档次的编辑水平。一家有影响的刊物和出版社的编辑,应该为达到这种高水平而努力。这样,在发现和推出佳作,特别是在发现并推出文学新人的佳作时,才不至于求全责备,而能实事求是并有效地使一部作品、一个青年作家一鸣惊人,一举成功。

一个尚未进入文坛的新作者,除了靠自己的努力,是特别需要有眼光、有胆识的编辑的发现和扶持的。在关键的时刻,你及时地给他以支持,他就可能迈入文坛并日臻成熟,否则,也许文坛上就再也没有这个人了。就这个意义上说,称编辑为"伯乐"并不为过。而在这方面,一家有影响的刊物和出版社的编辑,理所当然地有更大的责任,也有更优越的条件。

在我多年的编辑生涯中发现和支持过的新人新作固然不少,也不可能一一列举,但下面有选择地略举数例,似也可以说明一些问题:

陕西省农村作者贺绪林的中篇小说《生命之树常绿》和广西作者石山浩的短篇小说《路边轶事》均从来稿中发现并刊载于《当代》1983 年增刊第2 期("新人新作专号")。贺是双腿致残的残疾青年,由此而进入当地的文学圈子,成为陕西省作协的会员。后有电视连续剧《关东匪事》和长篇小说《昨夜风雨》等作品面世。石原在广西一个山区小县城的邮局里当电

025

报员，其小说在《当代》刊发后引起注意，作者不但成为广西作协会员，还调至北海市实际享受了专业作家的待遇，完全改变了人生的道路和命运。

乔瑜自《孽障们的歌》和《少将》先后在《当代》发表后(1986 第 6 期和1987 年第 5 期)便成为四川较有影响的作家。《少将》获"《当代》文学奖"(1985～1993 年)。

王海鸰的中篇小说《孤独》和《星期天的寻觅》先后刊发于《当代》1986年第 3 期和 1988 年第 2 期，短篇小说《循环》刊发于《当代》1987 年第 6 期，广受文坛的注意。作者此后又有多集电视连续剧《爱你没商量》、《牵手》、《中国式离婚》和长篇小说《牵手》、《不嫁则已》等作品问世。

张曼菱，其处女作《有一个美丽的地方》先由人文社老社长韦君宜的推荐而刊发于《当代》1982 年第 3 期并由人文社于 1984 年 10 月出书。小说获 1982 年"《当代》文学奖"，并由张暖昕改编为电影《青春祭》，作者因此而有美国好莱坞之行。此后，作者由我编发的中篇小说即有《北国之春》、《唱着来唱着去》和《为什么流浪》等先后刊载于《当代》1985 年第 3 期、1987 年第 1 期和 1988 年第 4 期，其中《唱着来唱着去》获"《当代》文学奖"(1986～1993 年)。作者 1983 年即成为天津作协的专业作家，1987年到海南省深入生活，现在云南省委宣传部工作。后有长篇小说《涛声入梦》和《北大才女》、《中国布衣》、《西南联大启示录》等作品问世。

王刚，新疆生产建设兵团子弟，一个从新疆乌鲁木齐跑到北京来的文学青年。他先后毕业于西北大学中文系和北京师范大学研究生院，由于在《当代》杂志发表中篇小说《冰凉的阳光》(1987 年第 5 期)和《遥远的阳光》(1989 年第 3 期)而引人注目。《冰凉的阳光》的初稿题名为《困兽》，主编秦兆阳不喜欢这个名字，我便根据小说的意境在征得作者同意后将其更名为《冰凉的阳光》，并为适应这个篇名而亲自改写了其中的一个片断，这才获得通过。由此便产生了王刚的"阳光系列"。其后作者又有《红手》、《太阳的儿女》和《带血的忠诚》等作品问世。1996 年 2 月，作者的第一部长篇小说《月亮背面》经我终审并参与文字加工后由人文社出版，即以其对现实生活作原生态的逼真表现而令人刮目相看。后又据此改编为电视连续剧。近年除为电影《甲方乙方》、《天下无贼》编剧外，又有长篇小说《英格力士》和《福布斯咒语(1)》先后刊发于《当代》并由人文社出书。沉寂了几年的王刚仿佛突然跳上了一个崭新的台阶。实际上他已凭借文学的力量而由地处边疆的外省人变成了堂堂正正的北京人。

母碧芳，曾就读于北京鲁迅文学院和北师大中文系联合主办的硕士研究生班，中国作家协会会员。此前有《母碧芳散文报告文学选》面世，但也只是在她工作的四川绵阳地区小有影响。在鲁院学习期间她精心创作了表现都市男女事业追求和感情纠葛的长篇小说，作品对当代都市生活作了较为真切生动的描绘，塑造了一批颇具现代意识的鲜明的当代人形象。但由于书名的新潮和角度的独特而引起争议。我和我的同仁实事求是地支持了作者，使该书改名《惑之年》由人文社出版，又以《试婚》为名刊载于《特区文学》杂志，原版则仍以《今夜我们试婚》为名在香港出版。1997年，作者的第二部描写城市文人生活的长篇小说新作《无雨的日子》又由春风文艺出版社出版。2004年4月，其长篇小说新作《荆冠》由作家出版社出版。雷达认为此作"既不乏女性的婉转，又平添了一些男子的潇洒与豪气，让人耳目为之一新"。汶川大地震后有长篇纪实文学《北川殇》问世。

柳建伟，河南镇平人，1963年10月生。先后毕业于解放军信息工程学院、解放军艺术学院、鲁迅文学院和北师大中文系，系文学硕士、中国作家协会会员。在北京六年的学习期间，他在文学创作上逐渐完成了相当充分的生活积累以及理论素养、思想艺术等多方面的准备，但主观上未找准创作的重点，客观上家庭经济负担较重（母亲病重），以致把主要的时间精力和才能错用在为稻粱谋上，如花小钱买资料，化名与人合作编写《纵横天下》、《末日的祭礼》等书卖钱。至1993年柳建伟转到鲁迅文学院和北师大合办的硕士研究生班学习，认识了我。我在多次直接的交往中发现了柳的才能，推荐他的中篇小说《都市生产队》和报告文学《红太阳　白太阳》的片断到《当代》发表，又在我主编的《中华文学选刊》选发他的中篇小说《王金栓上校的婚姻》，增强了柳建伟写好作品的信心。我在多次谈话中鼓励他"走正道，应该写出能流传下去的作品，不要辜负了自己和这个时代"。不止一次听柳谈他三部小说的构思后，鼓励他先把直面现实的《北方北方》（出书时定名《北方城郭》，其前身是1992年前草成的《大炼狱》）写出来。1995年初秋，我又邀柳到文采阁参加张宇著长篇小说《疼痛与抚摸》的研讨会。柳深受鼓舞，次年11月便交出小说初稿。《北方城郭》在 1997 年出书后被文学评论界认为是近年来长篇小说难能可贵的新收获，曾入围茅盾文学奖；1998 年 11 月又在人文社出版表现部队现代化建设的艰难和希望的长篇小说新作《突出重围》（其重要部分在《当代》1998 年第 3 期选载），其后，又改编为同名电影，并荣获"五个一工程奖"。青年作家柳建伟已经成为文坛瞩目的新星。

　　不必再一一征引了。文学，在有的人看来非常神圣，所谓"文章乃经国之大业，不朽之盛事"（曹丕：《典论·论文》）便是。但文学其实也可以是谋生的一种手段。文学当然还有很脆弱的一面。作为一个文学编辑，永远应该把发现、支持文学新人作为自己的基本职责之一，却不必，也不可以要求在文坛上崭露头角的新人永远把文学当作神圣的事业——选择走什么样的人生道路本是每个人的基本权利，不但不能勉强，由于多种因素的影响，甚至连当事人自己都始料不及呢！

四、备受瞩目的《九月寓言》终于和《当代》失之交臂

备受瞩目的《九月寓言》

　　《九月寓言》，是张炜继获得广泛好评的长篇小说处女作《古船》之后的第二部长篇小说。此作从 1987 年 11 月起笔，到 1992 年 1 月改定，历时五个年头。五年里，为完成这部重要的作品，张炜绝大部分时间是躲在山东龙口市郊区一个朋友待拆的小平房里。那是远离城市尘嚣的地方。小房子里不但没有电视，连一部收音机也常常成了没用的摆设。在这里和他朝夕相守的是已届七十六岁的老母亲。每天，在无雨的黄昏还会有四五个追随他学习写作的年轻人伴他作十里路的散步——走出小平房往西，不远就是无边的田野和林子。

　　在抱朴守静中，张炜一笔一画地在格子纸里，写成了三十二万字的一稿，又压缩到二十九万字的二稿，第三稿已压缩到二十六万字，正式发表之前，又下决心在八章三十节的稿子中抽掉"忆苦（二）"这一章，最终成为包括"夜色茫茫"、"黑煎饼"、"少白头"、"忆苦"、"心智"、"首领之家"和"恋村"共七章二十五节只有二十三万字的定稿。对此，张炜还是说，"有机会再版，我可能还要压缩"（《九月寓言》附录：《关于〈九月寓言〉答记者问》，上海文艺出版社，1993 年 6 月第 1 版）。可见，为了使

《九月寓言》成为精致的可以传世的佳作，张炜下了多大的工夫。

在 1992 年 9 月 2 日这篇《答记者问》中，张炜断言《九月寓言》"在相当长的时间里都会是我最好的一部书"。当记者问"大家普遍认为《九月寓言》在艺术上比《古船》好，哲学含蕴也深，您自己怎么看"时，张炜回答说："我自己默认了最好。……写《古船》时我更年轻，起手之初刚刚二十七八岁。那时写出的东西当然比现在纯洁。我是指纯洁的感情。也许纯洁要影响'哲学'；可是纯洁本身就深不见底。……纯洁就容易落下可挑剔之处，留下外部的残缺。而成熟却可以留下内部的残缺。"又说："一部书大概不能分出'艺术'的部分或其他的部分。'艺术'来自综合。有人说《九月寓言》的社会负载量较《古船》减少了，但'艺术'却因之而更好。何等奇怪的评论。不过这样讲就通俗了，好接受了。"尽管对同一个作者的这两部重要作品的评价可以说是仁者见仁，智者见智，但从这些话中不难看出张炜对《九月寓言》是多么执著，多么自信。

《九月寓言》首先刊发于《收获》1992 年第 2 期，单行本于 1993 年 6 月由上海文艺出版社出版、发行。果然，作品一经面世，便在文坛引起强烈反响，获得崇高的声誉。

1994 年 6 月，在上海文艺出版社、《收获》、《小说界》、《上海文学》等 16 家期刊、报社、出版社向评奖办公室选送的 18 部长篇小说中，《九月寓言》历经四个多月的初审、终评，最后经评委会无记名投票表决而荣获第二届上海中长篇小说优秀作品大奖的一等奖，这是此项大奖设立以来唯一的一等奖（第一届空缺）。

《九月寓言》发表、出版并荣获文学大奖以后，海外有论者认为，它"大幅提升了中国文学的品质，被誉为'真正与世界一流作品和作家对话的杰作'，'是中国乡村小说的当代经典性作品'"。又介绍说，"一些著名评论家甚至著文指出：'读了《九月寓言》，使以前读过的所有中国小说变得俗不堪读'，许多人还认为'就作品所达到的艺术和思想的高度，它的圆熟的技艺、奇特的个性而言，也许很难想象会有作品将其超越。'"（请参看曾巩著文《二十世纪中华民族文学艺术大师系列回顾展之二·张炜：跨世纪的伟大作家》，载美国华文杂志《美国文摘》1996 年第 3 期。）

在第五届"茅盾文学奖"（1995～1999 年）的评议过程中，负责初评的专家审读小组从约二百部推荐作品中，经认真筛选和无记名投票评选出二十部长篇小说供终评委审议，张炜的《古船》和《九月寓言》同时列入这批备选名单。一个作家有两部作品同时入围茅盾文学奖，这在茅盾文学奖评选历史上是绝无仅有的例子。

1999 年由上海社科院《文学报》及全国百名评论家评出的九十年代最具影响力十作家十作品，张炜和《九月寓言》双双入选。

1999 年北京大学反复筛选编订、由谢冕教授主编的《百年中国文学经典》，中华人民共和国建国后入选的长篇小说只有五六部，《古船》和《九月寓言》都入选了。

然而，迄今只有很少数人知道，堪称为中国当代文学经典性作品的《九月寓言》，在《收获》杂志刊发之前，曾经几乎就要和《当代》杂志的读者见面。是什么原因使它和《当代》擦肩而过，失之交臂呢？

即将亮相《当代》

1990 年 6 月，我在美国探亲一年后回到北京。当时主持《当代》杂志日常工作的《当代》副主编朱盛昌因病须全休一段时间。老主编秦兆阳也因视力不好，基本上不能看稿，他要求我这个副主编尽快了结与"六四"风波有关的事情，"全力以赴"投入编刊工作。也就是说，我要接替老朱主持《当代》的日常工作。到 1991 年春天，出版社领导决定给我"常务副主编"的名义，以方便工作。此后，我确实按老秦和出版社领导的要求尽心尽力地投身于工作。其间，本想请假二十五天到中国作协深圳"创作之家"去，以完成记述我在纽约华人餐馆和华人衣厂打工生活的纪实文学作品，也因请不准假而作罢。

1991 年 6 月，我和《当代》分管山东的编辑洪清波到龙口去看望了张炜。张炜于 1986 年在《当代》第 5 期发表了他的第一部长篇小说《古船》(1987 年由人民文学出版社出版单行本)。张炜由此而一举成名。我们刊物和作者已经建立的友谊从此更加牢固。因此，当我从美国探亲回来以《当代》常务副主编的身份第一次到山东向张炜组稿时，他婉谢了其他有影响的刊物的约稿，毫不犹豫地便将他花费五年心血的第二部长篇小说《九月寓言》交给我们。

这期间，刊物的工作方式是：由分管各地区的编辑同仁提出拟采用的各种稿件(重点作品需经三审)，在编前会上讨论并大体上确定某期刊物的基本内容，随后由我(或加上相关的编辑)向老主编秦兆阳作口头汇报，最后按主编的决定或调整，或补充某些内容，并按分工安排、布置发稿工作。

从山东回到北京，我想，下一期的主打作品当然就是张炜的《九月寓言》。为此，我和洪清波几乎是在同一天写好了自己的读稿意见。

洪清波：《长篇小说〈九月寓言〉印象》
（1991 年 6 月 25 日）

作品描写了一个由流浪者组成的小村子，在煤矿发展影响下逐渐消亡的过程。

这样粗略地概括作品的内容只是为了便于说明而远不能囊括作品的丰富内容。作为一部难以言尽的小说，作品的题旨大致有两个层次上的意义。第一层次：作品生动、真实地展示了农民的日常生活，借以热情歌颂了中国农民勤劳勇敢、坚忍不拔的本质，同时也不回避由于中国农村长期落后，导致农民不可能有更高更广阔的精神境界这一事实。所以在他们的乐天知命、随遇而安之中又带有浓厚的愚昧麻木色彩。

在中国当代农村题材小说创作中，还没有谁像张炜这样饱含着激情和同情心去表现下层农民的喜怒哀乐，生老病死；也没有谁能像张炜这样既投入又超脱地反映从现象到本质都十分真实的农村生活。

031

有一点必须明确，作者尽管把时空尽可能地淡化了，但我们仍能感到作品所写的是"文革"和"文革"以前的历史，是发生在胶东平原上的故事。因此，作品所表现的贫困苦难是针对极"左"路线的。即使这样，作者还是对农村作了这样的基本估计：解放后，农民的生活已得到根本改善并且发展趋势是好的。

第二层：作品通过具象的生活，表现了中国农民的生存方式和生活状态。我们从那些艰难甚至是卑微的农民日常生活中，感受到农民身上潜在的那种旺盛的生命力。这种生命力被描绘得活灵活现，似乎是一种生生不息的生命的河流。它们奔腾不息，不畏艰难险阻，大有奔腾到海不复还的气势。

在这个形而上的层次中，我们会有许多惊心动魄的感觉。从某种意义上讲，《九月寓言》是一首生活的颂歌。

除此之外，我们在这一层次还可以感觉到作者关于农村、农民、人类的许多哲学思考，艺术感悟。作者可能是第一个把中国农民的本质上升到文化学、人类学高度来认识的当代作家。

因此，这部作品的思想内涵超越了以往的一切农村题材小说所涉及的社会、历史、政治、经济、文化诸领域，达到了空前的深度和广度，甚至超越了作者自己的力作《古船》。

作为一部乡土小说，《九月寓言》的艺术风格也很有特色。作品的情节、人物、环境都是外在的因素，都成了作者表达某种人生思考，某种情绪氛围，某种艺术见解，某种哲学认识的手段，当然这种手段自身也绝对有独立的审美价值。

作品的艺术氛围深沉、神秘、怪诞，但显而易见这些都是来源于作者对生活的感情而不是图解某种理念，所以让人们感到扎实、真实、内在。这一切就决定了这部作品是介于传统和现代之间，也可以说是将二者统一起来的成功尝试。

小说的人物一般说来还是成功的。塑造了一批可以给人留下深刻印象的艺术形象。尽管同《古船》，同一些传统经典作品相比，它们还没达到令人叫绝的程度，但是这与作品的类型和作者的独特追求有关。

作品的结构也有特色。全文分八章，章与章之间外在的联系比较松散，有些像系列小说。实际上，作品的衔接十分紧凑，只不过连接的材料不是传统情节线索和人物命运罢了。

作品的第一章是全篇的总纲，后七章都是对第一章的说明、丰富、完善。

作品语言很有功力，表面上看是俚俗的乡音土语，可是语言内在的情感、力量是异乎寻常的。这已接近了"不著一字，尽得风流"的境界。

对作品的基本估计：这是一篇大气的纯文学作品。它经得住文学中人反复品味、咀嚼。作品的局限性是现实针对性、功利性较差，阅读的娱乐性也相对差，不能指望在广大读者中引起轰动。

何启治：《关于张炜的〈九月寓言〉和我的读后印象》
(1991 年 6 月 25 日凌晨)

《九月寓言》是张炜的第二部长篇小说，起稿于 1987 年 11 月，基本完稿于 1989 年"六四"风波前后，修改定稿于 1991 年 4 月。作者撰稿的主要环境在山东龙口市。此作是在一种准独身生活的清静、幽寂的心境中苦心孤诣创作出来的艺术精品。小说包括"夜色茫茫"、"黑煎饼"、"少白头"、"忆苦(一)"、"心智"、"首领之家","忆苦(二)"、"恋村"等八章三十节,共二十九万七千七百字。

我总的印象是,这是一部严肃而独特的、富有艺术个性的佳作,是一部深沉厚重的大作品。它是张炜这个有才华而又有思想的青年作家在生活、哲学、艺术和功力这几方面实力的综合体现。

小说写胶东小平原一个主要由流浪者组成的村庄里的农民生活,兼及正在开发的煤矿和更穷困的山村生活,从而表现了土地之子的道德价值观念和文明进化所形成的矛盾冲突,表现了他们的苦难和幸福,爱情和仇恨,生生死死,恩恩怨怨,并讴歌了神圣的劳动和坚韧顽强的甚至是原始的生命力。

小说深深植根于生活的土壤,它的细节、情节、人物甚至某种神秘色彩都直接来源于张炜所熟悉的胶东农村生活。如金祥进山买鳌子,露筋夫妇的野人似的生活,他们的苦中作乐,肥的妈妈为了吃一块地瓜给噎死了,大脚肥肩的凄苦出身和她对三兰子的折磨,独眼义士几十年的苦苦追求,龙眼妈喝乐果自杀反而治好了病,穷光蛋占了财主的小老婆实际上却靠母猴搬运致富,小村庄人们身上的鱼纹和"鲢鲍"这样的恶谑,等等,都有生活原型作依据,却又能透出作者的智慧和深沉。

小说在创作方法上离传统的现实主义越来越远,而在更大的程度上属于现代主义,即不靠情节的推进来反映生活,也不着力于艺术形象的塑造,而是在幽默、机智的调侃中创造一种庄严、沉重以至怪诞神秘的艺术氛围,从而对现实生活作出更深层次的反映并寄托作者的精神理想。这种既立足于生活,又超越时空的特色,也是《九月寓言》长久的艺术生命力之所在。它既有形散而神不散的散文文体的凝聚力,又具有西方现代主义手法的跳跃和变幻莫测,而且自始至终流淌着、燃烧着火焰一样的激情。这样,尽管具体的时代乃至人物情节都淡化了,特别是具体的政治斗争都尽量回避了,但传统文化的积淀和活力却在这里交融,传统文化与现代文明的矛盾冲突却在这里奔突涌动,读者由此而见识了具有传统积淀的生活本身的原生态,并由此而冷静地审视我们民族的历史、现实和未来。也许,这正是作者的立意所在和艺术追求。

总之,《九月寓言》可归类于《小鲍庄》、《红高粱》一类所谓"纯艺术"的作品,却比它们更博大、更厚重、更深沉,也更容易为一般读者所理解。

033

它既执著于时代，又超越了时代，从而获得了永恒的艺术价值。这是很扎实，很讲究艺术的作品。

小说最有震撼力或者说最能体现张炜艺术特色的章节是"黑煎饼"、"首领之家"和"忆苦（二）"等。

把《九月寓言》和《古船》作简要的比较是很自然的。

就超越时空的艺术生命力和现实的政治保险系数来说，"九月"优于《古船》。

就艺术形象的塑造来说，《古船》优于"九月"。赵炳、抱扑兄弟、含章、张王氏、赵多多这些艺术形象都丰满而令人难忘，而"九月"少有这样内涵深广、栩栩如生的艺术形象，其中着墨不少的赶鹦、红小兵和秃头工程师，毋宁说是苍白的道具式人物（作者说有意写成起粘连作用的人物）。

就艺术震撼力和接受美学的角度来看，《古船》的力量像原子弹爆炸和火山爆发，让一般人能更直接地看得见感受得到，因而激动和拥有更多的读者。而"九月"却太雅了，更艺术了，更富有浪漫主义的想象力也更形而上了，它需要智力和文化素养更高的读者更冷静地去思索，更理智地去分析，才能感受到它那像深层地震或地下核试验那样的震撼力。

鉴于这是当前难得且有长久艺术生命力的佳作，也考虑到《当代》对直面人生、贴近现实的作品一贯的重视（这是应该的），而对艺术上比较内向的作品则由于多种原因关注不足，我意应全文在今年《当代》第5期刊发《九月寓言》，并组织引导一般读者理解作品的文章。

我之所以不殚其烦地全文引录两份读稿意见，就因为这是我向老秦主编汇报的主要依据，其中既有对"九月"的全面分析，也有结合《当代》实际情况提出来的要适当关注艺术上内向的作品，以及政治上比《古船》更安全等等考虑，以争取主编的理解和支持。

就这样，我按《当代》的工作程序向老秦作了汇报，获得了他的理解和同意；又为了使编辑部同仁都来关心、了解张炜这部重要作品，我特意安排《当代》当时除了专管报告文学的编辑之外的八位同仁来做"九月"的发稿工作（一人发一章）。

看来，《九月寓言》在《当代》的亮相应该是毫无问题了。

终于失之交臂

然而，出人意料的是，事情很快发生了逆转。

就在编辑部几乎全体人马投入《九月寓言》的发稿工作的时候，老秦表示他光听汇报不看稿子还是不放心。这样，我便挑了"九月"中比较精彩的"黑煎饼"、"首领之家"和"忆苦"给他看。

老秦很快就把稿子看了，并作出了否定《九月寓言》的决定。

但这决定的落实是有一个过程的。

1991 年 7 月 11 日，老秦到《当代》编辑部向大家谈他读过"黑煎饼"等部分以后的意见。他首先强调寓言的立足点是现实，寓言的假托性应该以现实的合理性为依据。他说张炜没有学到《红高粱》。电影《红高粱》为避免原作某些不合理性把环境放到荒原上。而《九月寓言》的故事环境是在一个村子里，怎么会一年到头只吃红薯面，既有土地就要种五谷杂粮，合作化以后怎么也会这样？煎饼的制作过程也不合理，不真实，神秘化。这样在穷的基础上张扬人性就是用抽象人性来歪曲现实。讨饭女人和金祥好，金祥又想偷金友的老婆，这就是原始的性？露筋夫妇在野地里生活了二十多年才回到村里来，这在解放后怎么可能？说到底还是表现原始生命力，表现抽象的人性。现实性和寓言性老闹矛盾，完全是叙述，没有真实动人的细节，就变成了随意性的胡扯。

总之，《九月寓言》失去了合理虚构的现实基础，表现原始生命力和抽象人性，也没有说服力。据此三点，老秦的结论是："不能发表，发表出去很荒唐。"（以上据会议记录）

我在会上只能表示：请大家抓紧看小说原稿，下周（7 月 19 日）再讨论一次，最后由老秦决定怎么办。

我已经感觉到问题的严重性。在老秦看稿并到编辑部开会谈了他对《九月寓言》的意见的次日（7 月 12 日），我把洪清波和我的读稿意见交给另一位副主编（人文社副总编）朱盛昌，并在附信中说："对《九月寓言》的处理应该很慎重。这不仅涉及一个作家、一个作品，而且对我刊以及本刊同仁今后如何较和谐地工作都至关重要。我至今坚持我对'九月'的基本判断。"我希望老朱能帮我说服老秦，对老秦也许会回心转意仍然抱着一丝儿幻想。

据说，这期间老秦在电话里也委婉地对张炜讲了他的意见，并建议张炜抽掉"黑煎饼"和"忆苦"，增写五谷杂粮。这也许含有让张炜知难而退、自动撤稿的意思。但张炜没有接受。

7月19日，老秦再次到编辑部来参加会议。他在会上的讲话，对《九月寓言》的批评态度就更明确、也更严厉了。

他首先指出，"最近《当代》碰到的问题是外界矛盾的反映，很复杂，说不清，但又怕出问题。一出问题，悔之晚矣！"

关于处理稿件，他说，"选稿、审稿的心态（很重要）……不能单纯从我敢不敢冒风险这个角度看。而要问：怕不怕自己为迎合某种思潮、社会情绪而不知不觉地陷入盲目的状态中以致发生问题；怕不怕有不好的社会影响；怕不怕有负读者的厚望。"又说，"我首先盼国家安定，我很怕在矛盾尖锐的情况下助长了某种东西激化了社会矛盾"。

接着，他列举他处理古华著长篇小说《芙蓉镇》，以及某些报告文学、诗稿等例子，提出了是"怕得罪作者，还是怕在读者中影响不好，怕哪一头重要"的问题。他认为，"不能因冒失而冒风险。我们还是要珍惜《当代》……假如农村失控，那就全国遭殃。"同时提出，"（假如）整个社会信念破灭怎么办？民族生机何时恢复？（如果）消极泛滥，如何收拾？国家十年、十五年都恢复不了元气"。

036

他由此想到了柯云路的中篇小说《陌生的小城》（载《当代》1991年第2期）。他批评说，"为什么把那儿叫历史的宫殿，权力的宫殿，金钱的宫殿？——宫殿是离人民很远的。……为什么在还没有发现权力的宫殿的问题之前就说'仇恨一切人'，连老百姓都仇恨？这就给读者传导一种错误的情绪。作者要求发头条，究竟我们是爱刊物还是怕作者？"

然后，他谈到寓言，说"寓言一般是借荒诞的故事来概括社会心理，社会思想和社会意识形态。……寓言的说服力靠情节、细节。不能因为是寓言就可以对情节马虎。……而《九月寓言》写露筋夫妇在平原，在既不偷，也不抢，也不讨饭的情况下在野地里生活了二十多年，这怎么可能？金友为什么无缘无故打老婆？还有只吃红薯、红薯面？解放后为什么还这么苦？农民一年四季就种红薯？不种瓜菜和五谷杂粮？为了吃好红薯，还让人到山里买鳌子，累得要死。这怎么能说服人？这只能得出结论：人民愚昧，本能就是食色。人怎么可以不靠社会过活而靠原始生命力？这一来，人和动物有什么区别——它也有原始生命力呵！马克思说'人的本质是社会各种关系的总和'。这就包括历史关系，经济关系，阶级关系，文化关系，家庭关系，等等。……人有了智慧、文化，对吃、婚姻都离开了动物性。"

他接着问："什么是社会前进的动力？是人的社会实践（包括阶级斗争），而不是原始生命力。这是人的灵智性、创造性，这是人之所以为人的条件。把人变成动物是愚蠢的。离开智慧讲人的原始生命力是不对的。提倡这种脱离社会性、文化性的作品鼓吹人的原始生命力，就是鼓吹人可以为所欲为。说到底，《九月寓言》不是纯艺术的问题，没有真正的纯艺术。"

说到这里，老秦明确表态："所以，我坚决反对发表这部作品。"（以上据会议记录）

显然，这是老主编作出的不可动摇的决定，已经没有讨论的余地了。剩下的，只是如何尽可能善后的问题。

准备做的事情中，最重要的还是老秦自己来完成了。7 月 24 日，在上述会议开过一周之后，经过深思熟虑，他对《九月寓言》写了十条批评意见，并为此给《当代》两位副主编写了封短信：

朱盛昌、何启志（治）同志：

我对《九月寓言》一稿的意见造成了编辑工作的困难，而且未能说服大家，心里很不安。几天来又作了一些思考，写下了思考的结果，供同志们再作参考。

秦兆阳

1991 年 7 月 24 日

不难看出，兆阳同志也颇受困扰，颇感不安。他对《九月寓言》的十条意见，是郑重其事的，也是严肃认真的。为了准确地理解他对《九月寓言》的批评，特全文照录如下。

对《九月寓言》的基本看法

①作品第二章就多次出现"队长"、"红卫兵"（按，应为"红小兵"）、"忆苦"等词句，说明作者既想淡化具体时空，又不得不点明具体时空，于是作者所写的解放后的农村就成为无组织、无领导、无理性（社会理性和个人理性）、无社会性功能的，极端贫困、极端愚昧、极端盲目的、动物式的生存状态。这种"寓言"中的生活状态跟解放后实际的现实情况是

绝对矛盾的。于是失去了寓言的真实性的基础，超过了合理虚构的限度，形成了作品根本性的问题。

②作者这样做的目的当然是要表现农民的"原始生命力"。于是不能不提出疑问：为什么作者不干脆把时空放在解放以前呢？那样不是更好处理吗？这是不是有意无意之间透露了作者对解放后农村历史的片面认识，并想用这种认识（即极穷、极愚、极盲目、极无理性）去强调农民的原始生命力？如果作者不是这样的思路，又是什么样的思路？总之，作者害怕明确的针砭，却又不能"超越"，形成了对时空的"淡"而不"化"、"超"而不"越"的窘境。

③不错，作者强调了农民的"苦中乐"精神。但是，第一，在生活中，"愁"与"苦"是连在一起的，极苦而不知愁，完全真实吗？第二，这种"苦中乐"是原始动物式盲目性的。所以，这种描写看似歌颂了农民的乐观精神，其实是抹煞了农民要求出路的阶级本性；更重要的是抹煞了有组织有领导的理性作用的必要性，以及由此而来的生活的真实性。所以，这种"乐天"的描写，反倒加重了问题的严重性。

④最后村子沉陷，寓言何在？——对"九月寓言"作何结论？（凡寓言必有训诫作用或启示作用）有何教训？（作品所"寓"何"言"？）我没有看全部原作，只能猜想：也许是对盲目的原始生命力的批判？若然，则首先是对作者想象中（歪曲了的）无组织、无领导、无社会理性的谴责——是无的放矢的谴责。如果是这样，它不是更加重了问题的严重性？

⑤总之，作品的问题在于：寓言的虚构与生活真实的矛盾；从哲学上讲则是"抽象人性论"、"人命意识论"与历史唯物主义的矛盾；从政治思想上讲则是偏颇的思想认识的表现。

⑥凡是寓言，所寓之意皆是来自生活（受到生活的启示）并且针对生活，否则就不需要写作寓言。至于所寓之意是否正确，则是另一回事。"原始生命力"的观念本身就是一种对于生活、生命、人性的看法，它是一种片面的历史观和人生观及哲学观点。为了表现这种观念，就不能不触及现实生活。纯艺术的寓言是没有的，不涉及现实生活而要表现原始生命力是不可能的。

⑦读作品必须分析其内在的逻辑性——包括生活内容的逻辑性、作者思想的逻辑性、艺术结构和情节处理的逻辑性。因为作品既是感情的

形象思维产物，也是理智的逻辑思维的产物。而且感情和形象本身就隐含着这样那样的逻辑性，只有自觉或不自觉，正确或不正确之分——而生活则是衡量的最起码的尺度，另外还有历史观、人生观、美学观等尺度。

⑧与《红高粱》比较。一、"红"中的生存状态不是极度穷苦、愚昧、盲目。这是最基本的不同点。二、"红"是写解放以前的事，在读者心里产生一种距离感，减弱了与生活本身相印证的心理，而产生了"接受心理"。三、作品并未过分脱离个人理性和社会理性。女主角被迫嫁给（实为卖给）一麻风病人，因此她的大胆解脱（满足人性要求）成为可能。并能唤起谅解和同情。因此帮她得到解脱的男主角的大胆勇敢的行为也成为可能并引人赞许。四、以酒作坊为主要场所，以高粱地为实地的和象征性的背景，便于刻画人物的粗豪之气，并形成作品的慷慨激昂的格调。五、全篇的基调是向不合理的生存状态的大胆豪放的冲击，有一种激发热情的效果。六、所有这些，巧妙地掩盖了作品的某些根本弱点……（对此未能详述）。七、《红高粱》不是寓言，是浪漫主义意味的小说，没有"寓言何在"及"影射"的问题。

⑨寓言——这种艺术的特点也值得研究。其假托性的虚构是不能无边自由的。比如，解放后的农村实情，人们印象犹新，就不宜虚构成为荒唐无稽的故事。"红卫兵"（按，应为"红小兵"），"队长"，"忆苦"等名词不但立即会勾起人们的回忆，而且都具有政治性的内容，也不能随意超越和淡化。寓言的寓意必须有真理性、共识性，否则必会影响假托性的说服力。荒诞也要以人们共识的道理为基础，否则就会成为谬误的、荒唐的……所有这些，细说起来话太长。总之，"九月"在假托性和寓意性两方面经不起审视和思索。

⑩解放以后的农村情况，是很复杂的，需要慎重研究的问题。一、土改和合作化初期曾大大提高了生产力，给新中国的经济建设及抗美援朝打下了根基。二、大跃进和以后，一方面水利建设、良种推广、集体苦干使生产保持一定水平；另一方面又由于日益严重的极"左"政策（公社化以后），例如"一大二公"之类，妨碍了生产力的进一步发展，束缚了农民的积极性。还要看到，依靠这种体制积累了资金，使得工业建设、城市建设、大的水利建设等事业成为可能。而且农民（除三年困难外）也并

039

不是穷到只有红薯充饥的程度。三、这种政策上的失误的确带有盲目性，但它是理性要求（主观愿望）与经验不足（客观实际）的矛盾，既不是盲目的原始生命力的表现，也不能靠原始生命力去克服，也不是由于原始生命力的原始性使得农民能够承受，更不能由此得出结论，认为几十年的农民农村完全处于毫无理性的原始动物式的盲目状态之中。当然，也不能用"像动物一样生活"去"寓言"这种生存状态。四、因此，对历史，尤其是革命历史，决不能持轻率的态度。在革命的历史转折时期——在纠正历史偏差的时候，许多知识分子就易于轻率地对过去的历史下结论，并且以"高明"或"精英"自居，从而造成混乱。近年来这种混乱思想的极端就是"全盘西化"。多么深刻的历史教训啊！五、作为刊物（而且是有影响的大刊物）的编辑，不可不头脑清醒地对待这一切事态，在看稿时不可不多用脑筋。

老 秦

1991 年 7 月 22～24 日

　　由上述十条意见不难看出，秦兆阳同志对《九月寓言》的批评是针对作品和两份读稿意见来说话的，也是态度鲜明、全盘否定的。他对"（大刊物）的编辑不可不头脑清醒"的提醒，当然主要也是针对我说的。

　　我略感意外的一点是，老秦指示我可以将他的"十条意见"复印给张炜，以便他能原原本本地了解老秦的意见。虽然我对退稿的决定有保留，但我别无选择地只能按主编的决定处理。而老秦这种光明磊落的态度就使我在感到十分遗憾的同时依然对他保持着我的尊敬。

　　经商议，决定派《当代》编委汪兆骞同志带着《九月寓言》的原稿、不多的一点退稿费以及老秦的"十条意见"的复印件到济南去面交给张炜。

　　这期间，我给张炜打过电话，表示了我的歉意和无奈。而张炜的意见，据现存的记录，他本人认为作品不存在问题，作品写农村最困难时期（1958 年）的农民和农村生活，表现了农民不屈不挠坚韧向上的精神，比较客观。

　　据说"十条意见"中有些部分，让他看了有些发凉。

　　《九月寓言》就这样和《当代》失之交臂了。

余波未息

　　我曾经以为，事情就这样过去了，然而却不然。传到我耳朵里的话是，老秦认为，他和我在评价、处理长篇小说《九月寓言》上的分歧，不是"认识上的分歧"，而是"文学观念上的分歧"。看来，在"文学观念"前面再加上一点什么，也是轻而易举的事。由此带来的压力可想而知。

如果只是这样说说，倒也罢了。此后遇到的种种情况，使我感到自己能否在《当代》工作下去都成了问题。

1992 年 3 月 10 日夜，我不得不给秦兆阳同志写了一封信。信中说："……能不能像我所希望的那样留在《当代》杂志做我原来所做的工作呢？据说也不好，因为有的领导觉得你还没有原谅我在对待柯云路的《陌生的小城》和张炜的《九月寓言》这两部作品上的失误。果真如此，我想我只好郑重地表明如下的态度：一、我已经当面向你表示过，承认自己在上述稿件的处理上有失误，我愿意吸取教训，并按你的意见采取一定办法，以避免今后再出现这一类失误。几十年来党国大事上都允许有失误，为什么就不能原谅一个编辑工作上的失误呢？二、我热爱《当代》杂志，已在此工作 10 年（赴美探亲一年除外）。我从美国回来，就是想为办好这个杂志出力。一年多来基本上停笔没写什么，就是为了集中精力编刊物。如果领导上同意，我主观上愿意继续为编好刊物略尽绵薄之力，当个好编辑，直到退休。三、如果你认为我目前留在《当代》当编辑不合适，那么，我将服从组织上的安排去从事我力所能及的其他编辑工作。本着实事求是的精神，我就自己的工作安排问题向你和其他领导同志坦率地说明自己的想法，以求得理解和支持。如有不当之处，亦盼批评指正。"

这封信没有得到正式的书面答复，但老秦口头上告诉我：你还是按平常那样看稿工作吧，你看过的稿件交给老朱（盛昌），老朱点头就算，他摇头就不算。语气还是平和的，但无疑也是决绝的，"常务副主编"已是有名无实，我的终审权被取消了。

到了 1992 年盛夏，正是老朱随出版代表团到马来西亚访问的时候，老秦又对我说，你还是安心地看稿吧，不要去找陈早春（社长）；如果到春节（1993 年春节）他还不找你分配新的工作，那时你再去找他好了。我知道，这就意味着，只要老秦当着《当代》的主编，我便不可能留在刊物编辑部工作了。

使我感到意外的是，只过了一个多月，在 1992 年 9 月，人民文学出版社调整领导班子，我被任命为副总编辑，分管当代文学的图书出版工作，从此不再过问《当代》编辑部的工作，直到 1997 年 4 月，我才接替离休的朱盛昌同志担任《当代》主编。1999 年，我在《当代》主编的位置上退休。我主编的最后一期是《当代》2000 年第 2 期，负责终审的最后一部重要作品是王蒙的长篇小说《狂欢的季节》。

近年来，研究当代文学出版史、编辑史的大学文科专业和有关人士逐渐多了起来。如北大中文系的邵燕君和山东大学中文系的黄发有教授，都先后对我做过专访。后者的访谈录，已刊发在《文艺研究》2004 年第 2 期上。我这篇文章也是在这种背景下写成的。我曾经写过《从〈古船〉到〈白鹿原〉》、《〈白鹿原〉档案》等文，那是一些比较成功的例子。但是，只讲过五关斩六将、不讲败走麦城是不全面的。在《九月寓言》的问题上，我未能说服老主编秦兆阳同志是我的编辑人生中的一大遗憾。

本文在研究中国当代文学，特别是在研究当代中国较有影响的大型文学刊物《当代》杂志的编辑史时，或可为研究者提供一个比较典型的例证。

五、《白鹿原》：拔地而起的艺术高峰。它在 1997 年底终于荣获"茅盾文学奖"，但同年 5 月，在"八五"（1991～1995 年）优秀长篇小说出版奖评奖时，却连候选的资格都被粗暴地勾销了

长篇小说《白鹿原》的作者陈忠实，1942 年生于西安市东郊灞桥区西蒋村。1962 年毕业于西安市三十四中学，以后曾担任过农村中小学教师，从事过基层文化工作。1965 年开始发表文学作品。1979 年加入中国作家协会。1982 年为陕西省作协的专业作家。1966 年加入中国共产党，为中共十三大、十四大代表。现为陕西省政协常委，陕西省作家协会名誉主席，2001 年 12 月在中国作协第六次全国代表大会上被选为中国作协副主席。

年轻时，陈忠实便很崇拜柳青，在文学创作特别是语言运用上也刻意模仿学习柳青，以致有"小柳青"之称。但是，到了 20 世纪 80 年代中期，在完成了《康家小院》、《初夏》、《蓝袍先生》等八部中篇小说、八十

1993年10月20日何启治摄于在西安召开的《白鹿原》研讨会上。

（摄影者：郑文华）

043

多篇短篇小说和五十多篇报告文学作品之后，他不但对以前的创作感到不满，而且也认识到"一个长到十岁的正常的孩子还牵着大人的手走路是

不可思议的"(引自《关于〈白鹿原〉的答问》，载《小说评论》1993 年第 3
期)，因而自觉地要摆脱柳青的影响，以求真正的创新并形成自己独立的
艺术个性。

　　小说《白鹿原》的艺术构思即在这种背景下完成于 1987 年。这期间，
作者又在西安平原的蓝田、长安、咸宁三个县做了较深入的人文调查，
同时做了其他文学、史学和艺术上的准备，才在 1988 年 4 月动笔。这
时，陈忠实已认识到："所有悲剧的发生都不是偶然的，都是这个民族从
衰败走向复兴复壮过程中的必然。"而他的创作，只"不过是竭尽截止到
1987 年时的全部艺术体验和艺术能力来展示……关于这个民族生存、历
史和人的这种生命体验"(见《关于〈白鹿原〉的答问》)。这样，《白鹿原》
终于在 1989 年 1 月完成初稿，又经过反复琢磨、修改，在 1992 年 1 月
完成二稿，并于同年 3 月改定。从构思到定稿历时近五年。

　　1973 年我从湖北咸宁"五七"干校回到人民文学出版社，在当时的现
代文学编辑部小说北组分管西北片，即曾热情地向柳青、杜鹏程、李若
冰等人和当时还相对年轻的路遥、陈忠实等陕西作家组稿——1973 年严
冬，我在西安郊区小寨街头当面约请陈忠实写农村题材的长篇小说。
1981 年调到《当代》杂志，又分工管西北、西南，陕西当然还是工作重
点。尽管这中间当援藏教师(1974～1976 年)和参加新版《鲁迅全集》的编
辑、注释工作(1976～1980 年)使我和当代创作界的联系，有过六七年的
中断，但和忠实以及西安的作家们的交谊并没有中止。1984 年，我在
《当代》编发过他的中篇小说《初夏》(载 1984 年《当代》第 4 期头条，被评
论界认定为陈忠实的代表作之一，获本年度中篇小说《当代》文学奖)。到
1992 年，我和忠实的交往、友谊已有二十年了。

　　1992 年早春，我高兴地收到忠实给我(时任《当代》杂志常务副主编)
的来信。忠实在信里谈到他的第一部长篇小说《白鹿原》的创作情况，他
说他很看重这部作品，也很看重《当代》杂志和人民文学出版社的态度，
在我们表态之前，他不会把这部小说交给别的杂志社和出版社，希望我
们尽快派人去看稿。我把忠实的来信交给当时主持工作的人文社副总编
辑朱盛昌等同志传阅。我们商量后决定派《当代》杂志的编辑洪清波和人
文社当代文学一编室(主管长篇小说书稿)的负责人高贤均一道去看稿。
这是在 1992 年 3 月底。高、洪二位在返程经过成都时开始看这部沉甸甸

的长篇小说，一看就放不下，就拍案叫好，并轮换着在返回北京的火车上就看完了。等他们回到出版社，我们便按三级审稿制由《当代》杂志和当代文学一编室好几个同志流水作业地快速看完《白鹿原》。

这样，从 1992 年 4 月至 6 月，《当代》杂志的洪清波、常振家和我先后完成了对这部五十万字的长篇小说的三级审读，实际主持工作的人文社副总编辑兼《当代》杂志副主编朱盛昌也在 8 月上旬签署了同意按我的意见在《当代》1992 年第 6 期和 1993 年第 1 期连载此稿的意见。几乎同时，人文社一编室也完成了对《白鹿原》书稿的审读程序，并于 1992 年年底正式发稿，在 1993 年 6 月正式出书。

实际上，我们当初把《白鹿原》看作很严肃的文学作品，并没有把它当作畅销书，所以初版只印了一万四千八百五十册，稿费也只按千字几十元付酬。到盗印本蜂起，我们才手忙脚乱地加印，到同年 10 月已进入第七次印刷，共印五十六万多册；为维护作者的权益，也才主动重订合同，按最高标准的 10％版税付酬。

《白鹿原》在内部审读过程中几乎被一致看好。当然，编辑在看稿的过程中，心里不但有作者、读者，而且还会有上级领导，有相关的政策管着。因而，他们不但看到了、充分肯定了《白鹿原》的思想认识价值和艺术魅力，而且也注意到了它存在的一些问题和可能引起责难的地方。

下面，让我们不惮其烦地引用有关的审读意见，以一窥当时编辑部内部对《白鹿原》的高度评价和相关的思考。

（一）《当代》杂志审读意见

洪清波的初审意见（1992 年 4 月 18 日）

作品最突出的优点是，所描写的生活非常扎实，因而就大大丰富了作品的内涵……当代文学创作中，如此生动、丰富、真实描写农村生活的还不多见。

其次，人物形象非常成功。白嘉轩、鹿子霖是两家的家长，他们的命运无不与历史许多重大事件相关，所以他们是那个时代中国农民的缩影。用既定的思想观点很难判断他们一生的是是非非。但是读者无法怀疑他们的真实性。

在艺术表现上，总的看来十分朴素。作品以叙述为主。一般说来叙述得比较清楚，并显示出一定的丰富性，但也有个别地方有枝蔓（和）不合理的问题。当然，作为一部长篇，这种朴素的表现方式，显得有些单调，特别是有时候该出情绪的地方，烘托不上气氛。但是这也与作者的写作风格、描写内容有关。此作是比较冷静的现实主义作品，很少渲染夸张。

总之，此作可读性较强，内容丰富，认识深刻，我以为是很不错的作品。

常振家的复审意见（1992 年 5 月 3 日）

这是近年来一部比较扎实的作品，历史感强，人物形象鲜明而丰满。特别是作者能把人物的命运与性格的展示同整个社会的历史变迁结合起来，这就不仅加强了人物性格的深刻性和丰富性，而且使作品产生一种厚重感。

作品不足之处在于笔墨过于均匀，变化较少，"浓淡相宜"注意不够。有些性的描写似应虚一些。但总的来说，这还是一部不错的作品。

何启治的终审意见（1992 年 6 月 30 日）

这是一部扎实、丰富，既有可读性又有历史深度的长篇小说，是既有认识价值也有审美价值的好作品。

1. 此作体现了比较实事求是的历史观、革命观。在政治上是反"左"的，是拥护十一届三中全会正确思想路线（实事求是）的。写国民革命、写国共又合作又斗争的历史相当冷静、准确、可信。可以说比较形象、真实地描绘了国共两党初期闹革命阶段的真实面貌，如十六章写白灵、鹿兆海以铜元的正反定入党的对象，其后又在实践中互变为另一党的党员，就很有时代特色。

2. 此作通过白、鹿两个家族、两代人的复杂纠葛反映从国民革命到解放这一时期西安平原的中国农村面貌，也是准确而有深度的。我们有一个时期以简单的阶级斗争（甚至扩大化）观点来统帅一切，事实已证明这是不符合历史真实的。《白鹿原》在这一点上显示了作者的冷静和勇气，而作为文学作品，则显得既新鲜又深刻、准确，因而特别值得肯定，值得重视。

3. 作品的历史观和革命观都不是概念的表述，而是通过活生生的艺术形象塑造和生动、形象的生活画面来表现的。

如老一代的白嘉轩、鹿子霖、朱先生就写得很好。朱先生作为一个有骨气的正直博学的知识分子的形象写得很成功。白嘉轩作为一个有原则且能身体力行的倔强的族长形象也很动人。十六章写他被打断了腰仍不失威仪，夺过鹿三的牛鞭子在夕阳中扶犁耕地，就像一幅充满悲壮意味的夕照图。鹿子霖干尽了坏事，但也不是简单地（写他）干坏事，都按一定的生活逻辑落笔。凡此，显示了作者的冷峻和艺术功力。（长工鹿三的形象也值得注意）

当然，鹿兆鹏、鹿兆海兄弟和白灵、白孝文、黑娃等形象也不错。特别是小娥这个表面看似淫荡而实际上并未泯灭人性的艺术形象也是成功的，值得注意的。

这就牵涉到此稿的性描写如何处理的问题。首先，我赞成此类描写应有所节制，或把过于直露的性描写化为虚写，淡化。但是，千万不要以为性描写是可有可无的甚至一定就是丑恶的、色情的。关键是：应为情节发展所需要，应对人物性格刻画有利，还应对表现人物的文明层次有用。自然，应避免粗俗、直露。试想，如果《静静的顿河》去掉了阿克西妮亚会成个什么东西？如果《子夜》删掉了冯云卿送女儿给赵伯韬试图以美人计刺探经济情报这段情节，又怎么样？（这情节不但写活了赵伯韬的狂傲，冯云卿的卑鄙，也写出了冯女的幼稚和开放。）《白鹿原》的小娥就是个很重要的形象。她在鹿子霖挑唆下拉白孝文下水这一段性情节，就很能表现鹿子霖的卑鄙，白嘉轩的正直、严厉以及小娥和白孝文的幼稚和基本人性、为人态度等等，是不可少的情节。

此外。作品还有一些比较弱的或比较经不起推敲的部分（如992页写白灵发动学潮，1218页鹿兆鹏让鹿兆海送白灵到张村，1427页反反复复讲白孝文买鹿家门楼等等），应在编辑时或删或作适当改动处理。

陈忠实迄今最重要、最成功的小说就是这一部……赞成适当删节后采用，刊《当代》今年第6期和明年第1期。请发稿编辑把文字加工工作做细一些。（大约可删去五万字左右？）

朱盛昌(时任人文社副总编辑，实际主持《当代》杂志工作)意见

（1992年8月10日）

按何启治同志的意见处理。

关于性描写，我不是反对一般的两性关系描写。对于能突出、能表

047

现人物关系、人物性格和推动情节发展所需要的两性关系的描写是应当保留的。但直接性行为、性动作的详细描写不属此例，应当坚决删去，猥亵的、刺激的、低俗的性描写应当删去，不应保留……不要因小失大。

（二）当代文学一编室意见

刘会军的初审意见（1992 年 12 月 18 日）

这部作品既有严肃深刻的思想内容，又有生动引人入胜的故事情节。两者完美的结合，提高了小说的品位。它对生活的冷峭、深邃的描写，对人物琢磨不定，但又入情合理的性格刻画和总是出人意料的情节发展，以及篇幅宏大而情节、人物单线发展却又完整自然的框架式的艺术结构，都显示出作品的独到之处。它既能引起作家、出版家、评论家、学术研究者的重视，也能受到一般文学爱好者的喜欢，能引起社会的强烈反响。它的经济效益在目前情况下不敢企盼过高，但希望在文学评奖中获奖，还是抱有信心的。

高贤均的复审意见（1993 年 1 月 11 日）

同意刘会军同志对作品的分析和评价。

这部以叙事为主要表现手段的小说，其艺术感染力却强于众多浓墨重彩着力描绘的作品，原因就在于生活本身的丰富和魅力。作者沉潜数年，努力探索生活本质，研读名著，反思以往创作，终于摆脱了过去种种观念、戒律、创作模式的束缚，走上了真正的现实主义创作道路，并调动了自己的全部生活积累和生活感悟，完成了这部现实主义巨著，从而在自己的创作历程上飞跃了几级台阶。这部作品在艺术手段的运用上少有出新之处。但它的恢弘气势，扑面而来的真实感，生动复杂鲜活的人物形象，内涵无穷，使人见仁见智的情节，都令人信服地说明了生活的力量、真正现实主义的力量。这是近几年不可多得的长篇小说佳作，远非那些耍花枪的时髦作品所能比拟。应该作为我社重点作品推出。

1992 年 9 月，我由《当代》杂志常务副主编调任人民文学出版社副总编辑，分管当代文学的图书出版工作。1993 年 1 月 18 日，我签署了关于陈忠实著长篇小说《白鹿原》的终审意见："这是一部显示作者走向成熟的现实主义巨著，作品恢弘的规模，严谨的结构，深邃的思想，真实的力量和精细的人物刻画（白嘉轩等可视为典型），使它在当代小说之林中成为大气（磅礴）的，有永久艺术魅力的作品。应作重点书处理。"

《白鹿原》分两期在 1992 年第 6 期和 1993 年第 1 期的《当代》杂志连载，于 1993 年 6 月出版单行本，在人民文学出版社获得了最高规格的待遇。《白鹿原》在人文社迄今总印数已达一百二十多万册（含修订本、"茅盾文学奖"获奖书系、"百年百种中国优秀文学图书"书系、1993 年原版书和精装本等）。

陈忠实自己掌握的资料显示，《白鹿原》的盗印本已接近二十种，其印数已接近正版书。如此看来，说《白鹿原》迄今的总印数已达二百多万册当不为过。此外，《白鹿原》在香港出了"天地图书"版，日本出了日文版，越南没有跟作者打招呼出版了越文版，现在法国一位年轻的女汉学家正在把它翻译成法语。在国内，除了人文社，还先后有太白文艺出版社的《陈忠实文集》五卷本和由北京十月文艺出版社出版的《陈忠实集》四卷本均收入《白鹿原》，还有文化艺术出版社出版了雷达评点本《白鹿原》。

在评论方面，据我所知，除了最早由人文社出版的《〈白鹿原〉评论集》之外，还有华夏出版社出版的《宁静的丰收——陈忠实论》（李建军）、人文社出版的《陈忠实论——从文化角度考察》（畅广元）、陕西人民出版社出版的《说不尽〈白鹿原〉》和《走进陈忠实》等共六部评论专著，单篇评论三百多篇。评论的文字篇幅早已远远超出了原著。《白鹿原》在出版社、评论界引起的热烈反应，由此可见。

然而，被前辈评论家朱寨视为当代长篇小说"扛鼎之作"和被《文学评论》前主编蔡葵视为"史之诗"，被范曾视为"方之欧西，虽巴尔扎克、斯坦达尔，未肯轻让"的《白鹿原》面世以来，其实遭遇了许多不公平的待遇：1997 年 5 月，在天津开会评"八五"（1991 年～1995 年）优秀长篇小说出版奖时，我和雷达、林为进三个评委提出把《白鹿原》补充列入候选作品名单，却被当时的临时负责人粗暴地勾销了。

第四届茅盾文学奖的评议从 1995 年启动，到 1997 年 12 月 19 日揭晓，历时两年多，其中的麻烦复杂不难想见。《白鹿原》先在二十三人专家审读小组（读书班）中顺利通过，却在评委会的评议中出现了不小的分歧，以致评委会的实际负责人陈昌本在评议的过程中不得不打电话给陈忠实，恳切地转达了一些评委要求作者进行修订的意见。

这些意见主要是："作品中儒家文化的体现者朱先生这个人物关于政治斗争'翻鏊子'的评说，以及与此有关的若干描写可能引出误解，应以

049

适当的方式予以廓清。另外，一些与表现思想主题无关的较直露的性描写应加以删改。"（见《文艺报》1997年12月25日第152期"本报讯"）

陈忠实就是在接受了做适当修改的意见后，使他的长篇小说《白鹿原》（修订本）获得了第四届茅盾文学奖，终于在1998年4月20日登上了人民大会堂的"茅奖"颁奖台。

对《白鹿原》的修订，文学圈内颇有微词。对此我当然不能认同。因此，颁奖大会后，当中央电视台专题部的孙慧等人对我的采访中问及这个问题时，我明确地表明了自己的看法：

第一，作为《白鹿原》的组稿人、终审人和责任编辑之一，我要负责任地说，《白鹿原》的修订并不是如有些人所顾虑的，是"伤筋动骨"而至于"面目全非"。牡丹终究还是牡丹。修订过的《白鹿原》不过是去掉了枝叶上的一点瑕疵，而牡丹的华贵、价值和富丽却丝毫无损。

第二，如果我是茅盾文学奖的评委，我会痛痛快快地给《白鹿原》投上一票，而不会要求对它进行修订。因为《白鹿原》在深刻思想内涵和丰厚审美意蕴上的出类拔萃是毋庸置疑的客观事实。至于作品的缺点，那是世界文学名著也在所难免，是改不胜改的。

第三，如果《白鹿原》的作者只有做适当的妥协才能使它获得茅盾文学奖，那么，我是理解并支持作者做适当妥协的。因为《白鹿原》获得中国当代长篇小说的最高荣誉，对繁荣长篇小说创作有利，对发展整个当代文学有利——《白鹿原》能够蹚过去的地方，其他文学作品也应该能够蹚过去。因此，我对《白鹿原》终于获得第四届茅盾文学奖的殊荣表示由衷的祝贺。

几乎同时，我写了一篇短文《欣喜·理解·企盼》发表在《中华读书报》上。我如实地介绍了《白鹿原》修订的实际情况，强调"理解、支持《白鹿原》的修订和获奖，就是理解、支持一种实事求是的精神。"我确实难以认同不顾中国国情的唱高调和说大话。

1998年7月，中央电视台"读书时间"节目组在无锡组织了一次活动，其中一个内容是由与会嘉宾举出二十年来自己认为最重要的一部书并用一句话来略述理由，作为对新时期以来优秀出版物的肯定和回顾。当主持人李潘把话筒交给我时，我毫不犹豫地说："作为一个文学编辑，二十年来我最看重的一部书就是陈忠实著长篇小说《白鹿原》，理由就在于它所具有的惊人的真实感，厚重的历史感，典型的人物塑造和雅俗共赏的艺术特色。"我的话在公开播出这个节目时保留下来了，这说明我的认识在相当层次上还有知音，真是令人高兴！

基于我对《白鹿原》在当代文学史上所处的高峰地位的认识，后来，在《〈白鹿原〉档案》一文中我明确地说："在我看来，《白鹿原》不仅是中华人民共和国建国以来，而且也是五四新文化运动以来，继承了现实主义文学传统的最优秀的长篇小说之一，是当代中国最厚重、最有概括力、最有认识和审美价值，也最有魅力的优秀长篇小说之一。它荣获当代中国长篇小说的最高奖项——茅盾文学奖，是当之无愧的；相反，如果它没有获得茅盾文学奖，那就不仅仅是这一奖项的悲哀，而是整个中国当代文学的悲哀了。"（载《出版史料》2002年第3期）

关于《白鹿原》在中国当代文学史上的地位，我们当然还可以从长篇小说的基本要素来考察。例如说，它有精心的结构，有白嘉轩、鹿三、田小娥、朱先生等独一无二的人物形象，有好看的堪称经典的故事，有个性鲜明的、有张力的语言等等。

但是，推崇、肯定《白鹿原》的最重要的依据，我认为还是应该从它对中国当代文学的开拓性、突破性方面来寻找。从这个角度来看，《白鹿原》对历史的反思是具有空前深度的。

《白鹿原》真实准确地描写了中国人在20世纪前半叶的生存状态和精神嬗变的历程，波澜壮阔，惊心动魄。它通过对我们这个民族的"秘史"的书写，让读者陷入深深的思索：我们为什么几十年来都在腥风血雨、恩怨情仇中厮杀与折腾，中华民族如何才能走向真正的繁荣昌盛与达致现代文明社会？

历史在进步衍变的过程中，会使人们（读者）对一些事物或一部重要作品有新的认识。关于《白鹿原》，也一样有这种现象。1997年12月，"茅奖"部分评委坚持要陈忠实对《白鹿原》作修订的两点意见，最近就有了新的反响。

其一，是车宝仁在《〈白鹿原〉修订版与原版删改比较研究》一文中指出，修订版删改原版2260多个文字符号，修订版比原版少了1900多个文字符号，对朱先生指国共斗争"翻鏊子"、折腾老百姓的说法的删改，"显得生硬不自然"，"这里的修改很难说修改得很好"，对这种删改的合理性显然是存疑的。至于对性描写的删改，则认为"随着社会和时代向前推进，社会观念的变化，将来人们会更多地看重原版的价值。

"此书在20世纪90年代前期刚出版时一些人批评其性描写，而新世纪以来已未见此类批评，也能说明读者、评论家观念的推进。"（参见《说不尽的〈白鹿原〉》，第712页～727页，陕西人民出版社，2006年11月第1版）

其二，是陈忠实自己明白无误的表态。关于《白鹿原》中朱先生的"鳖子说"，他指出，"这里有一个常识性的界线，作品人物对某个事件的看法和表态，是这个人物以他的是非标准和价值判断做出的表述，不是作者我的是非标准和意义判断的表述。……这些人物对同一事件大相径庭的判断和看法，只属于他们自己，而不属于作者。……读者和评论家可以严格挑剔朱先生等人物的刻画过程里的准确性和合理性，包括他的'鳖子说'，是否于他是准确的和合理的，而不应该把他的'鳖子说'误认为是作者我的观点。"面对有人认为"鳖子说"表明作者缺乏智慧的批评，陈忠实的回答是："把智慧耗费到机巧上，且不说合算不合算，恐怕创作都难以继续了，如果还有作家的道德和良知的话。"（引自《寻找属于自己的句子——〈白鹿原〉写作手记》，载《小说评论》2008年第1期）陈忠实反批评的态度再鲜明不过了。

052

当然，如果要从文学、民族学、政治社会学、史学、文化学等多方面来剖析、研究《白鹿原》，我们还有许多话可说。它确实是说不尽的。

我当然也不可能就中国当代长篇小说的排序作正式的调查。但最近我在相熟的评论家、编辑家、作家中提出这样的问题：在当代中国长篇小说中，如果要排个座次，你们认为谁该坐这第一把交椅呢？有意思的是，他们竟不约而同地认为，《白鹿原》当之无愧地该坐这第一把交椅。如果再按二三四五排座次，那意见分歧可就大了。

这样的结果，起码没有出乎我的意料之外。虽然这未必是绝对意义上的第一，但《白鹿原》处在中国当代长篇小说的高峰位置上，应该是没有疑问的。所以，我在写于1998年12月27日的《陈忠实和他的〈白鹿原〉》这篇散文中早就明确地说："《白鹿原》在中国当代文坛上，毫无疑问是小说丛林中的一棵枝叶茂盛、葳蕤光辉的大树，确确实实是一座风光无限、撼人心魄的高峰。"（引自《文学编辑四十年》，人民文学出版社

2001年5月北京第1版)是的,《白鹿原》肯定是当代文学原野上一座拔地而起的艺术高峰。

我相信,历史将证明我对《白鹿原》在当代文学史上的定位是正确的。

六、《尘埃落定》、《英雄时代》、《狂欢的季节》:三部由人民文学出版社正式出书之前内部有不同看法的优秀长篇小说

《尘埃落定》先由人民文学出版社于1998年3月印行第一版,紧接着选载于《当代》1998年第2期。这种不合常规的现象事出有因。

《尘埃落定》的组稿人和责任编辑脚印(刘宇)是人文社很有眼光的青年编辑。她和这部长篇的作者阿来早就是相熟的朋友,并且一直关注、欣赏他的诗歌和小说。脚印知道阿来的长篇小说处女作《尘埃落定》在1994年冬就已定稿,已经在各家出版社漂泊了三年,便向《当代》杂志的周昌义、洪清波作了推荐,说四川有一个叫阿来的藏族作家,小说写得挺好,有一部长篇想给《当代》看看。据周昌义回忆,直到1997年夏天,周、洪参加一个笔会,和《青年作家》、《湖南文学》的编辑同行一起去九寨沟,先绕道马尔康,邀阿来同游,这才互相认识了。路上清波问起过稿子,但阿来并没有往外拿。直到他们回到北京以后,周昌义说,"稿子终于寄来了。清波先看了,再给我看。还真跟清波以前的印象一样,诗人写小说,有感觉,有灵气,还有神经。根据以往的经验,这类稿子千好万好,就一点不好:读着费劲。(我)硬着头皮看下去。这一看,看到半夜,而且是一口气。挠头一想,奇怪了,怎么挺好读的呢?我和清波一商量,说要是在《收获》发,读者会叫好,要在《当代》发,读者会怎么样,吃不准。(因为)《收获》好美文,《当代》重分量。……犹豫之中,干脆给了脚印。给脚印看去吧。"(以上引述见《〈尘埃落定〉误会》,载《西湖》文学月刊2008年第4期)

脚印拿到稿子后,很快和人文社当时管长篇小说的副总编高贤均先后看过,一致叫好。高贤均说,"四川又出了一个写小说的人。"这时,管

《小说选刊·长篇小说增刊》的关正文找到脚印。脚印兴奋地向他推荐了《尘埃落定》。几天后关正文就明确地对脚印说，这部小说好，不错，《长篇小说增刊》要用二十万字。刊物出来后，关又有新点子，要为它开个别开生面的讨论会，而且不要老面孔，不要老生常谈，邀请通知还加了句话：有话说的再来，没什么话说的不必勉强来。结果计划四十人左右规模的研讨会来了六十多人。媒体在人文社新成立的宣传策划室主任张福海的推动下也快速出现了关于《尘埃落定》的各种报道、评论文字。……（见脚印文：《〈尘埃落定〉之路》）

我就是在《小说选刊·长篇小说增刊》上看到《尘埃落定》，并在开过研讨会后决定在《当代》选载《尘埃落定》的，因为在我看来，它远胜于《我们播种爱情》这一类汉族作家写藏区少数民族生活的作品。在选载此作的《当代》1998年第2期，我还为它撰写了备加赞赏的"编者按"，其内容构成了我后来发表的一篇短文《用心和智慧阅读〈尘埃落定〉》的主体：

《尘埃落定》是藏族封建土司制度走向溃败毁灭的凄婉美丽的挽歌。当神秘浪漫的康巴土司制度在中国人民解放军的隆隆炮声中最终消失在历史的深处时，读者除了由于欣赏了真正动人的艺术品而带来的阅读快感之外，还不由得会伴随着对人类的昨天、今天和明天产生深沉、凝重的思索。这是因为小说借独特、新鲜的藏族社会生活题材，表现了具有普遍意义的人性主题。

小说以麦其土司一家人的命运变迁为主线来展开故事情节：麦其老土司让他的未来的继承人大少爷在南方和汪波土司争斗，他的"傻子"二少爷在北方颇有预见地建立了新型市镇（夏宫），而他则企图通过二少爷的婚姻去接管茸贡女土司的整个领地。爱欲与文明的冲突，土司头人之间的争斗，鸦片、梅毒的传播，土地财富、奴隶美女的掠夺……老少土司（甚至父子）之间，男女土司（甚至夫妻）之间的阴谋算计，巧取豪夺，敷衍出一幕幕悲欢离合、生生死死的人间活剧。这一切争斗的目的似乎是攫取更大的权力。而权力又意味着什么？更多的银子？女人？更广阔的土地？更众多的仆从？可结果呢，麦其老土司和另一些顽抗的土司头人死于解放军进军的炮火；麦其大少爷死于仇人的报复；麦其"傻子"二少爷糊里糊涂当了俘房，却终究还是平静地死在仇人的刀下，连解放军都保护不了他；二少爷的母亲吞食鸦片自杀；他的美丽绝伦的妻子塔娜必将死于梅毒……所以，哑巴书记官用眼睛说的话是："戏要散场了。"真个是大地一片白茫茫好干净。

亲爱的读者，让我们用健康的心灵，用智慧的头脑，用人性的眼光来读这部小说吧。当你掩卷静思，在硝烟过后，在擦干血迹，历史的烟尘终于落定之后，你是否有当初阅读《红楼梦》的感觉？时代的大潮渐趋平静，历史终于翻过了重要的一页，就此而论，是"尘埃落定"了；但人类的历史多么漫长，人生的活剧似乎永远不会有落幕完结的时候，如此说来，尘埃又确实没有"落定"的时候。

难能可贵的是，这一切在作者笔下娓娓道来，从容不迫，举重若轻。无论是艺术细节的刻画还是社会场景、藏区风光的描绘，都常有叫人赞叹不已、拍案叫绝之处。例如，麦其老土司看上了查查头人的老婆，便杀夫夺妻，然后又诬陷查查的管家多吉次仁想夺头人的职位而杀了主人，因而对他"绳之以法"；但在多吉次仁的老婆和两个儿子夜半暗藏杀机，特意来告别时，麦其土司却让奴仆高举灯笼照亮自己的脸，还提醒想长大以后再报杀父之仇的孩子："你是害怕将来杀错人吗？好，好好看一看吧"！可是，后来先来报仇的多吉罗布却有意放过了麦其老土司而选择了他的继承人大少爷；到末了，多吉罗布的哥哥又终于为"一了百了"而替弟弟出手杀了麦其家的"傻子"二少爷——因为多吉罗布已经参加了"红色汉人"解放军，按藏族规矩复仇杀人的事也就只能由他的哥哥来完成了。这真是十分地道的藏族故事。一个独特、精彩的细节竟有着如此丰富的内涵。

所以，我们读《尘埃落定》，除了好好体会它深刻的思想内涵和普遍的人性主题之外，尤须细细地品味它的艺术意蕴和特点，才不会停留在猎奇寻异的表层，而能深入到艺术宝藏的深处去领略阿来小说艺术的无限风光。

阿来本是智慧而散淡的诗人，故小说的语言简洁、幽默、纯正，如行云流水般好读，又极富诗意、极富质感和表现力。

小说塑造的人物形象，包括其主人公麦其土司的"傻子"二少爷，被割了舌头的书记官翁波意西，二少爷的随从索朗泽朗、尔依，以及男男女女，老老少少的土司们，一些奴仆和自由民，往往都是独特的"这一个"。

055

作者的叙述有局外人的冷静、超然和无奈，更有局内人的真切、生动和准确。这是因为阿来虽然年轻，但毕竟是藏族作家，他熟知藏族土司制度的盛衰过程和相关的历史、宗教、文化知识以及人文、自然景观，绝非其他民族的作家可比——哪怕他们深入藏区生活，也写出过一些有价值的作品；又正因为阿来年轻又善于学习借鉴中外一切有益的文学遗产和文学的新观念、新经验，这就使他的叙述既充满热切之情、十分投入，又不乏客观的理性和冷静。

总之，小说在个性化的艺术追求和大众审美情趣的结合上，虽然未必完全成功、到位，但无疑已迈出了独特而重要的一步。

正因为《尘埃落定》在人文社的出版和在《当代》的亮相有这样的过程，所以周昌义才会在《〈尘埃落定〉误会》的对话中说："当时任《当代》主编的老何也是慧眼，问我们，这么好的作品，怎么《当代》不发呢？我这才想起是个问题：当初给脚印的同时，怎么没送《当代》领导审呢？"（见《西湖》文学月刊 2008 年第 4 期）

第二部要说一说的内部有不同看法的书稿，是柳建伟著长篇小说《英雄时代》。如前所述，由于我的推荐和支持而在《当代》和人文社连续发表出版作品的柳建伟，于 1998 年至 2001 年 2 月终于又完成了一部规模宏大，以西部某省会为中心舞台，在经济建设的矛盾纠葛中抒写人物命运的长篇小说《英雄时代》。这部长篇由于高唱主旋律又被某些同事所不认同。但我认为只要坚守文学的本分，唱响主旋律不一定就不好，何况此作歌颂了各种各样的时代英雄，而且又是柳建伟心血之作"时代三部曲"的最后一部，（前两部是写当代农村生活的《北方城郭》和我军现代化建设的《突出重围》，都获得较高的评价。）我们应该将柳建伟的"时代三部曲"完整地推出。虽然当时我已退休，但我的意见还是说服了其他同仁。《英雄时代》于 2001 年 3 月出版后，我应约撰写了《谱写时代的英雄乐章》，发表在《人民日报》（海外版）上。而柳建伟则在送给我的样书上热情地题写了这样的话："恩师何启治先生存念，经您培育的《时代三部曲》出齐，愿与您共享这一阶段性成果……"下署："学生柳建伟敬呈 2001 年 4 月成都。"

2005 年 4 月 11 日，第六届茅盾文学奖终于评出，《英雄时代》榜上有名。这时候，一位同事回忆说，当年何老师就说过，《英雄时代》不但该出，说不定还会得个茅盾文学奖呢！可见，一个有眼光，有主见的编辑，该坚持时就得坚持，可不能人云亦云啊！

其实，公正地说，在柳建伟著"时代三部曲"中，论人性揭示的深度，反映时代生活的概括力，艺术形象塑造的成功，和艺术魅力的长久，《北方城郭》都在《突出重围》和《英雄时代》之上。然而偏偏是《英雄时代》获得了长篇小说的最高荣誉"茅盾文学奖"，《突出重围》也得了"五个一工程奖"，还拍了电影，印了几十万册，而《北方城郭》却只是"茅奖"入围，终未出线，市场销售也不见好。不久前，我问及柳建伟：为什么会这样？最好的作品为什么得不到应有的荣誉和经济效益？柳建伟略加思忖，便说："何老师，我想只能说，人有人的命，书也有书的命吧！"脸上，却写满了无奈和遗憾。

其三，是关于王蒙的长篇小说《狂欢的季节》：当时，已经宣布我退休，但按工作需要和惯例仍担任《当代》主编直到 1999 年底。《狂欢的季节》便成为我在《当代》的主编位置上终审的最后一部重要的长篇小说。此前，王蒙已在人文社出版了《恋爱的季节》和《失态的季节》、《踌躇的季节》。《狂欢的季节》是他的"季节系列"长篇小说的最后一部。因为作品涉及"文革"，不同的意见便凸显出来。争论的结果，是由新社长聂震宁于 10 月 18 日召开一个小型的协调会。与会者除社长、总编辑、主编、副主编、责任编辑以外，还有已离退休的屠岸、王笠耘。相关的情况体现在我写于 1999 年 10 月 25 日的"终审意见"中：

这是纪实色彩比较浓的长篇小说。它以主人翁钱文的生活轨迹为线索，对钱文夫妇离京到边疆锻炼，在边疆经历了整个"文革"，直到"文革"结束返回北京的全过程都作了生动真实的描写，夹叙夹议，也多有王蒙式的调侃。

熟悉文坛人物的读者不难从主人公钱文和张银波、黎原、赵青山的身上找到现实生活中真实人物的影子。

尽管没有正面描绘"文革"中心地带和高层的情状，但由边疆地区的"文革"生活也可以感受到整个中华大地的震动，而一个有较高思想层次的错划右派主人公的心灵震颤和思考就使作品具有了一定的思想深度。因此，我认为这种写法体现了王蒙的聪明和机智，并使作品在安全的前提下成为一部忠实记录那个畸形年代的、严肃而有价值的好小说。

　　自然，这又是那个年代的相当主观的记录。从主人公生活的经历（包括被视为"死老虎"没有戴高帽子游街），到心理活动乃至心灵深处的震动都是王蒙式的。这样不必着意去描写上层人物的活动（只是写了一小段江青的仅涉及一般人的日常生活情状）。却由于真实地表现了主人公在"文革"中的狂喜、困惑、痛苦和觉醒过程，对有一定阅历的读者当会引起强烈的共鸣，而对不知"文革"为何事的年轻读者，也会有一定的认识、启迪的意义——但想从作品中猎奇的读者大概会望而却步。

　　因而，我认为这是一部写得机智、真实、严肃，有一定深度和认识价值的好作品。当然，受时代的局限，关于"文革"的生活目前大概只能写到这种程度——思想比较传统保守的人和思想很激进、很解放的人大概都不会满意这部作品。然而，我想强调的是："文革"不能回避，要推出一部写"文革"生活而又在政治上没有多大风险的作品实在很难，而王蒙的《狂欢的季节》却正是这样的作品。因此，我们不但应该支持，而且应该感谢王蒙同志把这部长篇交给《当代》刊发并交由我社出版。

　　作品存在的问题是：……对"文革"的发动者、主持者毛泽东有一定的理解、谅解，也多有讥讽、调侃、挖苦一类的语言。对此，通过10月18日的讨论已决定由责编摘出疑问较大者请作者考虑作一定的删改订正。我赞成这样做，但要从严挑选，避免过宽过滥。

　　之所以要在10月18日由新社长聂震宁召开协调会来解决《狂欢的季节》中的问题，是因为出版社和《当代》内部有的负责人认为小说这样讽刺、挖苦、调侃伟大领袖是不允许的，要公开发表、出版就必须先予以删除或向上级送审。简单的删除和正式送审都是不可行的。这样，才由社长根据大多数人的意见做了决断。王蒙的"季节系列"的最后一部《狂欢的季节》最终只由作者做了小小的修订，便刊发于《当代》2000年第2期并由人民文学出版社出版了单行本。

　　对刊发王蒙的《狂欢的季节》还有一种不同的声音，是担心读者不接受。周昌义说："《当代》发过王老的前两部即《恋爱的季节》和《失态的季节》，读者反映不好，我们怕把读者得罪了。"（见《〈尘埃落定〉误会》，载《西湖》文学月刊2008年第4期）我想，对王蒙的"季节系列"长篇小说，如我在审稿意见中已提到的，肯定会有人不喜欢（太保守或太激进的，当

1998年夏北京国际书展上，何启治向李岚清副总理介绍人民文学出版社出版的"世界文学名著文库"200种。

059

然还有嫌王蒙过于絮叨的，等等)但也一定会有人赞赏。一个编辑，如果站在历史的高度，对于涉及人民共和国几十年风云变幻的历史沧桑，特别是比较真切地表现了我国当代知识分子的人生感悟和心路历程的"季节系列"，自当有足够的重视和评价。

和《狂欢的季节》有关的一件有趣的事是：王蒙交稿之前，我和高贤均、李昕等人去看望他。在他位于北小街住处那相当狭小的客厅里，他很自信地说：你们猜一猜，我这一部小说的书名该叫做什么季节呢？不开玩笑，猜中了我可以拿稿费一定的百分比提成作为奖励。这当然是玩笑，但也不妨一猜。对"文革"，对十年浩劫，一般人认为太疯狂，有的哲学家称之为"荒谬的时代"。我想，还是从俗吧，便说也许该取"疯狂的季节"做书名吧。王蒙得意地笑着说，《狂欢的季节》，你呀，差了一个字，还是没法给你提成啊！大家跟着发出一片笑声。事后想想，我对王蒙式的幽默还是体会不深。大概也只有他能把大灾难、大痛苦、大悲剧视为"狂欢"吧。

　　这就是我退休后，在《当代》主编的位置上经手处理的最后一部书稿——《狂欢的季节》。

　　以上所述，是我亲历亲闻，知道相关情况的八部重要长篇作品的真相。我牢记并认同严文井老社长的话："我仅存一个愿望，我要在到达我的终点前多懂得一些真相，多听见一些真诚的声音。"（见《严文井纪念集·我仍在路上》，人民文学出版社 2006 年 10 月第 1 版）因而，我力求做到言必有据，同时也就比较看重审稿意见、相关书信之类的原始资料。

　　我和这八部作品也未必都有缘。张炜备受赞赏的长篇小说《九月寓言》已经到了我的手里，最后还是失之交臂。这真像唐代诗人刘禹锡拟作的《竹枝词》里的一句诗所说的："东边日出西边雨，道是无晴却有晴。"这里的"晴"谐"情"。虽然有过遗憾，但能和《白鹿原》、《古船》这些优秀的长篇小说相遇，为它们的发表、出版并得到应有的荣誉而尽力，作为一个文学编辑，还是感到很幸运啊！

　　读者对我谈到的作品当然可以有自己的审美判断和未必完全一致的看法，我只是尽我所能提供真情和真相。这样，不但对读者有参考的价值，就是对当代文学史的教学和研究也应该有一定的裨益。能如此，吾愿足矣。

　　《世纪书话》也许还可以写一些，但还是适可而止吧，不再絮叨了，就此打住。

2009 年 2 月 21 日，北京

第二辑

访谈实录

五十年光荣与梦想*
——关于编辑、出版者与长篇小说创作关系的对话

回眸一望的光荣——一家权威出版社与一部潜文学史

柳建伟：一个不该存在的事实，长期以来被我们习焉不察并且当做"本该如此的事情"麻木地接受了。这就是编辑、出版者的话语权力，在作品成为商品进入市场后的彻底丧失。说彻底丧失可能有些激烈和绝对，但编辑、出版者的声音在所谓的文学正史的语境中基本缺席却是一个不争的事实。然而，中国的作家比谁都清楚，世界上再没有介入作品如此广泛而有深度的编辑和出版者了，要不然就不会有"店大欺客，客大欺店"这种怨毒之辞的私下流行。再换句话说，没有哪一个国家的编辑和出版者像中国当代的同行那样，对作品的质量和生产负有如此重大的责任。这个悖论式的存在，使中国的读者看见的文学流程残缺了。他们只能看到花儿的明艳，望穿秋水也无法看到花儿在蓓蕾时经历的风霜刀剑、血雨腥风。在我看来，中国的文学不管是总结经验教训，还是绘制宏图，编辑、出版者都是重要的角色。研究中国当代文学，特别是其中的长篇小说，对编辑、出版者和作品的深层关系视而不见，定会引人误入歧途。我等了很久，可是那些与当代文学影响巨大的作品和作家存在着广泛、深刻关系的编辑家们，却一直保持着高贵的缄默，心甘情愿放弃了在显

063

---

* 对话于 1997 年 8 月 17 日在人民文学出版社招待所 110 室进行。文字整理稿后刊发于《当代作家评论》1998 年第 1 期。

1996年12月何启治与人民文学出版社参加第五次中国作协全国代表大会的代表合影。左起：高贤均、何启治、绿原、李曙光、牛汉、屠岸、陈早春、任吉生、弥松颐。

学意义上的话语权力。

因此，在读你的《从〈古船〉到〈白鹿原〉》*（载《漓江》1997年第1期）时，我真是感到如获至宝，心里想：中国的勃兰兑斯《十九世纪文学主流》式的文学史终于又多了一个坚实的支撑点。

何启治：你在来信中把它称作是潜文学史的重要组成部分，有点过誉了。我在这篇文章中已经说过，这是受同行友人所逼的急就章，唯一的好处恐怕只是冷静、客观。它大抵只是记录下了一些粗线条的真实。太忙，没时间仔仔细细回忆。这种回忆编辑生涯的文章，前辈同仁们写过不少，我们社的《新文学史料》就是为你所说的潜文学史提供史料的。

柳建伟：你的文章不一样。一、这不是退休赋闲时所作；二、你不

---

*　此文的基本内容请参看《世纪书话》的有关篇章。

止是写下了一些粗线条的真实，它的重要在于为世人展示了当代几部重要作品的阴影部分；三、你是《古船》和《白鹿原》的终审人，而这两部作品恰是公认的新时期以来最优秀的长篇小说；四、文章中记录的你为《古船》单行本的出版立军令状和《白鹿原》的修改情况，已经充分证明编辑在作品中已付出过重大责任和义务。第四点，正好可以成为我们这次谈话的切入点。

何启治：终审这样两部重要作品，实际上是赶巧了。《古船》是我有终审权后，遇到的第一部长篇小说；《白鹿原》在《当代》1992 年第 6 期和 1993 年第 1 期连载后不久，我又成了人民文学出版社主管当代文学的副总编辑。我既是《白鹿原》的终审人之一，又为了承受可能的压力而做了署名的责任编辑。这种情况在我们的编辑工作中是比较少见的。这样好的作品，能作它们的责编和终审人，是一个编辑的幸事。这种作品到人文社许多资深编辑手里，都会立马打开绿灯放行。至于我在这两部书的出版过程中采取的态度，在我们出版社的历史上，可谓屡见不鲜。作为现任社领导之一，我为我们社有这样一种不计个人安危得失一定要把好作品扶上马的好传统感到自豪。

柳建伟：这正是我们要谈的第一个重要问题：人文社长篇小说几十年长盛不衰的秘诀在哪里？自《保卫延安》开始，人文社出版的优秀长篇小说数不胜数，说它支撑了中国当代文学的半壁江山还显不够，应该说它垄断了绝大多数优秀长篇小说的出版。它在中国当代文学进程中的地位和影响力，绝无仅有。可以毫不夸张地说，人文社和它出版的全部重要作品的关系，本身就可以构成一部潜文学史。

何启治：你说的这些，与事实大体上是吻合的。我们自 1951 年建社以来，共出版长篇小说约五百种(不包括港、台和海外华人作者的近百种)。最近我们准备从这近五百种长篇小说中挑选其中的精品出版"中国当代长篇小说藏本"丛书，发现大约有三十到五十部至今仍有较强的艺术生命力的长篇可以列入。精品约占百分之十。而全国"八五"期间(1991年至 1995 年)出版长篇近三千种，堪称优秀者不过二十五种，精品不会超过百分之一。可见，一个建社不到五十年的出版社，能有这个成绩是值得欣慰的。可以称得上新中国长篇经典的书，我们要占一半以上。"文化大革命"前十七年，因为出版社较少，出长篇小说的出版社更少，取得垄断要容易一些。新时期以来，我们就开始面临挑战和竞争了。即便如此，人文社还算是稳稳地站住了。从"茅盾文学奖"的评奖中，可以看出这一点。第一届获奖作品六部，我们社有《冬天里的春天》、《东方》、《芙蓉镇》、《将军吟》四部作品获奖，占三分之二。第二届获奖作品三部，我们社有《钟鼓楼》、《沉重的翅膀》两部获奖，又占三分之二。第三届获奖作品五部，我们社只有《第二个太阳》获奖，占五分之一。这次评奖一言难尽，这个五分之一不能说明我们社的长篇小说处在低谷。第四届初选作品共二十部，我们社占八部。获奖作品的多寡，当然不是衡量一个出版社实绩的唯一标准，但至少是非常重要的标准。从第四届初选篇目中，可以看出兄弟出版社的迅速崛起，也可以看出我们在历史题材小说出版上的缺乏竞争力。

你提出的潜文学史，是否科学，需要讨论，需要用时间来证明。但我同意你的基本观点，就是在当代中国，编辑和出版者与长篇小说创作的关系，是文学史的一个重要组成部分。这一点以前确实没有引起足够的重视。

柳建伟：何老师，我打断一下。西方的接受美学，提出了四要素的思想，即作品、作者、读者、评论者。如果引入中国，则必须加上编者。我们的出版社，除了编辑、出版的功能，它还负责在文学中体现国家的或者政治的意志，很多时候，它是隐作者。

何启治：你要触及一个敏感的话题了。

柳建伟：你不觉得这个问题也是影响中国文学的关键吗？

何启治：我并没有想回避，甚至想畅所欲言一次。花分两朵，只能先表一支。中国特色的社会主义，自然也要体现在文学创作和出版方面。在当代中国，除了需要作家的创造性劳动外，一个有影响的出版社的善于掌握、执行党的文艺政策又懂得尊重艺术规律的领导亲自去关心、过问长篇小说的组稿、编辑工作，以及一个优秀的、有战斗力的编辑队伍的卓有成效的共同努力，对于长篇小说质量的提高和真正的繁荣发展，至关重要。至于这方面的真实情况，目前大多鲜为人知，我想大约有两方面的原因。一是不管怎么说，编辑做的是幕后工作，不宜过多地在大众传媒中抛头露面，一是为贤者讳的传统影响下的缄默不语。丑小鸭变成小天鹅后，一般是对蜕变的过程讳莫如深的。有一些特别敏感的人，早把这些看作隐私珍藏起来了。

　　柳建伟：所以，中国人才那么推崇写史的春秋笔法。随着版权法的颁布，情况已发生了很大变化。《红岩》成为当代文学经典几十年后，已经引发了著作权的诉讼，原告好像就是编辑。如果法律判原告胜诉，文学史的这一部分就得改写。这也是我强调潜文学史重要的原因之一。

　　何启治：这是些极端的例子。我在《从〈古船〉到〈白鹿原〉》中提到的几部书，除编辑直接参加了邓贤《大国之魂》最后的删削定稿外，对其他作品，编辑只是尽了参谋和朋友的责任。人文社编辑对众多长篇小说的贡献，大多在如何使作品在当时的背景下以更完美、更安全的形式面世方面。

　　柳建伟：我认为，如实地披露出一个作家的重要作品的成书过程，对文学的发展有百益而只有一害，这一害就是可能使个别自认为是神的作家不快。我所看到已披露出的事件，都可以称为佳话。比如，涅克拉索夫、别林斯基对陀思妥耶夫斯基《穷人》的及时支持；比如布洛德违背卡夫卡的遗愿，不仅没焚毁一辈子都很不自信的卡夫卡的手稿，反倒把这些手稿统统编辑出版；比如《尤利西斯》连载一半在英美遭禁后，巴黎莎士比亚书店对该书的及时声援。如果把这些事件都本着为贤者讳的精神加以删除，世界文学史不是太干巴了吗？

067

　　何启治：这样的表述应该符合历史真实：如果没有×××，可能就没有×××的作品××××；如果没有人文社在关键时刻给一些作家特别是尚未成名的青年作家以及时而有力的支持，文坛可能就见不到这部作品，甚至就没有这个人了。在这个意义上，称编辑为伯乐是可以的。因为人文社在中国文学出版界举足轻重的地位，它的编辑无形中就站得高一些，视野开阔，发现千里马的机会也就多一些。我可以在这里披露很多个尚未被公众知道的实例。我社第一任社长冯雪峰看了《保卫延安》的初稿，就认为这是一部史诗性的佳作，约作者谈了修改意见后，杜鹏程跑到马路上还兴奋得手舞足蹈。我社第二任社长王任叔（巴人）看了浩然的短篇小说《喜鹊登枝》等，因为喜欢，便亲自当发稿编辑，并多次鼓励浩然，后来才有《艳阳天》等作品的问世。老领导楼适夷同志解放前读过李劼人的《大波》，多次提醒有关编辑要注意李劼人的《大波》，后又促请作者修改《大波》，这才有新版的《大波》和《死水微澜》。早已出版《上海的早晨》的周而复，曾写过一部反映晋察冀根据地军民抗战的长篇小说，楼适夷看后否定了这已成稿的一百多万字，却建议他利用自己作为新华社记者的独特经历，写别人所未写，从更广阔的背景上创作全面反映抗战历史的史诗性巨著，于是才有今天的长达三百多万字，共六卷的《长城万里图》。老社长严文井对陈祖德《超越自我》的扶持；秦兆阳力荐杨沫的《青春之歌》，二十年后又力推古华的《芙蓉镇》；孟伟哉在苏叔阳《故土》出版过程中倾注的心血，都是编辑价值存在的有力证明。韦君宜社长在这方面的佳话可谓最多。"四人帮"刚垮台，她就想到十九岁时就写了《青春万岁》的王蒙，便亲自给远在伊犁的王蒙写信，希望他重新拿起笔，用大笔抒写这个时代。王蒙复出后所有重要的长篇小说都由《当代》刊出并由人民文学出版社出版，可以说与韦老太和王蒙长达几十年的亦师亦友的关系密不可分。如果没有韦君宜亲自到湖南向莫应丰约稿，恐难有《将军吟》。她在《沉重的翅膀》的成书、出版、出版后漫长时日里倾注的心血，所做的各式各样的事情，堪称中国的编辑家的典范。在韦君宜的鼓励下，张洁深入生活，写出了第一部正面描写改革题材生活故事的长篇小说《沉重的翅膀》。韦君宜看完初稿后，让张洁作了认真修改。1981年夏秋之交，小说先在《十月》第4、5期连载，当即引起巨大反响。在一般情况下，编辑在一部书中的责任和义务都算尽到了。谁知风云突变，来自组织和上级的压力旋即接踵而至，当时来自上面的批评意见就多达一百四十余条，有的批评很严厉，已经上纲到"政治性错误"。在这种山雨欲来风满楼的严峻时刻，韦老太一方面反复劝说作者进行必要的修改。——当时张洁已是全国知名作家，对批评意见中莫须有的部分有抵触是可以理解的，但如听之任之，可能会使一部作品从此被打入冷宫。另一方面，韦君宜又很有耐心地亲自找胡乔木、邓力群等领导同志，为这部长篇小说做必要的解释和沟通工作。这样，两年后，大改百余处、小改上千处的《沉重的翅膀》第四次修订本由人文社出版了，并获得了第二届茅盾文学奖。这个典型的事例，确实证明了编辑在中国文坛的格局中并非处在边缘。用你们年轻人时髦的话说，也可以说参与了文学中心话语小沙龙的对话。我这么长篇大论，是不是有自吹自擂人文社的嫌疑呀？

柳建伟：正好相反，我认为你讲的这些"内幕"，恰恰是研究中国当代长篇小说创作不可或缺的重要史实。我的硕士论文是研究作家的哲学观念与长篇小说结构的对位关系的。在那段查阅资料的时间，我深深感觉到，和近两个世纪国外的作家和作品存在的完整而系统的参照系相比，我们的作家和作品则显得太纯粹和孤单了。我们并不知道我们的当代作家是如何生活、如何恋爱、如何由一个平常人挣扎出来的，而连巴尔扎克的拐杖在他三十五岁时已闻名欧洲了，更不要说他为金钱所苦、为爱情所累的实情。提起巴尔扎克、陀思妥耶夫斯基的名字，我们立刻能想象得出那个时代的重要特征，这种联想并不仅仅生发于他们的作品。钱钟书说吃鸡蛋觉味美大可不必去设法见下蛋的母鸡，算是中国式的一种幽默。我们应该承认，曹雪芹和《红楼梦》在 20 世纪越发显出的伟大，与"红学"的方兴未艾关系甚大。如果冯雪峰、韦君宜、秦兆阳等人，也像你一样，写专文把他们和当代文学中重要的长篇小说的关系如实写出，几乎就可以连成一部当代的潜文学史了。

何启治：有些道理。不过前辈们主持工作的时代毕竟和现在有很大不同。改革开放已经为文学的探索与发展创造了空前良好的环境。何况，实际上我所罗列的实例，也都是集体劳动的成果，我只不过在我的岗位上负起我应负的责任罢了。

柳建伟：党中央是个领导集体，不是还有个领导核心嘛。

何启治：上面讲的还不完整。新时期我社出版的《钟鼓楼》、《活动变人形》、《南渡记》、《大上海沉没》、《新星》、《夜与昼》、《商界》、《大国之魂》、《长城万里图》、《战争和人》、《人间正道》、《我是太阳》，当然还包括《古船》和《白鹿原》，都不同程度凝结着我社已离退休的老编辑和现仍在岗位上的编辑们的心血。龙世辉、邢菁子、李曙光、王笠耘、许显卿、周达宝、杨立平、王鸿谟、谢明清、黄伊、章仲锷、朱盛昌、高贤均、李昕、常振家、王建国、刘炜、刘海虹、李丹妮、陶良华、汪兆骞、于砚章、洪清波、周昌义、赵水金、胡玉萍、杨柳、脚印……他们肯定都掌握有你说的那种关于当代重要长篇小说的重要的信息。我还是强调人文社是一个团结的能战斗的集体，有一支特别能干的编辑队伍。一个人的能力总归是有限的。人文社的辉煌，是三代编辑、六任社长和各个部门同心协力一起创造出来的。

069

每个时代的文学都有主旋律——出版方针、编辑思想对长篇小说创作的影响

柳建伟：那就谈谈这个集体吧，正好这是一个话题。你提到的编辑阵容实在太强了。顺便说一句，我读过冯雪峰、严文井、秦兆阳、巴人、韦君宜、孟伟哉等人的大部分著作，同时也把他们看作著名的作家和评论家。我也熟悉高贤均、李昕、洪清波、陶良华等人，很容易从他们身上感受到作家、评论家的味道。这是否可以证明，中国的编辑家必须具备两栖甚至是三栖的能力？我想，这种能力的具备，在当代中国至少有两个优势：一、可以较深层次地介入作品定稿前的过程，突出中国编辑的参与特征；二、可以用行动回答差把火候厨师不谦虚时的诘问：嫌不好吃，你炒个试试。但是，社会却把编辑定位为无名英雄。

何启治：这个问题用不着探讨。不是有"我不下地狱谁下地狱"的豪言壮语吗？编辑本来就是个"为他人作嫁衣"的职业。如果不是被编务所累，我相信人文社的编辑中会有人成为相当有成就的作家和评论家，冯雪峰、巴人、严文井、韦君宜、秦兆阳、孟伟哉等人的创作成就也会更大。不过，也用不着吃后悔药。人什么都可以干，但一定要力争干得最好。

柳建伟：我有一个感觉，由于中国国情决定，当代文学仍然是多方相互协作的事业，但参与的各方缺乏真正的沟通与交流，没能形成在总目标下的平等对话关系。中国的当代文学与政治的关系之密切，可以说是世上绝无仅有的。这是谁也无法回避的。"二为方向"，"双百方针"，"弘扬主旋律，提倡多样化"，"继承民族优秀文化遗产，借鉴世界一切优秀文化的成果"，这应该说是中国文艺政策的核心部分。本世纪经历两次文化大汇流，当代的中青年作家都是改革开放后东西文化汇流的亲历者；十年前提出作家文化素养不够要学者化，过了十年，两个博士也读出来了；十年前觉得手法不够使，过了十年，把世界上曾经发明的手法都操练了一遍，该评八级工了。平心而论，拿出《说文解字》来阐释文艺政策，也无法查到不希望《红楼梦》出世的意思，难道能说现在的中国比刚刚废除农奴制的沙俄时期的文艺政策还黑暗吗？我们的作家，总比托尔斯泰、

陀思妥耶夫斯基们懂得更多的艺术手段吧？从文化血脉上看，俄国彼得大帝时代还称不上有什么文明，而我们的文明，从《诗经》算起，也有三千年了。结果呢，我们没有出现《战争与和平》，没有出现《罪与罚》，出了本《古船》还十年风波未息，出了个《白鹿原》，如同被晾在无物之阵里，连一声公开的叫好都像天籁一样难以听到。我不相信我们的党和国家领导人，在日理万机国事到北戴河小憩时，不愿手捧一本《白鹿原》，而愿意去读在总体水准上绝对超不过十八年前国家领导人读过的《乔厂长上任记》的《大厂》。去年夏天，我听到了一件发人深思的事。说是国家领导人在北戴河想找几本杂志看看，经办人审读多时，决定只把发《大厂》的一期杂志呈上。如果呈上的是《白鹿原》，难道 50 年代大学毕业，会弹钢琴、喜欢唱歌的江总书记会看不下去吗？《大厂》里表现的内容，他们了解得比作者不知多多少，深多少，他们用不着在休息时再重温这些。二十多年前，电影《创业》遭批判，毛泽东御断，《创业》才成了"文化大革命"期间创作的今天还可以谈论的少有的几部电影之一。看来，确实有个上下沟通的大问题。出版社和杂志社是怎么看这个问题的呢？

何启治：这可是一篇放胆之言。情况确实有点古怪，恐怕得请心理学家分析分析才行。你的无物之阵是个好比喻。我是人民文学出版社主管当代文学的副总编辑，《白鹿原》的组稿人、终审人和责编之一，我可以负责地告诉你，迄今为止，我没有见到上级关于《白鹿原》的任何结论性指示，书面的固然没有，连电话通知也没有，书照样重印着，照样受到读者欢迎，却就是不让宣传。今年 5 月在天津开会评"八五"（1991～1995 年）优秀长篇小说时，一位临时主持人也粗暴地不让提《白鹿原》，它连候选资格都没有。我和千万读者一样，只是从报纸上看到有关主管部门领导人王枫批评"《白鹿原》和《废都》一样，写作的着眼点不对"。并明确把这两部长篇小说列为"影视禁拍作品"。（见 1993 年 12 月 13 日《羊城晚报》转引《金陵晚报》文）后来，我从一个在新闻界工作的朋友那里了解到，上级领导机关某负责人曾在一次什么会上说了批评《白鹿原》，不要再宣传《白鹿原》的话。然而，这样就真的把《白鹿原》晾起来了。不管什么正式场合和活动，《白鹿原》成了一个敏感的、可能招祸的东西，都不敢碰了。毋庸讳言，这种极不正常的氛围，影响到了我们的全面工作。我们所能做的，便是凭着良心和良知，一致把"人民文学奖"授予《白鹿原》。

柳建伟: 我认为,这种不知道可称作什么效应的现状,是中国文学无法像大鹏一样振翅高飞的最主要的原因。设法从这种状态中解脱出来,要比谈什么现实主义冲击波有意义得多。你们社作为权威出版社,为改变这种局面而作的艰难努力中,还是应该有所作为的。因为就中国当代长篇小说创作而言,你们一直是晴雨表。许多作家都清楚,如今经是好经,担心的倒是歪嘴和尚。就我有限的观察、阅读,我发现除了出现像"文化大革命"那样全面的民族灾难,人文社都会做出惊人之举。回顾新时期以来的长篇小说创作,除历史题材小说和现代主义的中国化小说外,所有的沉闷都由你们打破,所有的新天地,都由你们开创。借用流行的体裁划分法说,伤痕反思文学、改革文学的第一批成熟长篇,都诞生在你们出版社。以现实主义创作方法为本,植入 20 世纪新观念、新手法的成熟的长篇小说,也诞生在你们出版社。任何一个国度、任何一个时代的文学,都有它自身的主旋律。我以为,自建社以来,你们便是这个主旋律的领唱人,甚至包括"文化大革命"时期。你们奉行的出版方针,你们的编辑思想,应该算作当代长篇小说创作语境中的中心词汇之一。

何启治: 历史和传统确实是两个有打击力的词汇。人文社现在可以说是握有这两个词汇的出版社了,它对创作的影响力确实是不容怀疑的。人文社自建社起,可以说就确定了弘扬时代主旋律的办社方针,也就是说要出版那些能表现这个时代本质特征的大书,倡导的自然是现实主义为主的创作道路。"文化大革命"前十七年如此,"文化大革命"后的二十年更是如此。在创办《当代》杂志的过程中,我们也在实践中逐渐形成了自己的特色:"直面人生,贴近现实。"对照一下 1988 年和 1996 年《当代》发表的长篇小说,就可以看出这个八字方针执行的情况了。1988 年发表了《衰与荣》、《商界》、《大上海沉没》,1996 年发表了《栖凤楼》、《大都会》、《我是太阳》、《人间正道》。"直面人生,贴近现实"的特色可谓十年一贯。关于提倡什么,鼓励什么,记得周扬曾说过这样一些话:树什么榜样很重要,文学的领导工作者提倡什么,经常会影响整整一代作家。我们社不是什么文学领导机关,但也有如你所分析的创作导向作用,所以也就责任重大了。

然而,我还是要强调,一个出版社尽管有一部书的生杀大权,尽管有靠几代人的血汗辛劳铸造出来的可信赖的金字招牌,但对创作的影响总归是有限的。原因有两个，一个是出版社有主管单位，不可能不受社会大气候的影响；一个是出版社面对的作者是受了社会方方面面影响的，有时候难免有巧妇难为无米之炊的叹息。第一个原因用不着再多解释，我就对第二个原因再说几句。人文社这几年也感受到了现实主义冲击波的力量，也推出几部有分量的相当典型的现实主义作品。然而也许是1993年《白鹿原》把口味吊起来的缘故吧，我个人对这几部作品还不是完全满意的。就拿周梅森的《人间正道》来说吧，从弘扬主旋律的价值而言，那是足抵"三驾马车"的全部走红中篇了，也赢来了一片叫好，但它从整体上没有全面超过八九十年代同类作品，缺憾也很显眼，文化底蕴不足，内涵单一，最致命的缺陷是三十万字的长篇竟不涉及主要人物的情感生活，让人联想到样板戏，也是没办法的事，全书也没有塑造出堪称为典型的、血肉丰满的人物。从销售情况看，《人间正道》还不如差不多同期出版的《我是太阳》，恐怕就有这方面的原因。《我是太阳》的成功在于它以历史事件衬托生命的辉煌和无奈，在于它成功地塑造了关山林、乌云这两个血肉丰满的形象。读者心里也有一杆秤呵！对于人文社来说，《白鹿原》仍在断断续续地加印，那它就该成为一个标杆，它蹚过去的地方，应该算是安全区吧。

073

柳建伟：谢冕先生最近也谈到了时下走红作品的人物形象问题，他很伤感地说："读了几篇很有代表性的作品，但很遗憾没有一个人物的形象是鲜明的、突出的和个性化的。那些有趣的事件讲过之后，人物也跟着消失了，没有阿Q，没有孔乙己，甚至也没有三仙姑和李双双！我们的作家要不是创造性的衰退，那便是太漫不经心了。"

何启治：短篇小说不着力写人物或可原谅，我总认为长篇小说没有性格鲜明、突出，形象血肉丰满的人物，恐怕不能说是成功的。《古船》中的赵炳、隋抱朴、隋含章，《活动变人形》中的倪吾诚，《白鹿原》中的白嘉轩、小娥、朱先生、黑娃、鹿三，堪称典型或准典型。典型人物是长篇小说的灵魂。西方现代长篇经典我细读的不多，是不是人物已经无关紧要了？

柳建伟：近十几年来，我们对西方现代主义的误读太多，最大的错误就是对经典的现代主义文本中塑造人物的努力视而不见。除法国新小说强调把一切都物化了再写外，人在西方文学中的中心地位丝毫没有削弱，文论中虽不再强调塑造人物的重要，但并非是人物在小说中已无关紧要，而是默默继承了 19 世纪塑造人物方面的遗产。看看在中国影响最显著的几位现代主义大师的作品，便知道他们的声望的久经考验，更多的是因为他们为世界贡献出了更具概括力的新的典型人物。《尤利西斯》中的布卢姆已经成为非英雄的同义词；《诉讼》中的 K 在揭示西方现代人生存境况方面和著名的戈多一样有力；《喧哗与骚动》中的杰生·昆丁和凯蒂虽放在世界文学大背景下不觉新鲜，但他们都是美国文学中的典型人物。现代主义大师如何对待传统，普鲁斯特在《驳圣伯夫》中表达得最明白，圣伯夫当年不但看走眼了于连，而且几乎看走眼了巴尔扎克的所有典型人物。

由这个话题引发，我想向你提个问题。客观地说，近十几年来，中国文学向西方学习，还是有人修成了正果的，长篇小说也有相当成熟的作品，比如刘震云的《故乡天下黄花》。但这样一批人，却鲜有人在人文社出版长篇。作家们，特别是现代主义奶吃得多的，更愿在作品中特别强调精神的，大都认为人文社可以接受改良主义者，却不能接受激进的革命者？你认为这种情况存在吗？

何启治：这是一种误解，对人文社编辑思想的误解。我们早就是突出主旋律，提倡多样化了。对现代主义的东西，我们并不排斥，但我们不负责提供试验田。我们要的是那些把现代主义的精神融入了现实主义主体的作品，像张炜的《九月寓言》和《家族》。这么说是基于对中国文学的现实和未来的判断，是基于对时代本质的认识。我们可以设想，在五十年内，中国的文学主体仍会是现实主义。原因很简单，物质决定精神，纯粹现代主义的物质基础在相当长时间无法建立起来。皮之不存，毛将焉附？但对严肃的文学探索和借鉴，我们却是一直提倡的。近几年，当探索和借鉴整体降温后，我们却出版了两辑"探索者丛书"，比如出版了《赤彤丹朱》、《疼痛与抚摸》、《城市白皮书》、《新西游记》等，还准备出版科幻小说《二十五世纪的人》和被有的人称为"中国《神曲》"的《喜马拉雅》。就是对刘震云、张承志、苏童、余华的小说，我们多年来也是相当关注的，而且至今不改初衷。至于是否有具体的收获，就要看今后的机缘了。总之，大王旗频换了十年，差不多也该水落石出了。人文社和《当代》不是只愿听关东大汉唱大江东去，一听小姑娘用吴侬软语唱晓风残月就塞耳朵的莽汉。

柳建伟：编辑的个人审美偏好，出版社的辉煌业绩，可能是导致这种误解的原因。

何启治：你只说对了一半。编辑的处境很尴尬，不敢放纵自己的审美偏好。一个作家可以拒绝写女人，照样可以得到一定的承认甚至荣誉，一个编辑如果拒绝编写了女人的作品，只能是笑话。坦白地说，由于年龄、性格、学养和经历等缘故，我对现代主义的东西，就不如对现实主义的东西那么喜爱。如果我只是个读者，我完全可以无视现代主义的存在。然而我却是个编辑，就必须学习现代主义，至少能学到可判出真伪高下。编辑读书稿，更多的是为读者读的。我个人认为《九月寓言》在总体上不如《古船》，《家族》总体上也未必比《九月寓言》更好，但我还是为刊发《九月寓言》尽了最大努力。1995年夏在《长江文艺》的笔会上遇到张炜，听说他写了长篇新作《家族》，我连稿子还没看，就答应把《家族》拿到《当代》全文发表。当然，这么做的结果可能使张炜失去了十万元的巨奖，但却使一个重要作家的创作历程更加完整而有意味，也使重要的文学期刊《当代》弥补了当年不得已失去《九月寓言》的遗憾。以上算是粗粗解剖了一个编辑吧。

柳建伟：我想这也可以理解吧。我相信你的这番解剖和解释，对沟通某些作家和出版社间可能存在的看不见的隔，会大有益处的。

何启治：我当然希望中国的所有优秀作家都和人文社和《当代》建立成熟的伙伴关系。……

面对八面来风——编辑、出版者的存在境况

柳建伟：这恐怕只能是一种希望。

何启治：我后面还有一句话没说。

柳建伟：什么话？

何启治：这是不可能的。中国文人似乎更讲究个道不同不相与谋，勉强搞出一个大联盟肯定也不会长久。五四以来，新文学的发展历来少大一统的时期。"左联"成立前，有文学研究会，有创造社，有新月社，有语丝社，几足鼎立，不是发展得都不错吗？哪一面旗帜下不都走出了

优秀作家。只要和平共处，不搞那些非艺术或者少艺术的论战，徒耗精力，多元化格局肯定会促进中国文学的繁荣和发展。

柳建伟：我觉得自"左联"以后，中国的文学已不是一个纯粹的文学问题了。出版社、杂志社，在解放后也成了一个个单位。单位是20世纪中国一个无法回避的文化现象，它的最显眼的特征，一是要笼罩在一个更大的单位下生存、发展，一是不管大小都一律社会化了。这个问题是影响中国发展的关键问题之一。每个单位必须面对职能不单一的现实。出版社也有这样的现实需要面对，已经与同仁刊社有了质的分别。我想出版社体验当下中国的各种困惑一定也感到心力交瘁，这不能不影响到编辑、出版的方方面面。

何启治：这种问题怕不是你我能提出解决办法的。离退休人员问题，住房问题，各类技术职称的指令性计划问题，甚至包括计划生育问题，都影响着编辑出版工作。鲁迅先生说得精辟，一要生存，二要温饱，三要发展。只要是中国人，大抵能想象出生存和温饱的全部内涵。不过谈生存和温饱，已偏离我们今天谈话的主题，还是说说直接对长篇小说创作产生影响的发展问题吧。

076　　　**柳建伟：**自从江总书记提出抓"三大件"，长篇小说创作迅速升温。一个党的领袖、国家元首，亲自关心长篇小说的创作，应该说是为长篇小说的发展提供了一个绝好的机遇。几年过去了，这项指示在落实的过程中似乎出现了不容忽视的偏差和问题。我有个感觉，这种做法像是在计划经济思想指导下进行的一场长篇小说创作的运动。这既有违艺术创作规律也与社会主义市场经济的社会大走势是悖离的。

何启治：抓长篇小说创作不能搞运动，更不能搞摊派。已有清醒的有识之士担心长篇小说创作可能会出现1958年大炼钢铁的悲剧。作为一个老编辑，我很能感受一部优秀长篇小说诞生的艰难。《古船》和《白鹿原》的成书从写作初稿到修改完成定稿都在两年以上，这还不算动笔前作者在生活、思想、艺术等方面的酝酿和准备。优秀的长篇小说，都是瓜熟蒂落的产物。

柳建伟：作家产生一部长篇小说的构思，要动用几乎全部的生活积累，如果注入催生素，写出的东西肯定先天不足。中外作家，鲜见两次重复出版同一内容长篇小说的例子。好像只有马尔克斯在长篇小说中重写过他以前部分中短篇小说的内容，论者一致认为他写中短篇只是为写长篇作准备，尽管他的很多中短篇小说相当杰出。创作是作家各种财富的一种燃烧，与冶炼金属很相像。这种用搞运动的办法抓长篇小说创作的做法确实是一种文学资源的极大浪费。

何启治： 1997年春天，我在天津参加了"八五"（1991～1995）期间优秀长篇小说出版奖的评奖工作。一到那里，先吓一跳，五年间，全国出版的长篇小说多达两千五百多部（仅1995年一年就出版了八百部）。这个数字是人文社近五十年出版长篇小说总量的五倍！组织者原定评出三十部获奖作品。八十三部选一部，应该说很严格了。谁知评委一看四十七部备选篇目，大都认为评不出三十部。最后主办者定评二十五部。这下是百里挑一了。我不知别的评委画圈时的感受，我是圈到二十部就下不去笔了，最后硬着头皮圈了二十五个圈。而同时，如上所说，《白鹿原》却连候选的资格都得不到承认。你看多么令人遗憾！某一边远省，几十年里很少出较为成熟的长篇小说，去年竟上报二十部长篇小说创作计划。省政府很支持，拨了十万元，给每个报名作者发了五千元作为作者深入生活的费用。了解作者的省出版社负责人私下透露，二十部如果有一部比较成熟就不错了。因为政府出面扶持了，也许最终会有一些稿子变成铅字出版，但那质量就很难保证了。何况这样搞，也会导致财力的浪费。

柳建伟： 解放军文艺出版社去年出版了一套六本的"长篇军旅小说丛书"。评一年一度的"八一文艺奖"，评委们为了维护评奖的标准，只好让长篇奖空缺了。人文社这几年的长篇小说出版情况是不是好一些呢？

何启治： 我们仍然坚持一贯的做法，成熟一部，出版一部，每年出版十五到二十部。我也不否认来自上面和来自周围的压力对我们社的影响。现在政府的长篇奖项很多，作为人文社，如果不在获奖作品中占一定份额，似乎说不过去。1995、1996年，我社在当代文学方面，有《战争和人》获"国家图书奖"，《长城万里图》和《人间正道》先后获"五个一工程奖"，还有几部长篇获"八五"优秀长篇小说出版奖，"茅盾文学奖"也应该是有希望的。但是，无论哪一届长篇小说评奖如果我们落了空，就不大好交代，不像有的出版社，得奖固然光荣，可以大作宣传，加发奖金，就是得不到奖，经济效益上去了，日子便也过得很安然。因此，我们在尊重艺术规律正常工作的同时，自然也有意留心去寻找能获奖的小说。

这也算是直面人生贴近现实的一个方面吧。但是，出版家和编辑家如果没有头脑，没有独立的思考、辨别能力，只会一味地盲从，那他就不配再待在这个岗位上。时代需要《人间正道》这样直面现实的力作，我们自然要尽全力给予支持，尽一个出版社应尽的社会义务。同时，我们又坚持着艺术标准。作为编辑，搞当代文学确实是个极苦的差事，要演多种角色，要对上有个交待，要对作者有个说法，还要对读者负责，真累。现在中国的当代文学似乎进入了一个守成求稳的阶段。才华横溢、有思想、有深度，同时肯定也会有些锋芒和棱角的，可以看出当代文学大希望的作品，要么被人吹毛求疵地批评，要么以莫须有罪名受到冷遇，根本无法进入主流传媒，让更多的国人认识它们；而达到一定艺术水准的，各方面都做得四平八稳、恰到好处却看不出什么文学新的发展点，倒是一眼可以看出缺乏创造力只是小心走前人走过的路的作品，有的竟会左右逢源、好事美差占尽，在哪个领域都一路畅通。面对这种情况，人文社也感困惑，至少我是困惑的。《古船》和《白鹿原》直到今天还不能堂堂正正摆在我们当代文学最优秀的作品的行列中，反过来在艺术上未必如它们杰出，社会影响未必如它们深远巨大的作品倒是赢得不少的声名和荣誉。这是让人尴尬和耐人寻味的。我觉得这种状况如不改变，我们真是难以坦然面对当代文学史。

柳建伟：你这段分析很精辟。长篇小说是一种负责完成对未定型的现实进行未完成性表述的文学体裁，它的发展方向在于迅速、深刻、本质、全面、敏锐地反映当下生活。守成和求稳氛围，无益于这种体裁的发展。再说，这种守成状况，与当下中国社会的主体发展大势有很大距离。如不改变现状，长篇小说创作肯定会出现大倒退。眼下爆炒的现实主义冲击波，一没从理论上有切合中国当下社会发展本质的创造性贡献，热热闹闹十来年，一夜回到 1980 年；二是选错了关注对象，"三驾马车"的作品继承了新写实的部分成果，如写原生状态，如写平凡的人与事，但却少了 80 年代作品的入世精神，作家的胆识和勇气已被阉割。一个清醒者，面对这种情况，会叹息一声：世无英雄，竟使竖子成名。但对作家而言，想清醒谈何容易！大明星效应，沙龙聚会的谈资，文学领导部门的嘉许，以及由此带来的获奖、一再加码的奖金、出国访问、分房和职称的奖励，不是一般人能抵御得了的。威压加利诱，能有几人不会就范？自文坛过高估量先锋派对中国文学的价值开始，中国文学实际上已经处在一种十分浮躁的状态之中，批评家和刊物造车制大旗，小脑发达的作家匆忙搭车找旗，直到把文学引导到和日记不相上下的位置。读者几乎丢失殆尽，文学变成了纯粹小圈子里的事。我以为，就是这样，对文学的危害要小得多，终究那是极小人群中的热闹和冷清，日后大不了把它忽略不计就是了。现在是政府提倡文学要对现实说些什么，这就使文学结束了长达十年的小圈子化、私人化、社会边缘化的历史，仿佛一夜又回到了主流意识形态，范进中举的癫狂拦都拦不住。近读几个文坛新贵的创作之谈，不知为什么就联想到了"文化大革命"期间走红作家的声口和嘴脸。真是太可怕了！中国人难道就这么健忘？民族劣根性难道是像艾滋病一样无法医治的绝症？不能只把责任推到政治的强制性和不可抗拒性上，文学界中的每个组成部分都该承担自己的责任。作为出版、编辑者，负的责任可能更重一些，因为刊物和书号是不同剧目的同一舞台。如果编辑、出版者冷峻一些，沉着一些，是不是可以避免一些当代文学前进中的摇摆呢？

何启治：你的批评不无道理。只是，也许因为年轻，说话用词似乎尖刻了一些。我还想，你批评的指向大概不包括我们人文社和《当代》吧？前面已经讨论过，在各领风骚小半年的反常历史中，人文社和《当代》一直是扮演着貌似守旧和保守的角色。当然，我们偶尔也跟过风，比如出了王朔的长篇，但那是他最好的长篇，现在看也还有它的价值。《当代》也发过"三驾马车"的作品，虽然未必是很优秀的，但也还有它们存在的理由和价值吧？用前些年颇新潮的说法，这种状况的出现可能是文坛整个集体无意识的结果。前些年广泛进行的文学借鉴和探索，对当代文学的发展还是有贡献的，这个问题要一分为二看。不要以为借鉴闹出了官司就因噎而绝食。在我看来，没有哪一种创作道路是唯一的，条条道路通罗马嘛。

在文学的多元探索时期，编辑和出版者脑子里恐怕要多绷几根弦，编辑思想不能僵化也不能像变色龙那样。就作家而言，有的人可以一辈子用一种路子写作，可能终身不变，编辑恐怕就要多想些异常情况。一个时期的文学思潮可能会五花八门，编辑恐怕要小心不要看花了眼。这两个方面，我们人文社和《当代》杂志可以说都有沉痛的教训。一个是对作家的变化不适应，丢掉了张炜的《九月寓言》。我们《当代》的老主编以七十五岁高龄的多病之身，认真读了《九月寓言》中最精彩的"黑煎饼"和"首领之家"这两章，还是作出退稿的决定。为了说服大家，他还写了十条否定的意见。意见中要害处有两条。一是认为《九月寓言》所写的解放后的农村成为无组织、无领导、无理性、无社会性功能的，极端贫困、极端愚昧、极端盲目的、动物式的生存状态，跟解放后的实际情况是绝对矛盾的，因而失去了寓言的真实性的基础，超过了合理虚构的限度，形成作品根本性的问题。其二，是批评作品的倾向有问题，认为在纠正历史的"左"的偏差时，知识分子不应该对革命历史轻率地下结论，并以"高明"或"精英"自居。此事发生在1991年六七月间。按惯例我这个常务副主编向主编汇报取得认可后，便可发稿。但在我已组织八个编辑每人一章发稿时，老主编想了两个晚上，还是不放心，终于勉为其难地看了两章并写了十条批评意见，决定退稿。但我认为《九月寓言》仍然是一部内容丰厚，艺术上相对完整，描写生存、苦难多有独到之处的大书。虽然我觉得作品偏离现实主义而向现代主义倾斜会使它失去许多读者，虽然我不大喜欢它的结构和它有点过分经营的语言，虽然当时已有人看出了它在学习哪个国家叫《白鲸》的结构，但我还是找老主编做说服工作。我总以为，以他的眼力总不至于看不出其中《黑煎饼》、《首领之家》两章的杰出吧。何况，五年前张炜还以《古船》强有力地支持了《当代》和人文社。结果是老主编使用了否决权，而我也在有一年左右的时间里失去了实际的终审权。大约一年后《九月寓言》在《收获》发出，其后又获上海方面迄今唯一颁发的一个长篇小说一等奖，现又进入"茅盾文学奖"的初选名单，成了《古船》的有力竞争者。第二个教训是《当代》的一位青年编辑过于自信，而且没按规定程序处理，在只看过一部分原稿后就草率表态，使我们痛失路遥的《平凡的世界》。路遥用生命的最后几年写作《平凡的世界》时，正是新潮人物纷纷拥到前台的时候。现在看来已显盲目的追新求异风一时成为主流，赢得阵阵喝彩，像是在进行一场文学革命。一个编辑在这种形势下没有足够的定力，很容易随波逐流，甚至成为新潮的忘情歌者。路遥显然是现实主义创作方法的坚定的拥护者，他不会玩现代派，甚至于很难从他的作品中摘出什么语录格言，语言是平实了一些。然而，路遥却是已经向国人奉献出了《惊心动魄的一幕》、《人生》等史诗式作品的作家。他用生命作抵押惨淡经营的第一部长篇小说，人文社至少该由三个以上资深编辑认真审读后才能表态呀。

柳建伟：何老师，没想到这个话题让你陷入这种痛苦的反思里。我们换个话题吧。

何启治：请不要打断我！我不是针对某一件事，更不是针对某一个人。我是一个有三十八年编龄的老编辑，对荣辱沉浮已经不那么在意了。这次谈话不是要弄清出版社和长篇小说创作的关系吗？你设想一下，如果《平凡的世界》出自一个无名作者之手，被权威杂志社的一个编辑只看了一部分就毙了，作者恐怕要效法一下黛玉焚稿吧。

柳建伟：如果作者写出的真是一部这样的书，能在问世后不到十年就成为在广大青年中影响最大的当代长篇小说，他决不会烧掉，他会以死唤起有识之士对书稿的注意。我说《平凡的世界》是在青年中影响最大的当代小说之一，是有理由的。去年在大学生中曾搞过一次读书方面的调查，对大学生人生道路影响最大的作家，路遥排在第一，鲁迅排在第二。原因有二，一是大学生太年轻，还无法领悟鲁迅的全部风景；一是路遥笔下的高加林、孙少安、孙少平，是当代中国文学中无人可以比肩的青年典型。路遥是当代极少能把握住当下生活本质的大家。高加林有一天肯定能加入阿Q等人的行列中去的。这算是我们今天谈话主题的变奏吧。

081

何启治：作为人文社和《当代》杂志的一个老编辑，我曾经代表编辑部到西安向路遥送去"《当代》文学奖"的获奖证书，以后又编发过路遥的《在困难的日子里》，并直接听到他对编辑工作真诚的赞赏。现在作为发表过路遥成名作《惊心动魄的一幕》的《当代》杂志的主持人，每当想起我们失去了《平凡的世界》，就觉黯然。失去了《九月寓言》，还可以用《家族》弥补，失去了《平凡的世界》，永远也无法弥补了。五年了，路遥已经远行，他的坟头恐怕已是芳草萋萋了。

柳建伟：路遥大约是配得上称文曲星的。他的在天之灵怕是已经听到你刚才这番话了。我认为，文学史应该记下来这种作家和编辑家令人怦然心动的神交。

从你们社的历史上看，编辑和作者的感情交往，对长篇小说创作的影响很大。像冯雪峰和杜鹏程，巴人和浩然，韦君宜和王蒙、张洁、莫应丰，秦兆阳和杨沫、古华，你和陈忠实、张炜，都是很好的例子。作家和编辑、出版者的关系磨合得好，对创作只有益无害。四川的邓贤写了个长篇小说，不是先请了洪清波去看一看吗？

何启治：人文社和人文社的很多编辑，如今正在感受友谊抵不过金钱的滋味。因为体制上和运作上的问题，人文社眼下是没有完全的市场经济化，付酬方式和时间可能有不尽作家之意的地方，比如存在稿酬有拖无欠的问题，比如发行渠道不够灵活多样影响销售的问题。但我们不是开的私人皮包公司，信誉应该是值得信赖的吧？可是，近几年情况发生了变化。很多大大小小的名家，谈到经济利益，就有点不顾你说的那种让人感动的关系了。第一版印数要求不低于若干万，版税要最高的百分之十，正常九个月出版期也要大大提前，还有其他种种要求，一言不合，谈笑间便另谋高就去了。已经是商品时代了，作家们也穷够了，谈合理、合法的报酬是用不着难为情的。我讲这些现象，并非是要批评谁，我没这个权利。我只是觉得无奈和悲哀，很怀念因《白鹿原》和陈忠实的合作。最初，我们和他签的是按每千字几十元付酬，书使洛阳纸贵后，是我们提出改成按百分之十的版税付酬的。如果我们硬要强调执行合同，我们可以多收入几十万，但却会失去人文社的风度。或许是我天真，跟不上时代了。但我想，中国的市场经济刚刚启动，精神产品生产领域还是不要急于搞成金钱统治一切吧。

未必能兑现的预测——实现辉煌的梦想寄希望于青年和未来

何启治：这种现象的是是非非说不清，姑且存疑吧，或者说让历史证明吧。我们的很多作家都很自信，都认为自己的作品一部比一部好，典型的甚至还说一部比一部伟大。他们面对市场时，自然也自信啰。只可惜中外文学史都没有为这种"自信"提供有说服力的依据。

柳建伟：一部比一部伟大？世界上恐怕没几个长篇大师配这么说。中国的长篇小说作家没一个可以这么自豪地宣讲，一生写一部的不算，写两部以上的，谁配？茅盾？巴金？老舍？大多数中国作家写长篇小说，都是一部不如一部，是才力不足呢，还是面对成功定力不够？巴尔扎克、雨果、司汤达、福楼拜、左拉、托尔斯泰、陀思妥耶夫斯基、托马斯·曼、乔伊斯、福克纳、马尔克斯，哪一个都有两部以上的、可称伟大的长篇小说。

何启治：你不要老拿世界级大师和我们的作家比，越比越泄气。任何一个作家，再伟大，对整个文学的贡献都是有限的。世界上写出一部伟大作品的作家也不少，塞万提斯、拉伯雷、罗曼·罗兰、普鲁斯特、笑笑生、曹雪芹，哪一个都可以和你上面列的比一比。巴尔扎克这种一二十年出现几次喷发式创作高峰的作家，全世界就一个。还是务实一些好。作为一个把最美好的时光耗费在当代文学的老编辑，可算读稿成山，阅人众多，我认为现当代中国作家不妨先实践一下丁玲提倡的一本书主义。远的，国外的就不说了，现当代作家中，茅盾靠《子夜》，巴金靠《家》，老舍靠《四世同堂》，柳青靠《创业史》，王蒙靠《活动变人形》，张炜靠《古船》，陈忠实靠《白鹿原》与一般名家区别，是用不着争论的。

你说的情况，我们感受很深。中国许多有潜力的优秀作家，不管年龄大小，写出的第一部长篇小说往往是不同凡响的。新时期以来我们出版的《青春万岁》、《钟鼓楼》、《沉重的翅膀》、《将军吟》、《芙蓉镇》、《冬天里的春天》、《东方》、《新星》、《故土》、《南渡记》、《商界》、《缱绻与决绝》，当然还有《古船》和《白鹿原》，应该说支撑了中国当代文学的半壁江山，它们都是作者的长篇处女作。说每个人都是一部不如一部，也太绝对化了。《栖凤楼》是弱于《钟鼓楼》，《衰与荣》是弱于《夜与昼》，《大都会》是弱于《大上海沉没》，这我们都看得到。但我们本来就不能、也不该要求作家写出一部比一部伟大的作品，何况我们更看重作者在新作品中的新生活、新追求、新变化、新探索，所以我们要继续支持他们。再说，世上没有一个出版社只出版了一些可以流芳百世的杰作，大部分作品还是一般化的，也难免是一般化的。王蒙的《活动变人形》与他三十年前的处女作《青春万岁》相比，可谓磨难消散后境界洞开，后来的"季节系列"看上去稍弱，那是和《活动变人形》比较而言的，何况我们还应该看重"系列"那种"苦难的历程"式的价值；张炜的《九月寓言》、《家族》与《古船》相比，别有洞天，几乎要从一个民族生存苦难的默默记录者变成了一个人类精神自由事业的浪漫的歌者。

柳建伟：从你的表述里可以看出，你对中国当代文学中长篇小说的

083

前景是持乐观态度的。我对此也是一个乐观主义者。我的乐观像你一样是基于基本事实，而不是基于什么主义。我讨厌主义之争。经历十多年主义之争后，该面对胡适的"少谈些主义"好好反思了。我说的基本事实有三个：一、中国处在向着物质丰富行进的变革时期。中外文学史已经证实，凡在这样的时期，定有长篇小说黄金时期到来。法国大革命后的法兰西，废除农奴制后的俄罗斯，摆脱了殖民统治后的拉丁美洲，都诞生了一群一群的长篇小说巨匠。二、多种文化开始整合一段后，为杂语性、多声部性为主要体裁特征的长篇小说提供了最适合生长的土壤。拿破仑用剑打破了欧洲文化格局中的割据状态，才使统一的欧洲成为一种新的文化底蕴；俄国大文豪几乎都产生于彼得大帝、叶卡捷琳娜二世向西方进口文化的几十年后；拉丁美洲文学爆炸于作家从殖民文化中走出却又带着西方文化去观照本民族文化之时；《红楼梦》产生于汉满文化融合近百年之时。三、中国作家现在对世界上曾经出现过的小说艺术手段已经都不陌生，并在不到一百年里，进行了两次大规模的借鉴和模仿，应该在长篇小说的操作上不再存在什么障碍了。作为一个编辑家，你认为实现当代文学的辉煌梦想还需要什么条件？它的生发点应在什么地方呢？

何启治：避免政治对文学作简单化的干预，为长篇创作创造比较宽松的环境；等到一个阶级一个典型这种观点再没有市场的时候，整个文学界不再无视复杂而深厚的现实的时候，情况可能会变好一些。但在短时间内，方方面面的条件不会发生根本改变，有大书出现，只能靠天才或大才创出奇迹。因为四十岁以上的作家、编辑家、批评家，还有主管文学部门的官员，在"文化大革命"中业已成人，已能思想和判断利害得失，进入新时期，虽有重生之感，终会常做噩梦，各司其职时，这个心颤一下，那个手抖一下，共同画这个圈就未必会那么圆了。一个触目惊心的事实不知你注意没注意到，我们很多优秀作家，在写长篇小说时，一旦进入 1949 年后，就像是变了一个人，最突出的例子就是《活动变人形》。一位有才能的青年作家在向我介绍他一部长篇新作的题材时，只说是写中国古代某个非少数民族统治时代的农村故事。作家回避现实的倾向不能不说是对政治简单化干预的反动。

柳建伟：所以，我们当代文学才出现了许多半部杰作，我们的文坛才都认同要与生活有了足够距离才能看清的怪论。殊不知，世上每一部

084

杰出的长篇小说，只要不是狭义的历史小说，都是直接描写当下生活的。

何启治：所以，我又不完全是一个乐观论者。至于大书、巨著何时出现，将由什么样的作家写出，实在不好预测。就我们出版社而言，对这种书的期待一定要放在更广阔的背景之上。一方面照旧对为人文社作出重大贡献的知名作家的新作给予强有力的支持，使已经确立的友好合作关系更加牢固，最好牢固到金钱打不垮它，更重要的一方面是密切关注已在中短篇小说领域取得不凡实绩的中青年作家所认真用心创作的长篇处女作。再放远一点说，希望寄托在青年人身上。张炜写出《古船》时不满三十岁，陈忠实写出《白鹿原》时已近五十岁，宗璞写《南渡记》时已是年届花甲之人，王蒙出版《活动变人形》时也到了知天命之年了，因此也可以说奇迹在任何年龄段的作家中都可能出现。

柳建伟：我注意到你在谈到当代，特别是新时期以来的优秀长篇小说时，《白鹿原》、《古船》的频率出现最高。在你写的《从〈古船〉到〈白鹿原〉》中，所涉及的几部书在整个文章的篇幅中所占比例差异很大，对《白鹿原》谈得最多，评价也最高，还用了充满激赏之情的《永远的〈白鹿原〉》这样的题目。

何启治：历史不都是以这种方式书写的吗？作为编辑，我丝毫不想隐瞒我对自己付出过劳动的重要作品的具体评价。和作者的日常交往中，可能会因性格、脾气、艺术趣味等等而距离有远近，个人友谊有深有浅，谈及作品，那只能遵循艺术的尺度。我对《白鹿原》和《古船》的评价更高一些，原因不仅在于在这两部作品中我倾注了更多的心血，承受过压力，而且还在于相比较而言，它们的思想内涵更深一些，艺术成就更高一些。另外，这两部作品恰好在故事时间上延续在一起，基本上把20世纪中国最重要的生活都包容了。同时，这两部书的真实观和历史观十分相似，都是正面解剖波澜壮阔的现实，都体现出了人物和生活的丰富性和多义性，都塑造出了几个堪称典型的人物形象。实际上，它们的精神品格，恰恰和人文社，和《当代》杂志"直面人生，贴近现实"主张的内在本质相暗合。难道因为它们迄今仍有争论，恐怕永远也未必能获得国内最高级别的奖项，而绕过它们不谈，遇上这个话题就本着明哲保身王顾左右而言它吗？我社前总编辑屠岸曾说：新时期以来，人文社有四部长篇小说的艺术成就最高，它们是《古船》、《活动变人形》、《南渡记》和《白鹿原》。我认同这种说法。好作品

085

就是好作品，伟大的作品是打不倒、压不死、放不烂的。

作为编辑，特别是负有一定责任的编辑，在艺术上，不能搞一团和气的平均主义。我如果说你柳建伟的作品超过了《白鹿原》差不多是一部准《红楼梦》，对你的创作是有益还是有害？我曾多次表示，我读《白鹿原》时还有一种职业的"兴奋感"和"幸福感"。有朋友告诉我说"幸福感"有点那个。那个的意思我懂，无非是不含蓄，有点太下蹲状了。今天我仍愿这么说。这种感觉是一个文学编辑在阅读显然会在当代文学史上占据重要地位的鸿篇巨著手稿时的心情。就像一个作家写出了自己一生中为数不多的重要作品时的感觉一样。不管是作家还是编辑，这种职业状态一生中不会太多。我终审过的长篇小说已有几十上百部，只有在读《白鹿原》和《古船》时，出现了这种状态。一旦这种状态出现了，它就可以驱使一个把编辑当终身事业的人，把个人的利害得失彻底忘却，坦然面对一切可能的意外，与这样的作品共荣辱，与写出这种作品的作者同进退。一个编辑，如果对这样的作品在基本评价或判断上有失误，那就意味着人生道路的大失败。

柳建伟：我想打断一下。实际上这种"幸福感"，也是一种纯粹意义上的成就感。一个编辑对文学的贡献，与这种感觉关系甚大。同时，一个作家遇到这样的编辑，大约也要产生"幸福感"的。

何启治：我基本上同意你的说法。但是，我要补充一点：最重要的是作品。虽然没有伯乐，千里马很可能会长时间埋没，但千里马是在台前表演的。总之，编辑做的是幕后工作，不该以显学面目出现，或者说是像大牌明星一样招摇过市。今天是我谈编辑、出版者和创作关系谈得最多的一次，也是最不讲究克制的一次。不过，既然谈了，最后我还想表达这样一个心愿：我非常希望能在我显然已经不会很长的编辑岗位上，再享受几次"幸福感"。我相信我的这种等待不像在等戈多，总说要来，可永远等不到。

柳建伟：肯定能等到。

何启治：但愿如此。

1997年8月17日～26日柳建伟记录、整理于北京东中街42号
1997年11月15日～29日何启治定稿于东中街42号
2000年11月26日收入《文学编辑四十年》时略作修订

附录：

何启治与唐达成的通信*

致唐达成

达成同志：

你好！

随函寄上我和青年作家柳建伟一篇文学对话的复印件，不知你在病中能否抽空看一看？

这篇文学对话确实是有感而发。

就长篇小说的编辑出版工作而言，人民文学出版社可以说是对中国当代文学贡献卓著的大社了。几十年来，这方面的经验教训很值得好好地回顾和总结。而我在人文社几乎工作了一辈子，可以说是终身职业编辑了。我想，对读者说点真话，介绍一些真实的情况，该是我应有的责任吧！

这篇对话虽然难免还有粗疏之处，但它至少在两方面还有积极的意义。

第一，它为当代文学史的研究者和学习者提供了一些重要的背景资料。这些被称为"潜文学史"的资料，相信对当代文学作家、作品的研究都会有所裨益。

第二，现在全国有关方面都在积极地抓长篇小说的创作和出版，但有的作家、编辑和出版者乃至某些地方的倡导组织者都难免有某种浮躁之气。我们相信，"对话"在这方面也会有正面的、积极的意义。

当然，这也许只是我们主观的良好愿望。你是作协的老领导，又是我一直视为忠厚长者的、有影响的作家和评论家，我们多么想听到你中肯的批评指正意见呵！

记得在某次餐叙中，听你谈到文坛政治运动中的一些内幕。我当时就很感慨，而且建议你把这些事情的真相写出来，以为后人、也为中国

087

---

* 刊发于《当代作家评论》1998年第3期。

文学提供一些有益的经验教训。我社的《新文学史料》正是刊发这类文章的园地。这就算是我替"史料"向你约稿好吗？

病中打扰，真不好意思，尚希见谅。

请多多保重！

握手并祝早日康复。

启 治

1998 年 3 月 2 日

答何启治

启治兄：

复印大作已收到拜读，颇有启发。从编辑者、出版者的角度谈小说的诞生，以及可以设想和难以设想的经历，构成了你们对话中所说的"潜文学史"，这是新角度，也颇言之成理，启人思考。这个概念是否会得到人们公认先不去管他，编辑作为自己所编长篇的第一读者，最了解此中风波起伏，种种甘苦，这本身就足以提供文学史家第一手最难得的资料。长篇小说的历史发展过程中，应该有这一部分，应该重视这一部分，因为其中既包含着作者种种的苦衷得失，也包含着编者的辛苦心血，更重要的是它折射出了特定时代的投影。一个时代斑驳复杂的利弊影响，都与一部长篇能否顺利诞生，能否得到公允的评价，有忽隐忽现，千丝万缕的联系。后人会从中体会到时代背景的真实状况，这对知人论世实大有讲究，大可品索。比如《白鹿原》即是如此。我是投了《白鹿原》一票的，而且我以为它将会是一部传世之作。不管现在有些人如何看，即便有人暗暗诅咒也白搭。作品本身的坚实不可摇撼。《活动变人形》我也投了一票。我认为它是王蒙长篇最具分量的一部。倪吾诚写了知识分子的一种典型，这个人物是时代的悲剧，又何尝不是知识分子性格的悲剧，人性的悲剧？现在有人百般抹煞它的价值，我认为也白搭。历史会证明这一点。

你文虽然已经不算短，但认真想来，写得还是太概括。如果有更多的具体内容，更具体的曲折过程，编者、作者的具体想法(哪怕是难堪的、尴尬的、狼狈的)都是第一手最有力的证言，让人们体会文学的艰难。通向文学之路，在某种程度上竟是通过炼狱之路。我青年爱好文学

088

1992 年 4 月 23 日，何启治陪同台湾诗人、《中央日报》副刊主编梅新（左 1）到唐宅拜访唐达成（右 1）。

089

之时，是决没想到的。我以为你可以以一部或几部作品的艰难历程作为麻雀加以解剖。这会是"潜文学史"的重要组成部分，也是显文学史的重要依据。

我从事文学工作一生，所历所感可谓多矣。待身体略略复原，有精力时，或可如我兄所嘱，写点这类文字，以为后人鉴戒。

现正在医院做第二次化疗，不能多写，请谅解。勿复即祝

编祺

弟　达成

1998 年 3 月 9 日于病院

用责任点燃艺术 *

——何启治先生访谈录

编者按 人民文学出版社编审何启治先生，曾任人民文学出版社副总编辑、《中华文学选刊》主编、《当代》主编。曾为《古船》、《白鹿原》、《人间正道》、《狂欢的季节》等作品的发表起过重要作用。本刊特委托黄发有教授就有关当代文学某些重要作品的编辑出版问题及有关文学批评请教于何先生，写成此篇访谈录，以飨读者。

精神的接力

黄发有： 您作为一位资深的文学编辑，发现重要作家和推出重要作品给您带来了欢乐，但编辑工作也一定给您带来了种种压力、苦恼甚至屈辱，首先请您结合自己的人生经历，谈谈这方面的感受。

何启治： 1959 年 9 月，我从武汉大学毕业后，被分配到人民文学出版社。从 1959 年 9 月到 1999 年退休，四十年了。退休以后，因为出版社工作需要，我也有这种愿望，一直返聘到现在。

刚到人民文学出版社，我对出版工作没有任何经验，得从头学习，做过三年校对，系统地接受了专业训练。"文革"前，我是人文社培养的重点对象之一。从 1976 年底一直到 1980 年，都在鲁迅著作编辑室编辑《鲁迅全集》。从 1981 年初开始，一直从事当代文学的编辑工作。从 1989 年 6 月 14 日到 1990 年 6 月 10 日，在美国待了一年，回国前还在香港待

---

* 载《文艺研究》2004 年第 2 期。

了一个多星期。回国后，我把自己在美国游览、打工的经历，写成了一本书，叫《中国教授闯纽约》，主要写我在唐人街餐馆打工的经历。在我写的东西里，这本书的读者是最多的。

黄发有：在您四十年的编辑实践中，哪些经历给您留下了最深刻的印象，哪些经历让您感到遗憾？您感到痛苦和耻辱的体验是什么？

何启治：实话说，人民文学出版社待我不薄。甚至编审资格，也是我在美国探亲的时候评上的。按规定，编审资格必须由本人提出申请，然后由评委会进行审查。当时我正好在美国，而且有人诬告我，说我带了黑材料，写了反动文章。在这种情况下，我给评委会写了一封信，说明我为什么还要留在美国。我是到美国探亲，机会很难得，不可能两三个月就回来，要在美国待比较长的时间，但我一定会回来的。我请他们根据 1989 年以前我的编辑实践，对我做出评估，看我够不够编审的资格，最终还是通过了。

我一生中最遗憾、最受委屈的，有两件事。一是 1958 年在武汉大学中文系读书时，有大半年的时间，都去大炼钢铁。同学们情绪很大，当时我担任中文系的团总支书记，就代表大家向上面反映意见，说了同学们的一些牢骚话，诸如："难道大学生是廉价劳动力吗？""三年过去了，这就叫上大学吗？"结果被划成年级的"白旗"，还给我画了一幅漫画，一只狐狸嘴里吐出一句话："难道大学生是廉价劳动力吗？"先是批判、检讨自己的个人主义，接着下去锻炼，后来就平反了。二就是"文革"期间被打成"五·一六"分子。因为我们那个小战斗队是由一批大学生组成的，很活跃，后来，搞"五·一六"审查的时候，我们那派的头，在"逼供信"下，说我也是"五·一六"分子。我在"逼供信"之下，也不得不承认自己是"五·一六"分子。"白旗"还可以算是内部矛盾，而"五·一六"分子在当时可是现行反革命。他们明明是自己的同志，却把你当做敌人，让人多难受啊！

黄发有：人民文学出版社推出了不少经得起时间考验的好作品，其中凝聚着几代编辑的心血。您认为人民文学出版社形成了哪些优良传统？

何启治：讲人文社的优良传统，有许多话可说。但至少可以强调它很看重文学新人，如冯雪峰支持杜鹏程（《保卫延安》），王任叔亲自当《喜鹊登枝》（浩然的短篇集）的责编。再一个，就是很强调集体的奉献精神。

091

何启治所编重要作品书影

092　　　　人民文学出版社真是人才济济啊！老一辈编辑中影响很大的学者、作家
和诗人有的是，包括现在还健在的屠岸、绿原和牛汉。已去世的有著名
记者、作家萧乾；早年毕业于北大法语系的赵少侯，他翻译的莫泊桑小
说堪称经典；出身于黄埔二期的聂绀弩，学问好，国学根底也深。你看
我随手拿起的一份名单，像老诗人方白、方殷，跟鲁迅有直接交往的老
编辑孙用，翻译苏俄文学的蒋路、金人、伍孟昌，国学专家赵其文，《一
千零一夜》的译者纳训，红学家周汝昌，都在自己所专注的领域做出了突
出成绩，是专家型编辑。人民文学出版社第一任社长是冯雪峰，随后是
巴人、严文井、韦君宜、孟伟哉、陈早春、聂震宁、刘玉山。冯雪峰筹
备了鲁迅著作编辑室，传说当时中央要搞《鲁迅全集》，周总理点名从上
海把他调过来的。鲁迅著作编辑室原来在上海，冯雪峰把这个班底调到
北京来，其中包括林辰、孙用、杨霁云、王士菁、杨立平夫妇和校对殷
维汉。应该说，编辑队伍是很强大的。除了陈早春以外，历任主持出版
社工作的领导，都是搞当代文学的，这可能是由出版社的性质、要求决

定的。古典、外国文学一般都有定评，中国当代文学却是竞争最激烈的领域啊！

黄发有：在人民文学出版社的几代编辑家里面，对您影响最大的是谁？您最看重他们的哪些品质？

何启治：在前辈编辑家里面，头一个直接指导我工作的是韦君宜。老一辈编辑家对我最大的影响，就是那种责任感、使命感。他们强调在编辑作品时，要克服名利观念，树立作家是我们的衣食父母，要为他们服务的思想。韦君宜还特别强调，想当官的人不要来当编辑。她还告诫我们，一个编辑要掌握比较全面的技能，才能胜任工作；自己要练笔，要能写一点东西，这样在跟作者交流时，才有共同语言，作者才能信服你。韦老太还说，家丑不能外扬，她当面对我说过，像粮票啊、油票啊，不要形诸文字。因为这反映了我们国家落后的经济状况，她说这些是家丑，不要上书。今天看来，也许很多人觉得她保守，但由此也可看见她爱国的热忱和为人的真诚。

做一个合格的编辑，必须认真，不能马虎。"我们尽量不要出馊主意"，这是王笠耘常说的话。王笠耘是西南联大的，先读电机系，后毕业于清华大学外文系。他是《战争和人》的终审人，也负责编辑曲波的《桥隆飙》，他实际上是帮曲波具体写。当然最后他既不出名，也不得利。甚至跟作者联系的退稿信，王笠耘都给我们写过"样板信"。他说，即使不用人家的稿子，话也不能说得过分。刚来人民文学出版社，我搞了三年的校对(最初是想培养我去管校对工作)。当时的校对科长石永礼很厉害，据说现在的书名号就是他发明的。在人民文学出版社做编辑，就要接受全面的训练。

曾经有一个女编辑，给孙犁改过稿子。《荷花淀》中有一句话："女人们到底有些藕断丝连。"她把"藕断丝连"改成"牵肠挂肚"。孙犁是文体家，他的文字，不经过他同意，是不能改动的。结果孙犁大怒，后来出版社的领导不得不带着她登门道歉。弄得她很委屈，一度精神上非常紧张。

黄发有：这些编辑家在人格方面对您有哪些影响？

黄发有：他们从人格方面对我的影响，我觉得主要是他们敢于担责任。比如那时，周扬说句话谁敢不服从啊？特别是经过1957年反右以后。但韦君宜还是敢作敢当的，不把责任推给下属。当年，复旦大学学生赵祖武给《新文学论丛》投过一篇文章，题目叫做《一个不容回避的历史事实——关于"五四"新文学与中国当代文学的估价问题》，当时编辑部通过了，主管的副总编也点头了，后来据说新闻出版署某人有意见，主管的副总编就推卸责任。底下的人就不服气，作为终审人，你都表态了嘛！韦君宜了解情况后，在1981年初夏开领导班子会议，批评这个副总编，而且请《新文学论丛》理论组的同志列席会议。韦君宜在会上说："今天的会就是批评理论稿子终审人往下推卸责任的错误。请你们理论组全体人员列席，不是要你们发言，情况我们都知道了，你们的责任就是来听，来看看社里领导层对这件事的态度。有意见会后再提。"其实，无论哪个层次上的编辑都应该敢于承担你应负的责任。

黄发有：事实上，上几代知识分子在种种压力下，依然努力地追求人格的完善，而且和如今在市场压力下沉浮的知识分子相比，他们似乎显得更加真诚，日常行为和内心信念更加一致。

何启治：韦君宜说过，想做官的不要来出版社。其实现在有的人就是来做官的，冲着那个正局级、正厅级来的。举个例子，我们那时的领导班子只有一部手机。因为国务院规定，副厅级以上的干部，每月电话费补助只有八十元。到现在哪止八十元，每个人都有手机，都说是工作需要。那时，我们这一级干部是不能坐飞机的；但即使是能坐飞机的，比如说，邓力群的夫人罗立韵，往往也和我们一块坐火车。记得上世纪60年代，韦君宜和我们一块到上海出差，人家安排她住锦江饭店。按她的级别是可以的，但她就是不去，而是住上海文艺出版社的亭子间，就是顶楼很热的小房间。我就住在他们编辑部，睡在拼起来的桌子上。韦君宜的俭朴是有口皆碑的！80年代初，她的清华同学黄秋耘来改稿，她也不让人家住招待所，而是把自己的办公室腾出来，把家里的被褥抱来，就让人家住办公室。

黄发有：一个好的编辑需要胆识、预见和决断，需要为历史负责的精神，在您个人的成长过程中，有哪些因素推动或制约着您的摸索？

何启治：从我个人经历来说，做编辑要有一个积累的过程。1986年，王建国组来张炜的《古船》，我终审决定在《当代》全文发表时，确实有很大风险。一开始我也有些疑虑，对作品中描写还乡团的报复和土改中农民的错打错杀，有点拿不准，对隋抱朴多次学习《共产党宣言》的情节，也觉得有些牵强。但作品所取得的突破是明显的，不能求全责备。在出版单行本这个环节上，社长以行政命令的方式不让出版，最后我据理力争，愿意承担责任，都立了军令状。这种情况确实很少。

黄发有：就您个人的切身体会，您认为人民文学出版社最值得珍惜的、也是日渐丧失的精神资源是什么？

何启治：当代文学是最具有竞争性的，人文社一直比较重视当代文学的编辑出版工作。韦君宜担任社长的这段时间，我知道的东西多一点。如果不是她亲自到湖南约稿，而且毫无私心杂念，冒着风险做出决断，恐怕不会有《将军吟》；像《生活的路》、《冬》、《铺花的歧路》等作品，现在看来很平常，但当时却有反对出版的意见，韦老太觉得自己的威信不够，就将这些作品都搞了故事梗概，亲自送给茅公过目，茅公都肯定了，这才出版；她不断地鼓励张洁，帮她修改《沉重的翅膀》，在张洁受到批评和压制时，保护她，亲自找胡乔木和邓力群等领导同志做疏通和解释工作，可以这么说，没有韦君宜，《沉重的翅膀》就不会经过修订而获得茅盾文学奖，也就没有今天的张洁。在这之前的事情，我没有经历过；但一些老编辑像王笠耘、周达宝啊，他们经历过。

黄发有：编辑既要尊重作者，又要体现自己的创造性。作为一个编辑，应该如何处理作家创作的独立性与编辑实践的主体性之间的冲突？

何启治：巴人说，作家是出版社的衣食父母，没有作家的劳动，哪会有什么优秀的作品。韦君宜说过，当代文学是我们出版社的牡丹花。有的作家能够成为有影响的作家甚至大家，跟一些有使命感的编辑家的支持是分不开的。比如说龙世辉对《林海雪原》就付出了辛勤的劳动，他是从自然来稿中发现这部作品的，稿名叫《林海雪原荡匪记》，稿纸有大有小，每一叠用各种颜色的碎布条捆着，字儿很不好认。只读过六年书的曲波花费数月修改一次后，承认有困难，后来老龙整整花了三个月时间，使出浑身解数帮作者修改。这种不计任何报酬的奉献，和那些有目的地修改甚至篡改作品的做法，是有本质不同的。

困难是最好的营养

黄发有：您在当代文学的编辑实践中，遭遇到的最大的困难是什么？

何启治：因为编发张炜的《九月寓言》，见罪于老主编秦兆阳同志。他是个很严谨的老作家，尽管他也曾被打成右派，受过委屈，但却是非常传统、非常爱国、爱我们社会主义事业的人。1992 年，为了发张炜的《九月寓言》，我跟他之间在判断和处理稿件上有比较大的冲突。那时，一般日常的稿件处理，由我这个常务副主编负责终审。通常是在定了稿以后，再向他汇报一次。因为发《古船》的关系，我跟张炜的关系比较近。知道他《九月寓言》已经完稿，我就和洪清波到山东龙口去向他要来了。当然我也有顾虑，知道有一定的风险。《九月寓言》当初是八章吧，当时组织了编辑部的八个人，把各个章节安排下去，除了我每个人都发稿。我的出发点就是让大家了解《九月寓言》，免得有什么分歧，在发稿时造成障碍。向秦兆阳汇报时，也获得了通过。但没想到他回去想了两天，还是觉得不放心。但他不可能全部看了，就让我把最精彩的篇章拿给他看。我记得当时把"黑煎饼"、"首领之家"和"忆苦"拿给他看。看完之后，他就跟编辑部的全体同志开座谈会，谈他的观点。然后把他的意见写成十条，让我把这个意见复印，连同退稿带给张炜，并传达其两层意思：第一，他把这个稿子否决了，说这个稿子不能用；第二，他来承担责任，让我告诉张炜，是他以主编的身份决定的。为什么我说他严谨呢？因为他的意见也不是一点道理没有。从我个人来说，更欣赏《古船》，而不是《九月寓言》，但还能接受这样的作品。秦兆阳就认为《九月寓言》不好，失去了虚构的合理性，而且也不能用荒诞来解释他所反映的农村生活。这就是他的观点。所以我不认为他与我有什么个人的恩怨，而是确实看法不同。

黄发有：关于秦兆阳的"十条意见"，您在多篇文章中提到过，并披露了其中的片言只语。这些意见，是研究当代文学编辑史的重要资料，您能否完整地将它披露出来？否则，它或许和许多长期尘封的珍贵文献资料一样，随着时间的推移，最终湮灭了。

何启治：我必须慎重考虑一阵。我保留了"十条意见"的底稿，但不知道能不能找出来。

（何启治先生找了两个多月，才在 2003 年年底把这份材料找到。秦兆阳对《九月寓言》的审稿意见，题为《对〈九月寓言〉的基本看法》，秦兆阳还在审稿意见之前附有一封给人文社副总编兼《当代》副主编朱盛昌和何启治的短信，信件的正文为："我对《九月寓言》一稿的意见造成了编辑工作的困难，而且未能说服大家，心里很不安。几天来又作了一些思考，写下了思考的结果，供同志们再作参考。"落款为"老秦"，写作时间为"1991.7.22～24"）。由于文长共十段，今只引其审稿意见中前后两段，以见一斑：

作品第二章就多次出现"队长"、"红卫兵"、"忆苦"等词句，说明作者既想淡化具体时空，又不得不点明具体时空，于是作者所写的解放后的农村就成为无组织、无领导、无理性（社会理性和个人理性）、无社会性功能的，极端贫困、极端愚昧、极端盲目的、动物式的生存状态。这种"寓言"中的生活状态跟解放后实际的现实情况是绝对矛盾的。于是失去了寓言的真实性的基础，超过了合理虚构的限度，形成了作品根本性的问题。

…………

解放以后的农村状况，是很复杂的需要慎重研究的问题。一、土改和合作化初期曾大大提高了生产力，给新中国的经济建设及抗美援朝打下了根基。二、大跃进和以后，一方面水利建设、良种推广、集体苦干使生产保持一定水平；另一方面又由于日益严重的极左政策（公社化以后），例如"一大二公"之类，妨碍了生产力的进一步发展，束缚了农民的积极性。还要看到，依靠这种体制积累了资金，使得工业建设、城市建设、大的水利建设等事业成为可能。而且农民（除三年困难外）也并不是穷到只有红薯充饥的程度。三、这种政策上的失误的确带有盲目性，但它是理性要求（主观愿望）与经验不足（客观实际）的矛盾，既不是盲目的原始生命力的表现，也不能靠原始生命力去克服，也不是由于原始生命力的原始性使得农民能够承受，更不能由此得出结论，认为几十年的农民农村完全处于毫无理性的原始动物式的盲目状态之中。当然，也不能用"像动物一样生活"去"寓言"这种生存状态。四、因此，对历史，尤其是对革命历史，决不能持轻率的态度。在革命的历史转折时期——在纠正历史偏差的时候，许多知识分子就易于轻率地对过去的历史下结论，并且以"高明"或"精英"自居，从而造成混乱。近年来这种混乱思想的极端就是"全盘西化"。多么深刻的历史教训啊！五、作为刊物（而且是有影响的大刊物）的编辑，不可不头脑清醒地对待这一切事态，在看稿时不可

097

不多用脑筋。

黄发有：除了你们之间在文学认识上的冲突，他个人的历史记忆是不是也影响了他对《九月寓言》的处理？也就是说，记忆中的阴影，以及《古船》所引起的争议使他有所顾忌？

何启治：秦兆阳绝不会毫无根据、随便以个人意气来决断一个重要的稿子。我承认，我们是有些认识上的冲突，这些冲突也可能影响到老秦。1992年春天，他明确地也很平静地告诉我，你继续在《当代》工作，但是从现在开始，你看的稿子送给老朱(当时出版社的副总编、《当代》副主编朱盛昌)，老朱点头，就算通过，实际上就剥夺了我的终审权。同年9月，新的领导班子调整，我被任命为副总编辑，主持人民文学出版社当代文学方面的图书出版工作，分管小说编辑室和散文编辑室。当时我正好五十六岁。新旧领导班子交接时，让我讲话，我的第一句话就是"我以五十六岁的高龄进入领导班子，确实感到意外"，因为上面也没找我谈话，怎么选拔的背景我都不知道。但这就把我从跟老秦的矛盾里头解脱出来了。

黄发有：您在1973年就找到从未谋面的陈忠实，约请他写长篇小说，1992年早春，他给您写信报告《白鹿原》完成的消息，除了他的夫人和孩子，您是最早知道这一消息的。在《白鹿原》出版之后，您也竭尽全力地给予支持。您能否谈谈这方面的独家信息？

何启治：当时广电部副部长王枫，把《白鹿原》跟《废都》并提，认为都是坏作品。当时他讲《白鹿原》、《废都》都是不宜于改编为影视作品的，批评这些作品都是用一种错误的观点来看待历史。据说某领导也是持批评态度的，当然还有别的人。我作为编者之一，立即组织了一些有分量的人物写文章，将朱寨的《评〈白鹿原〉》和蔡葵的《〈白鹿原〉：史之诗》送给《人民日报》。《人民日报》的样稿都排出来了，文艺部的负责人却突然通知我，稿子不用了。说上面有通知，关于《白鹿原》，不管是赞扬的文章，还是批评的文章，一律不用，实际上就是不再讨论了。《白鹿原》一开始能够出书，没受到压制，很重要。开始就给你压住，书都不能出，那就没办法了。尽管修订了才能获茅盾文学奖，但没有伤筋动骨啊。有人说陈忠实没有骨气，我认为说这些话的人不了解中国国情。

黄发有：在"十七年文学"和上世纪90年代以来的文学中，都不缺乏作者或编辑出于政治或商业的目的，对作品进行大幅度修改甚至篡改的实例。您能谈一下您所了解的这方面的情况吗？

何启治： 关于这个问题，我比较了解的，就是两件事：一个是柳青的《铜墙铁壁》，另一个就是陈忠实的《白鹿原》。因为工作的关系，在柳青的晚年时，我有机会接触他。我在文章和书中有两条一直没有写进去。一条就是他曾批评周扬。他说"文艺界除了动员舆论批评的武器以外，还应该用好的作品树立榜样"，认为有时好的作品可以引导一代作家成长，当然有的作品也可以带坏整个文坛的风气。在我印象里，他没有举具体的例子，可能他也不好举具体的例子。但他强调，周扬肯定没有做好，如果真正搞好了一部作品，就能够带动一批作家成长起来。第二条，他讲到跟江青关系的时候，说江青曾给他写过信，但在"文革"期间找不到了。柳青是懂英文的，外文功底不错，对外国文学的了解也比较多。他给我的印象，不是像陈忠实那样土生土长的作家，他的文化修养比较高，从外国文学中汲取过营养。

黄发有： 您刚才说到柳青跟江青的关系，能更详细地谈谈吗？

何启治： 只听说柳青给江青写过信，江青也给他回过信，但具体内容不清楚。

黄发有： 就前面所说的被编辑改坏了的作品，以及出题组稿的现象，您能不能举一些具体的事例，您认为这些问题的症结在哪里？

何启治： 1964 年，在北京市郊的南口农场，我组织早期的知青编写了第一本书，书名叫《我们的青春》(1965 年 3 月出版)，内容是描写早期的知青生活的。同年，上级传达刘少奇的指示，我被派到上海澳门路原荣氏某申新纱厂体验生活，去了解、反映、揭露资产阶级的剥削，歌颂解放前纱厂工人反剥削和求解放的斗争。在这里，我写了自己的第一本书《天亮之前》(1965 年 9 月出版)，完全是"遵命文学"。两本书的题目都是老社长韦君宜定的。

《天亮之前》当时发行了三十八万多册，中央人民广播电台广播过。这本书主要是我的劳动成果，但作品里是连我的名字都不让用的。我署了个笔名"红耘"，是从"一片红心，立志耕耘"这句话中抽了两个字。当时组织的两位工人作者写作基础很差，组织他们参与是政治需要。编好提纲后，我要他们写前面和后面的部分，我写中间部分。当时负责终审的人是邓力群的夫人罗立韵，她是我们的编辑部主任。我把两部稿，也就是工人作者的稿和我最后写定的稿交上去，最后她通过的是我的稿。这是我完成的第一本书，但是出版社没有给我一分钱稿费，因为这是我的工作。这本书的中间有一章《"亨司表"的秘密》，讲资本家用科学的手段来剥削工人，是我用一个星期天在工厂的食堂里写出来的。这个故事发在《收获》，《收获》按每千字五块钱，给了我三十五块钱，超过了我当时半个月的工资，这是我最早得到的稿费。

黄发有：陈忠实和柳青都追求小说的史诗品格，也都因为外部压力而改写自己的作品，他们的历史命运说明了什么问题？

何启治：《铜墙铁壁》经过那么多折腾，才得以修订出版。今天很多人说，《创业史》的修改是败笔。但改了，我觉得也不能都怪柳青，在那种情况下也没办法。至于《白鹿原》的修改，情况有所不同。《白鹿原》参评第四届"茅盾文学奖"，先在二十三人的专家审读小组中顺利通过，却在评委会的评议中出现不少分歧。其间，陈忠实接到了副主任委员陈昌本的电话，转达了一些评委要求作者进行修订的意见。陈忠实接受了。评奖结果在 1997 年 12 月 19 日揭晓，修改意见却是 1997 年 12 月 25 日的《文艺报》通过"本报讯"的形式披露出来。意见针对作品中"关于政治斗争'翻鏊子'的评说"和性描写问题。后来，据我了解，如果坚持一字不改，有几个老评委就是不投票，这是初步投票的统计结果。现在评奖往往分两次投票，分两次投票就是为了保证某些重要的作品别遗漏了。

黄发有：看来修改是获奖的前提或者代价了。

何启治：对，对某些作品可以这么说。你看第五届评奖时，周大新的《第二十幕》，据说开头投的时候，票数还比较高。后来不知道谁的因素发生作用，到正式投的时候，少了一票还是两票，最终没有获奖。陈忠实能获奖，陈涌的意见也发挥了重要作用，他能够欣赏《白鹿原》很不容易。陈忠实接到电话时，《白鹿原》已经在评议的过程中，陈忠实的态度反馈回去后，评委知道他原则上接受了修订意见，投票取向就变了。如果按投票多少，《白鹿原》在第四届获奖作品中是第二名，第一名是《战争和人》。《战争和人》是最没有争议的。

黄发有：《白鹿原》的修改也并非完全从艺术的原则出发，从某种意义上说，是"茅盾文学奖"评委意见的权威性的体现，那么，在您看来，

《白鹿原》的修改是"改好了"还是"改坏了"，或者说，根本就没有必要改？

何启治：我不赞成随便让作者改写作品，特别是已经有了影响、有了定评的作品。我不认为《白鹿原》的修改是败笔。因为没有伤筋动骨，改动前后不超过两三千字。

第一，关于性描写问题。整体拿掉的就是田小娥把黑娃拉上炕的那段。原稿一直有动作描写，比如抚摸啊什么的，就是性行为的描写。修改后就把这些去掉了，这一段大概有三五百字。最明显的就是这段，对其他一些太露骨的性动作描写，进行了淡化的处理。我觉得无伤大雅，这种改动是可以的。我从一开始看到它的原稿，就既强调要把握一定的分寸，又为它的性描写辩护。到后来要修改的时候，我就给陈忠实说，有的你千万不能改。不改当然有它的理由，比如说田小娥为那个郭举人泡枣。这段千万不能去掉，这里面既掀开了性文化的一角，也揭示了田小娥反抗性格形成的一个重要心理因素。她表面上服从，把枣放到生殖器里，实际上却扔到尿盆去了，然后再给郭举人吃。这实际上是塑造人物性格的需要，因为这里没有什么挑逗人们的性描写，很干净。陈忠实不就说自己坚持两条嘛！一个是放开了写，一个是不以性作诱饵来蛊惑读者。所以，要尽量说服编辑部的领导，尽管我是终审人之一，如果有更高的领导，比如说社长、总编辑要改动这些地方，我也顶不住。如果不能说服他们的话，我也不能因为在这些地方坚持不改而放弃整个《白鹿原》。

第二，关于"翻鏊子"的比喻。实际上作品的倾向性还是比较鲜明的。陈忠实作为一个农民出身的高中生，曾经做过十年左右的公社副书记、副主任，从根子上是维护共产党的。他只是痛心于历史上国共两党的革命者做了那么多的蠢事和错事。从理论的角度来说，陈涌的观点其实是自相矛盾的，他认为陈忠实一直是用阶级分析的眼光来看待生活和反映生活，这种观点用来分析陈忠实早期的作品可能行得通，放在《白鹿原》上是讲不通的。

黄发有：你们在编辑《白鹿原》的过程中，有没有对它进行较大幅度的修改或润色，也就是说，首版发行的作品和作家的手稿之间，有没有较大的差异？

何启治：作品中的某些性描写，征得作者同意，作过适当的删节或

101

淡化、虚写处理。关于作品中的文字，做了必要的订正。《白鹿原》发稿以后，还发现问题不少。高贤均当时是编辑室主任，差不多花了一个月的时间，通读了一遍。对《白鹿原》的处理很巧妙，在订正了技术上的错讹之后保持了其本来的语言风格。当然这也很重要，如果错别字很多，怎么称得上优秀作品呢？现在我们肯定《白鹿原》的语言雅俗共赏，关中方言的运用也比较恰当。但陈忠实的文化底子还是比较薄的，原稿中错别字不少。陈忠实就这个文化，你不能要求他跟钱钟书一样。

黄发有：陈忠实早期模仿过柳青的审美风格，后来有所突破。但在思维上，陈忠实将两条阶级路线的对立变成一种善与恶的对立，用儒家伦理结构来解释历史，对阶级史观进行了颠覆。

何启治：从阶级分析的观点出发，鹿三跟白嘉轩的关系就不能存在。所谓阶级对立的观点，那就是一个阶级一个典型。我觉得陈忠实还是从生活出发，写出了生活的多样性。在文学作品中，如果塑造了那种既有善的一面，也有恶的一面的人，恐怕才是更真实的人。

黄发有：您认为在《白鹿原》里面，哪个人物最有艺术感染力？

何启治：现在一般都认为白嘉轩是典型人物。但在《白鹿原》里面，更生动、更鲜活、更吸引人的是黑娃和田小娥，我是这么看的。我在终审意见中就把田小娥比作《静静的顿河》里的阿克西尼娅。她人性未泯，有自己的爱与恨，在受到压迫时，有自己的反抗，但她毕竟是中国旧社会的妇女，有自己的局限性。

黄发有：谈到白嘉轩，您是不是觉得这个人物有一点概念化的倾向？

何启治：我不想用"概念化"这个词。白嘉轩是个典型人物，主要是从他的独特性来说的。因为我们的文学作品里头没有这样的地主形象，没有所谓恪守传统道德，而且更多的是坚持传统道德中好的一面的人物形象。因为几十年来搞阶级斗争，没有哪个作家敢这么来写地主，但并不是生活里头没有这样的地主。白嘉轩是当代文学作品中独一无二的地主形象，这就是其典型性。但如果谈到人物形象的鲜活，他确实不如黑娃和田小娥。

黄发有：您如何看待陈忠实近期的创作？

何启治：过去批判丁玲的"一本书主义"，当时的背景我不是很了解。不过，在我看来，一个作家能够写出一本好书，在文学史上有地位，对整个社会有贡献，也就可以了。你还非要陈忠实再去超越《白鹿原》吗？尽管有人劝我，千万别当着陈忠实的面说这话，但涉及这个问题时，我只好说实话。我认为陈忠实以后的作品可以有新的特点，但不可能全面超越《白鹿原》，包括他现在准备要改写为长篇的《蓝袍先生》。

在利润与信念之间

黄发有：进入 20 世纪 90 年代，为了跟市场接轨，人民文学出版社有了一些新动作。比如出版梁凤仪的小说，引进《哈里·波特》。对于这个问题，您怎么看？

黄发有：梁凤仪的小说大量在人文社出现的时候，我在编《当代》。但我曾在某饭店出席了关于梁凤仪作品的一个研讨会，那个会是由人文社、《文学评论》编辑部、中国社科院文学所联合召开的，结果被人讽刺为："文学出版第一社、文学评论第一刊、文学研究第一家，全为小梁捧臭脚。"（笑）后来我问当时的社长陈早春才知道，她的稿子是通过新华社某人转来的。我对梁凤仪的作品是这么看的：第一，梁凤仪的小说主要描写香港社会中的所谓"商战"，有人评论为"商战小说"。在市场化的初步进程中，她的作品满足了一部分大陆读者了解商品经济状态下的社会和人生的欲望，有一定的认识价值。第二，她是爱国的，从政治上来说，跟主流意识形态是一致的。第三，她的作品有市场，经济上对作者、出版者都有好处。

黄发有：关于《哈里·波特》的引进，能谈谈吗？

何启治：在引进《哈里·波特》的过程中，我认为人民文学出版社的品牌肯定是起了作用的。国内好多家出版社都在竞争，据说我们出的版税并不是最高的，但最后罗琳和她的代理人还是选择了人民文学出版社。我觉得这里面有品牌的作用。我们社参加谈判的，据说翻译是原来管外文编辑部的副总编任吉生。尽管版税并不是最高的，但人家也接受了。译者是临时找的，比较年轻，时间又比较匆忙，译文可能有些问题。高贤均呢，当时是主管当代文学的副总编辑，他是北大中文系毕业的，英语还不错。作为一个编辑，其校对的水平很高，他在通读《哈里·波特》的译稿时，发现不少问题，纠正了一些翻译错了的词，当时很辛苦。他

103

是 2002 年 8 月去世的，前几天是他逝世的一周年。

黄发有：最近人文社推出一套"新课标必读丛书"，一些人文学者对此提出尖锐批评，您怎么看待这个问题？

何启治：我认为这是市场经济推动下的新举措。其前提是人文社拥有的作品资源非常丰厚，比如，"百年百种优秀中国文学图书"的评选结果，人文社拥有版权的有八十多部。"茅盾文学奖"也是，第一届获奖作品共有六种，人文社占了四种，陈忠实获奖的第四届共有四种，人文社占了三种。社长聂震宁很善于利用我们的出版资源，很快就把茅盾文学奖获奖作品变成了"茅盾文学奖获奖书系"，这就提高了作品资源的利用率。至于中学生必读啊，新课标啊，这个是要取得教育部授权的。如果你不取得授权，那再好的资源也不能用，关键要做争取工作。

黄发有：这些书目在"新课标"中本来是"建议书目"，但在出版时却升格成"必读书目"了。您知道为什么会出现这种情况吗？

何启治：我最近知道一点相关情况，因为出版社要我写《白鹿原》的导读。教育部规定，茅盾文学奖的获奖作品可以列入"新课标丛书"。原来的名单上没有《白鹿原》，只有《尘埃落定》。后来又补了《白鹿原》、《沉重的翅膀》、《钟鼓楼》。

104

至于"建议书目"变成"必读书目"，中间的过程，我不太清楚。从市场效果来说，当然"建议"跟"必读"就不一样了，"必读"是指令性的，而"建议"只是参考性的。只能说，目前我们人文社还是比较活跃和比较善于利用资源的。当然，学术界从不同的角度可能会有不同的意见。

黄发有：进入 20 世纪 90 年代以后，外部舆论对人文社有种种批评，认为人文社向利润的倾斜，导致了对文学建设的相对忽视，其品牌的号召力也有所下降。

何启治：人文社有资源当然应该利用，外界自然也有评说的自由。今天我看到一本新书，是邓贤的《中国知青终结》，表现流落到金三角的知青的结局。书的封面很有创造性，不是传统的样子，而是折叠式的，一打开书就可以拉得很长，上面全是照片。这些照片很珍贵，是邓贤自己花了三万块钱，冒着生命危险，进入金三角地带采访拍摄的。这产生了不错的效果：一个是引人注目，一个是不浪费材料，另一个作用就是防盗版。

　　这本书的责任编辑脚印是比较适应市场经济的，她还编了张者的《桃李》、毕淑敏的《拯救乳房》，最近还有韩东的《扎根》和邵丽的《我的生活质量》。她使用的宣传性文字，我这代编辑不会做，不完全认同，但能理解，比如在宣传张者的《桃李》时就引用了杨绛的话，意思是当年看到《围城》很震动，现在看到《桃李》则很吃惊，没有直接说《桃李》就是《围城》，但给读者带来一种暗示作用。"拯救乳房"，我也想不出来，但也不必批判，写的是乳腺癌嘛，题目跟内容还是比较符合的。跟池莉的《有了快感你就喊》还是不同的。有满足读者阴暗心理的倾向，我就不赞成。

　　黄发有：脚印是《尘埃落定》的组稿人，我不止一次听到圈内人和我谈起《尘埃落定》的出版情况，传说这部作品的文字基础不好，和《林海雪原》一样，都是经过编辑大幅度加工的，有这种情况吗？

　　何启治：《尘埃落定》的出版颇费周折，《当代》在选载这部作品时，内部也有些不同意见，有人认为它不是传统的现实主义作品，和《当代》所推崇的风格不一致，但我比较欣赏，而且认为《当代》不应该只看重传统现实主义的优秀作品，因而最终还是在《当代》选载了《尘埃落定》。关于更具体的情况，你可以问脚印。（通过向脚印求证，脚印说她早在1980年就认识了阿来，她在《四川文学》做编辑时，编发了阿来的第一篇小说，发在头条，随后又编发了几篇，多在头条。脚印认为阿来是"没有生长期"的作家，其作品一出手就很成熟。《尘埃落定》从写好到出版，中间辗转了四年时间，阿来曾经把作品投给多家出版社，均遭到退稿，出版社认为这种非正统的写法很难有印数上的保证。阿来逐渐地对此书的出版有些不抱信心了，想起当时已经调到人文社的脚印，抱着试试看的心情将作品交给她。想不到很快就有了答复，当时的副总编高贤均看完作品后，认为这是一部纯粹的、艺术价值很高的作品，一个月之后就可以出版。考虑到作品具有先锋意味，此书作为"探索者丛书"的一种出版，起印数合同订的是一万册，实际印了五万。脚印说编辑除了对错别字作了必要的订正外，没有对文字作大的改动。由于对此书的市场前景拿不准，出版社第一次放下文学第一社的架子，举行了成功的公关宣传与市场促销活动。《小说选刊》杂志和四川作家协会还有人文社联合举办了一个作品研讨会，原定四十多人，最终来了六十多人，其中有报刊、电视台和电台等重要媒体的记者。在图书上市前，《小说选刊》出版的"长篇小

105

说增刊"比较完整地选载了这部作品，随后《当代》选载，好评如潮，既叫好又畅销，并获得"茅盾文学奖"。我问脚印，是不是因为阿来是藏族，不少人想当然地以为阿来的汉文功底不好。脚印说阿来的父亲是回族，母亲是藏族，他的出生地是藏汉杂居区，经济形态属于农耕社会，阿来的藏语讲得很流利，但他从小学开始就接受汉文教育。）

黄发有：人文社过去是中国文学出版的第一把交椅，但在目前的市场经济条件下，行政力量开始弱化，是不是也面临着一种危机？

何启治：我不赞成那种"在市场经济冲击下，人文社的金字招牌过不了三五年就完蛋了"的消极观点，很好的朋友都给我说过这种话。那种认为人文社的金字招牌能够继续吃下去的观点，我也不赞成。人文社既要在市场竞争中有所变通，也要坚持承担文化积累的使命。不能说，一本赔钱的书也不出！比如说，我们出过张俊彪的《幻化》三部曲的评论集，还有"罗萌"系列评论集，都是作者出钱。当然他们也给评论的作者都发了"红包"，算是润笔吧！但是《〈白鹿原〉评论集》，我们就一分钱没要，还搞了这本书的讨论会。

黄发有：这几年，出版界为了应对市场竞争，开始注重品牌建设，

106

对于"布老虎"等出版品牌，您有何评价？

何启治：我和安波舜打过一些交道，我觉得他们敏锐，反应快，在这方面比人文社走得远。比如"布老虎"这个品牌，应该说是不错的。但它只限于情爱题材，除此以外，社会意义比较大的、体现某种主流意识的作品都不要。比如孙惠芬的《歇马山庄》，安波舜就不要，然后推荐给我。有人认为，《歇马山庄》写性已经很过火了。《当代》节选二十万字发表后，有人就说，《当代》怎么发这样的东西，整个从头干到尾（笑）。这样说显然有点简单化了。我对《歇马山庄》还是肯定的，可以说是一曲田园生活的牧歌，作品对那个一心要改变自己身份的女主人公还是同情的。现在证明它是一部好作品，获得了辽宁省的"曹雪芹奖"。

"布老虎"丛书有读者，有市场。但过于强调感情题材是有局限的，以至于《上海宝贝》这样的书也出来了。这书我以为品位并不高。但也不用压制它，应该让它自生自灭。压制的结果，倒使作者有了海外版权的高额版税收入。文学没有那么大的作用，一本好书可以兴邦，一本坏书可以亡国的那种观点是不对的。所以，只要有了一定的品牌，财力上去

了，有了经济基础，就有条件搞好的作品。张胜友主持的作家出版社过去连一本茅盾文学奖的获奖作品都没有，现在不就有了《长恨歌》嘛！另外，长江文艺出版社的"跨世纪文丛"搞得很热火。也有人说周百义不好，破坏了行规。但人家的"九头鸟长篇小说丛书"还是打开了局面，在全国也是个好的品牌。他们在做的过程中，可能会有这样那样的缺点，但毕竟最后做出成绩来，以后还可以慢慢调整。

黄发有：现在出版社一方面强调赚钱，另一方面对于可能获奖的作品抓得比较紧，而对于年轻作家的培养和扶植，做的工作就越来越少了。许多年轻作家为了成名，就不得不迎合出版社的需要，这样往往就走到弯路上去了。对于这个问题，您怎么看？

何启治：现在有些人很讨厌提"导向"这个词，其实出版社能起到这种作用。我编《当代》时，发了王跃文的《国画》。虽然整体上有点灰暗，但我很欣赏他对现代官场那种深入骨髓的认识和表现，确实有比较大的深度，有的细节很精彩。阎真以前写过《曾在天涯》，但没有什么大影响。发《沧浪之水》时，我看过以后，就说它是《当代》当年发的长篇中最好的。它的主人公池大为，硕士研究生毕业后进入社会，开始坚守自己的清高，结果是到处碰壁、寸步难行，而一旦同流合污呢，就如鱼得水、青云直上。这对体制的批判是很有深度的。《国画》也是一样，里面有个细节，作品中的一个人物带着鲜花和五千块钱到医院去看望一个老太太，献花以后，又把老太太扶起来，觉得她身体已经非常虚弱，全身瘦骨嶙峋，一点肉都没有，他马上感觉到老太太肯定不久于人世，五千块钱就没有拿出来。这种深刻的细节，让人看后久久难忘。我跟王跃文聊过，他说细节是从生活中来的。

编辑发作品时，不但要考虑作者，考虑读者，还要考虑到上上下下的反应。所以我在周昌义写的"编者按"里加了一段，意思是说：先前发周梅森的《人间正道》时，主要是从正面肯定我们的干部，有人认为有片面性；现在看了《国画》后，肯定也有人认为有片面性。也许，它们各自反映了社会生活的不同侧面，恰恰就是这种不同的侧面，合起来就构成了社会生活的整体画面。我不主张在《当代》上连载，发一期就可以，还是多印书好，但责编和另一些同事坚持发两期。我还是比较讲艺术民主的，也认为是好小说，就妥协了，连着发。结果影响一大，就引起了干

107

预。单行本的第一版印了十万以后，就不让再印了。结果除了这十万以外，都是盗版。

黄发有：谈到现在的出版社与青年作家的关系，你能谈一下人文社和柳建伟签约的事吗？

何启治：人文社和柳建伟谈签约时，我已经退休了。但引进柳建伟到人文社，我是"始作俑者"。发他作品的，最早是我，然后是高贤均。在他的"时代三部曲"中，《北方城郭》得到的评价最高，但影响最小。《北方城郭》只写了一个县，却写出了中国农村的缩影。朱向前就评论说，《北方城郭》是大树，但不是精品。它入围了茅盾文学奖的复评篇目，大概排在十几名的样子。他后来的作品，艺术评价不是很高，但因为贴近主流意识，影响很大。《突出重围》获得了中宣部的"五个一工程奖"，《英雄时代》列入了建国五十周年献礼作品。他的三本书，艺术评价最好的，印数最少，社会影响也最小；艺术上相对比较弱的，由于政治性因素，反而社会影响比较大。《北方城郭》是我组来的，《突出重围》，我也是主要的组稿人之一。他发表《突出重围》时，宣传气势很大，又给北京军区赠书，又到国防大学开研讨会，很轰动。后来，他把三本书合起来统称"时代三部曲"，准备再报茅盾文学奖，我估计也未必行。

当时聂震宁、高贤均策划，准备搞一批签约作家，包括柳建伟、阿来等，可能还有周大新，不是只有柳建伟一个人，主要是有潜力、有成绩又跟人文社有比较密切关系的青年作家。所谓签约作家，就是五年之内，人文社给他们提供某种条件，但我不清楚条件的具体内容；同时，他们的重要作品，在五年之内首先要交给人文社，除非人文社觉得不好，放弃了。后来，担心其他优秀作家由于签约作家的缘故，拉开和人文社的距离，便不了了之。

1998 年抗洪，柳建伟写了《惊涛骇浪》。有的作家很可能觉得没有什么文学价值，但柳建伟写了。现在又写了《SARS 危机》，人文社没要，但作家出版社出了。过去对柳建伟有个评价，说他不反对主流意识，甚至有意靠拢主流意识，但他不离开文学的本分。也就是说，他前期的作品毕竟还是文学，只是现实性比较强。如果作家离开文学的根本，只是通过作品去靠拢主流意识，去唱主旋律，喊标语口号，那肯定失败。但如果作品不离开文学的本分，反映社会有一定的深度，写的人物也很鲜活，有某种典型意义，那不也是成绩吗？周梅森、张平也是写主旋律的，你也知道，有的人在私下里说得很难听。我想，文坛还是在讲"导向"、"主旋律"时，让各种声音都能说出来才好。倡导主旋律，但也要提倡多样化。

黄发有：很多青年作家刚出道的时候，还比较讲究作品的质量，也会对作品反复进行打磨。一旦成名，面对很多诱惑时，作品质量反而呈现下滑的趋势。

何启治：你的这些话对柳建伟敲响了警钟！《SARS危机》我没看，从文学性的要求来看，《惊涛骇浪》已经比较差了。如果再往这个方向走，会不会滑到连文学作品都不是呢？他还是要有所警惕的。

黄发有：就您几十年积累的出版经验，在商业大潮的考验面前，人文社应该如何发扬优良的传统，如何吸取历史教训？

何启治：人文社出版了大量优秀的古今中外的文学作品，发挥了倡导的作用，在风格上也追求多样化。至于教训，我认为我们的编辑在没有认真看过作品之前，不能轻言放弃。一个青年编辑在没有通读路遥的《平凡的世界》的情况下，就草率地放弃了，这就是太不认真造成失误的一个明显的例子。

黄发有：作为一个优秀的文学编辑，这几十年来您体验最深的是什么？

何启治：我个人偏爱为人生的艺术。作家还是要有责任感，当然这种责任感不是针对党派、主义而言，而是对广大读者甚至全人类，必须具有崇高的使命感。创作还必须有激情，有生活，有思想，有高超的艺术手段。这些都不是三言两语就能说得清楚的。至于编辑，对文学，你完全可以有个人的偏爱和偏废，但面对稿件，你应该有海纳百川的容量，否则就可能扼杀了优秀的作家和作品。而作为一个编辑的写作则必须持之以恒，方可有所成就。

109

道是无晴却有晴 *

——一个编辑和当代优秀长篇小说的遇合机缘

陈启文：何老师，据我所知，您和当代一些优秀长篇小说很有缘分。请向读者简略地介绍一下您这方面的情况吧。

何启治：我的编辑人生可以用一句话来概括：1959 年毕业于武汉大学中文系，随即被分配到人民文学出版社工作，直到 1999 年底在《当代》杂志主编的岗位上退休，又返聘到 2003 年。从 1980 年开始做当代文学编辑算起，我和中国当代长篇小说打交道，勉强说也不过二十年。二十年来，看过的、特别是负责终审的长篇小说大约有近百部，我对其中一些重要作品或文学新人有艺术个性的作品的发表或出版发挥了重要作用的，主要有：《古船》(张炜)，《衰与荣》(柯云路)，《大国之魂》(邓贤)，《大上海沉没》(俞天白)，《女巫》(竹林)，《南京的陷落》(周而复)，《白鹿原》(陈忠实)，《商界》(钱石昌、欧伟雄)，《赤彤丹珠》(张抗抗)，《惑之年》(母碧芳)，《趟过男人河的女人》(张雅文)，《人间正道》、《天下财富》(周梅森)，《北方城郭》、《突出重围》、《英雄时代》(柳建伟)，《霹雳三年》(王火)，《牵手》(王海鸰)，《歇马山庄》(孙惠芬)，《狂欢的季节》(王蒙)等等。而其中突破性的成果，当属《古船》和《白鹿原》。

陈启文：果然是阵容强大，不愧是中国当代文学出版第一家。看来，你和当代优秀长篇小说还真是有缘呢。

何启治：也未必都是有缘。张炜备受赞扬的长篇小说《九月寓言》已经到了我的手里，最后还是失之交臂作退稿处理。所以，我想就借用唐

---

* 载《文学界》2008 年第 9 期。

代诗人刘禹锡拟作的《竹枝词》里的一句诗来作我们这次访谈的题目吧。那就是"东边日出西边雨，道是无晴却有晴"。这一句里的后半句"道是无晴却有晴"的"晴"谐"情"。虽然有过遗憾，但能和《白鹿原》、《古船》这些优秀长篇小说相遇，为它们的发表、出版和得到应有的待遇尽力，还是感到很幸运也很自豪啊！

陈启文：请您谈谈《白鹿原》吧。在文学界您是一位颇有传奇色彩的编辑家，甚至有人说您有先知先觉。譬如说早在陈忠实写出《白鹿原》的七年前，您就预感到这个人会写出一部划时代的长篇小说。应该说陈忠实那时还不大为人所知，您怎么会有这样的预感和信心？

何启治：没那么神，"预感"这个词不一定准确。如果一定要说我对陈忠实的《白鹿原》有预感，那就得从《白鹿原》诞生二十年前说起了。1973年隆冬一个严寒的日子里，我读了陈忠实发表在《陕西文艺》(即原《延河》)上的一个短篇小说(《接班以后》)，便约请他写农村题材的长篇小说。我们交谈的地点就在西安郊区区委所在地小寨的街角上。在寒风中，陈忠实推着一辆破旧的自行车，颇感惊讶而茫然地听着我的建议。对于这次未必完全符合艺术创作规律的谈话，陈忠实在回忆文章中评价说："我首先很感动，不单是老何说话的内容，还有他的口吻和神色，在我感到真诚的同时也感到了基本的信赖，即使写不成长篇小说，做一个文学朋友也挺好。"(见陈忠实的《何谓益友》，载《我与人民文学出版社》，人民文学出版社，2001年3月北京第1版)。

我怎么会在组稿活动中做出让陈忠实一脸茫然的事来呢？首先，应该承认这是时代造成的。那时候往往就是根据领导意图和政治需要来组织写作的。其次，这也是由我在出版社的工作岗位所决定的。人民文学出版社作为一个有优良传统和较大影响的专业文学出版社，其内部有严密的分工。经过"文革"，1973年我刚从湖北咸宁"五七"干校回来，分配我在组织长篇小说出版的现代文学编辑室小说北组工作，西北，特别是陕西是我工作的重点。我不是什么天才编辑，更不是你说的什么"先知先觉"，但热情负责的态度和对文学专业的热情还是有的。我对陈忠实不至于一无所知，而我向陈忠实组稿，就只能约请他写长篇小说(当时人文社也没有可以发中短篇小说的《当代》杂志)。第三，正如陈忠实所言，当时的陕西省创作研究会向我推荐了陈忠实。事实证明，正是我和陈忠实始

2006 年 6 月 25 日，中央电视台"艺术人生"专题组为
陈忠实和他的《白鹿原》做了专题节目。此照所摄为何启治
（右）作为嘉宾正与陈忠实（中）和节目主持人朱军对话。

于 1973 年的真挚友谊，以及后续的服务工作，使他在近二十年后必然会
把惊世之作的《白鹿原》交到我的手里，一定会交给人民文学出版社和《当
代》杂志。

    陈启文：据我所知，《白鹿原》出版以后，虽然在文学评论界引起了
巨大反响和争论，并得到了读者的喜爱。但是，在相当一段时间里，却
一直遭受着不公平的待遇。尤其是在第四届茅盾文学奖评选中，《白鹿

原》一开始并未进入候选之列。后来这部小说在修改之后才获奖了，这期间是什么力量起到了关键性作用？而作为推出这部作品的关键性人物，您怎么看待陈忠实作出的"适当妥协"和对《白鹿原》的删改？

何启治：我们人文社内部对《白鹿原》的评价虽然未必完全相同，但在接受出版这一点上却是一致的。《白鹿原》一出世，评论界欢呼，新闻界惊叹，读者争相购阅，一时"洛阳纸贵"。然而，广受瞩目的《白鹿原》在具有官方色彩的评奖（如"国家图书奖"）活动中均告落选。在这种情况下，《白鹿原》要想冲击中国当代长篇小说的最高奖项，真是谈何容易啊！我不是"茅奖"的评委，不了解评议过程中的细节，但说它未进入候选之列是不准确的，因为在二十三人专家审读小组（读书班）中它是顺利通过了的，否则它就不可能在评委会中引起争议。争议的主要内容可从评委会实际主持人陈昌本在电话中向陈忠实转达的意见中看出来。即："作品中儒家文化的体现者朱先生这个人物关于政治斗争'翻鏊子'的评说，以及与此有关的若干描写可能引出误解，应以适当的方式予以廓清。另外，一些与表现思想主题无关的较直露的性描写应加以删改。"（见《文艺报》1997年12月25日第152期"本报讯"）。在我看来，《白鹿原》不加修订也完全有资格获得茅盾文学奖，因为它在深刻思想内涵和丰厚审美意蕴等方面的出类拔萃是毋庸置疑的。但是，如果要"适当妥协"做一点并非伤筋动骨的修订才能获得茅盾文学奖，我又是理解和支持的。因为《白鹿原》不能获得"茅奖"在我看来不是它的耻辱而是中国当代文学的耻辱，而它的获奖则能为当代文学起一个风向标的作用。至于在评委会中对《白鹿原》的获奖起了关键作用的，据说是老鲁艺出身的评论家陈涌（杨思仲）。他认为《白鹿原》说明陈忠实"充分地理解现实斗争的复杂性，理解中国革命的长期性、复杂性和残酷性这个特点，但又同样清楚地看到中国历史发展的趋向。……"（见《〈白鹿原〉评论集》第227页，人民文学出版社2000年7月第1版）。由此可见，《白鹿原》（修订本）之获得第四届茅盾文学奖，起关键作用的就是陈忠实的"适当妥协"（修订）和老评论家陈涌的意见——毕竟，每个评委只有一票，而三分之二的评委通过才算数是严格的规定，少一票都不行呀。——当然，在我看来，《白鹿原》诞生以来，中国社会的进步和评论界、舆论以及读者的好评如潮也是推动它获奖的重要原因。有趣的是，据说陈涌后来还对别人说，看来，我这样肯定《白

113

鹿原》一定得罪了许多"左派"了。他不知道，在文艺评论界的圈子里，他本人向来是被视为"左派"的领头人物呢！

陈启文：我后来看到了陈忠实先生的一篇文章，就是您提到的《何谓益友》，说他当年把五十万字的《白鹿原》交给您派去的编辑手中时，"突然涌到嘴边一句话，我连生命都交给你们了。"哪怕在今天看来，这句话仍让人感觉到几分悲壮，更感觉到他对人文出版社的信任。而让一个作家如此信任的除了人民文学出版社这块无与伦比的品牌，作为编辑，是否也起到关键性的作用？

何启治：统观我们这几十年来的文学出版史，应该说，一个文学编辑要想把优秀的文学作品推出来，有时会觉得很难哪。人文社的编辑是有眼光也是有担当的，在这些方面它有自己的光荣传统。人文社的首任社长是冯雪峰，随后是巴人（王任叔）、严文井、韦君宜、孟伟哉、陈早春、聂震宁、刘玉山、潘凯雄。历任社长除了陈早春以外都是搞当代文学的，这可能是由出版社的性质、要求决定的。古典、外国文学一般都有定评，中国当代文学却是竞争最激烈最具挑战性的领域啊！竞争激烈、风险大，往往要求负责任的编辑敢于承担。试想，文坛刚刚从"四人帮"的禁锢下得到解放，如果不是韦君宜亲自到湖南组稿，冒着风险做出决断，恐怕不会有莫应丰的《将军吟》。还有《生活的路》（竹林）、《冬》（孙颙）、《铺花的歧路》（冯骥才）等作品，现在看来很平常，但当时反对出版的意见很强烈，以致韦君宜觉得自己的威望还不足以说服大家，只好将这些作品都搞了故事梗概，亲自送请茅公（茅盾）过目，茅公都肯定了，这才出版。她还不断鼓励张洁，写了四页纸的意见，帮她修改《沉重的翅膀》；又在张洁受到批评压制时，保护她，亲自找胡乔木、邓力群做疏通和解释工作。我们或许可以这么说，没有韦君宜，《沉重的翅膀》就不会经过修订而获得茅盾文学奖，也就没有今天的张洁了。我当然没有韦老太那种"通天"的本事，但四十多年来我就生活、工作在人民文学出版社这种环境里，深受前辈编辑家的影响和熏陶，在遇到困难和压力的时候，决心和《白鹿原》、《古船》这样优秀的长篇小说共荣辱，与它们的作者同进退，也就不是偶然的了。

陈启文：除了陈忠实的《白鹿原》，张炜的长篇小说处女作《古船》，也是由您组稿并担任责编的，但我听说，张炜花费五年心血的第二部长

篇小说、后来成为他代表作的《九月寓言》最终却被《当代》退稿。许多人
对此都莫名其妙，并且开始怀疑人民文学出版社和《当代》的眼光，作为
当事人，很想听听您对此事的看法。

何启治：张炜的《古船》的组稿人是《当代》当时管山东地区的编辑王
建国。我只是《古船》的终审人和责任编辑之一。终审人一般不做责编，
署名当责编是估计《古船》发表出版后会有争论，是准备承担责任的。只
有陈忠实的《白鹿原》，我既是组稿人，又是终审人和责任编辑之一。这
是我四十年编辑人生中唯一的一次。你关于张炜的《九月寓言》的问题提
得好。在《九月寓言》的问题上，我没能说服老主编秦兆阳同志是编辑人
生中的一大遗憾。1990 年 6 月，我从美国探亲回来，当时主持《当代》杂
志日常工作的《当代》副主编老朱(盛昌)因病需全休一段时间。主编老秦
因视力不好，基本上不能看稿，要求我这个副主编尽快了结与"六四"风
波有关的事情，"全力以赴"投入编刊工作。到 1991 年春天，出版社领导
决定给我"常务副主编"的名义，以方便工作。1991 年 6 月，我和《当代》
分管山东的编辑洪清波到龙口去看望张炜。因为《古船》的发表和出版，
我们刊物和作者建立的友谊更加牢固。张炜婉谢了其他有影响刊物的约
稿，把他花费了五年心血的第二部长篇小说《九月寓言》交给了我这个常
务副主编。我和洪清波几乎在同一天写好了读稿意见，准备把《九月寓
言》作为下一期的主打作品。我在写于 1991 年 6 月 25 日凌晨的《关于张
炜的〈九月寓言〉和我的读后印象》中明确提出处理意见说："鉴于这是当
前难得且有长久艺术生命力的佳作，也考虑到《当代》对直面人生、贴近
现实的作品一贯的重视(这是应该的)，而对艺术上比较内向的作品则由
于多种原因关注不足，我意应全文在今年《当代》第 5 期刊发《九月寓言》，
并组织引导一般读者理解作品的文章。"此意按工作程序向老秦作口头汇
报，获准后即有意安排《当代》当时除专管报告文学的编辑之外的八位同
仁来做"九月"的发稿工作(一人发一章)，以便大家都来了解、关心张炜
的这部重要作品。岂料事情很快发生了逆转。老秦表示光听汇报不放心，
我便挑了"九月"中比较精彩的"黑煎饼"、"首领之家"和"忆苦"给他看。
老秦很快看完稿子并作出了否定《九月寓言》的决定。1991 年 7 月 11 日，
老秦到编辑部开会，指出《九月寓言》失去了合理虚构的现实基础，表现
原始生命力和抽象人性，也没有说服力。据此三点，老秦的结论是："不

115

能发表，发表出去很荒唐。"这以后，我又做了一些努力，企图有所挽回，但到 7 月 19 日，老秦再次到编辑部来参加会议，他对"九月"的批评就更明确、也更严厉了。他说，"我首先盼国家安定，我很怕在矛盾尖锐的情况下助长了某种东西激化了社会矛盾。"显然，他考虑的已经不是艺术问题而是现实政治问题了。在分析了寓言的特点和"九月"的问题之后，老主编明确表态："我坚决反对发表这部作品。"

陈启文：秦兆阳是我们尊敬的老作家，他以主编的身份这样处理《九月寓言》，你一定很失望吧？你们为什么会有这样大的分歧呢，是现实的还是历史的原因造成的呢？

何启治：我当然很失望，但也很无奈，甚至感到有点可悲，只好尽可能处理好善后。让我略感意外的是，老秦指示我可以将他的"十条意见"复印给张炜，以便他原原本本地了解老秦的意见。虽然我对退稿的决定有保留，老秦这种负责任的、光明磊落的态度就使我在有所保留的同时，依然对他保持着我的尊敬。至于造成我和老秦对"九月"的评价和处理有如此大的分歧的原因，我想是历史的和现实的纠缠在一起，而主要是现实的原因。老秦是很严谨的作家，他和我没有任何个人恩怨。尽管他也曾被错划为"右派"，受了二十多年苦，但骨子里却是非常传统、非常爱国、爱我们社会主义事业的人。当时，1989 年那场风波过去才两年，我听说老秦对那种群众运动是视为洪水猛兽的。什么"全盘西化"，"许多知识分子就易于轻率地对过去的历史下结论，并且以'高明'或'精英'自居，从而造成混乱"等等，这些话，分明都是指向现实，哪里是讨论艺术问题呢。通过以上的回顾，我希望你把事情放到 1989～1991 那个时间段来看。

陈启文：我看过您和柳建伟的一篇对话，叫《五十年光荣与梦想》。这篇对话主要讨论了编辑、出版者与长篇小说创作的关系。柳建伟说，没有哪一家出版社的编辑像人文社的编辑那样，对一个时代长篇小说的创作有这样广泛而深度的介入。而您当时是这样表述这种介入的："如果没有人文社在关键时刻给一些作家特别是尚未成名的青年作家以及时而有力的支持，文坛可能就见不到这部作品，甚至就没有这个人了。"的确，人民文学出版社的几代编辑与当代文坛的优秀作品和它们的作者有密不可分的关系，如冯雪峰和《保卫延安》，巴人和《艳阳天》，楼适夷和《死水微澜》，严文井和《超越自我》，秦兆阳和《青春之歌》、《芙蓉镇》，孟伟哉和《故土》，韦君宜和《青春万岁》、《活动变人形》、《将军吟》、《沉重的翅膀》，您和《古船》、《白鹿原》，高贤均和《白鹿原》、《尘埃落定》等等。无疑，人民文学出版社的编辑家们对这些重要作品的贡献，应该属于文学史的一部分。但你们是否也无意遗漏和忽略了许多杰出的作品呢？譬如说王小波，为什么他生前一直没有被我们国家最优秀的出版社发现？

何启治：关于人民文学出版社一些优秀编辑和重要作品之间非同一般的关系，名单也许还可以列得长一些，但无论如何有一点应该明确：人文社不可能包打天下。它在当代文学出版方面做出成绩来是应该的，然而中国当代文学出版事业的繁荣绝不是只靠一两家出版单位的努力就能做到的。至于你说到的王小波，确实一直没有被人文社等重要的出版社发现。我想，还是可以用上"道是无晴却有晴"这诗句来说吧——还是机缘未到啊！不光是王小波，还有残雪、余华、孙甘露、陈染等等，似乎都有这个问题。当然，也要承认，编辑的视野不够宽阔，包容的胸怀不够广大，显然也是一个原因。阿来的《尘埃落定》，当初看过稿子的编辑就没有及时报到我这里来呀！总之，想"包打天下"是做不到的，但没有危机意识更是万万不可的。

117

第三辑

编余随想录

欣喜·理解·企盼

　　第四届"茅盾文学奖"的评议，从 1995 年启动到 1997 年 12 月 19 日揭晓，历经二十三人专家审读小组(读书班)和二十三人评委会的艰苦努力、反复磋商，而终于有了结果，即：王火的《战争和人》(一、二、三部)，陈忠实的《白鹿原》，刘斯奋的《白门柳》(一、二部)和刘玉民的《骚动之秋》获此殊荣。消息传来，真有一种耕耘者终于有了丰硕收获的欣喜。

　　我与这四部获奖长篇小说的作者认识有先后，交往有深浅，但他们都是我的文友。对他们获得长篇小说的最高荣誉，我自当表示由衷的祝贺。

　　由于各种复杂的原因，可以说任何文学评奖、包括"诺贝尔文学奖"的评议，都难免有遗珠之憾。此次"茅盾文学奖"自然也一样。然而，作为一个有三十八年工龄的文学编辑，窃以为此次评奖有两大进步，无疑当予充分肯定。其一，是不搞平衡，无论申报或最后投票表决，都不考虑平衡。这个出版社有没有，那个出版社有没有，谁出自中央，谁出自地方……凡此并不考虑，而着重要考虑的就是作品在深刻思想内涵和丰厚审美意蕴等方面是否出类拔萃。惟其如此，在二十部候选篇目中，人民文学出版社才会有八部，而最后评选出来的四部小说，它才可能拥有四分之三的多数。其二，是不回避有争议的作品。《白鹿原》自 1993 年面世以来，固然是好评如潮，深受各个层次读者的青睐，但确实也有不同意见，甚至有尖锐的责难和简单的行政干预。在这种情况下，评委会仍能从总体上肯定《白鹿原》是一部艺术精湛的长篇佳作，在作者接受修订意见后决定授予茅盾文学奖，实在是大有胆识和气魄之举。

121

1998 年 4 月 20 日，第四届茅盾文学奖颁奖后何启治与"茅奖"评奖实际主持人陈建功（右）合影。

122

那么，《白鹿原》的修订是否如有的人所顾虑的，是"伤筋动骨"而至于"面目全非"呢？作为《白鹿原》的终审人和责任编辑之一，我可以负责任地说：非也。实际上，评委会的主要修订意见不过是："作品中儒家文化的体现者朱先生这个人物关于政治斗争'翻鏊子'的评说，以及与此有关的若干描写可能引出误解，应以适当的方式予以廓清。另外，一些与表现思想主题无关的较直露的性描写应加以删改。"（见《文艺报》1997 年12 月 25 日第 152 期"本报讯"）在评议过程中，评委会主持人即打电话给陈忠实，传达了上述修订意见。忠实表示，他本来就准备对《白鹿原》作适当修订，本来就已意识到这些需要修改的地方。于是，借作品再版的机会，忠实又一次躲到西安市郊一个安静的地方，平心静气地对书稿进行修订：一些与情节和人物性格刻画没多大关系的、较直露的性行为的描写被删去了，政治上可能引起误读的几个地方或者删除，或者加上了倾向性较鲜明的文字，……就是作者发现的错别字和标点问题，也都一一予以订正。修订稿于去年 11 月底寄到出版社，修订本于 12 月中出书。

　　牡丹终究是牡丹。修订过的《白鹿原》不过是去掉了枝叶上的一点瑕疵，而牡丹的华贵、价值和富丽却丝毫无损。1992 年，陈忠实交出《白鹿原》而尚未得到人民文学出版社和《当代》杂志的正式答复时，曾经相当悲壮地对妻子说："这下子如果不成（功），咱就养鸡去。"他当然不必到鸡场去打发以后的日子，《白鹿原》确实是作者离开人世时可以放在棺材里当枕头用的大书。

　　由此看来，理解、支持《白鹿原》的修订和获奖就是理解、支持一种实事求是的精神；《白鹿原》的修订和获奖如同其他三部作品的获奖一样，未必会让每一个人满意，但会获得广大读者和行家的认同，却是无疑的。

　　要在每年发表、出版数百上千部长篇小说的国家体现评奖的导向性、权威性和公正性，确非易事。但我们已经迈开了重要的一步。此次获奖的四部长篇小说不论是历史题材还是现实题材，都决非浮躁之作。王火写《战争和人》用了近四十年（1951～1985 年），"文革"中一百二十万字的第一部初稿被毁和其后的脑震荡和一目失明，都挡不住作者坚持不渝的努力。陈忠实写《白鹿原》从动笔到改定用了五年，此前的准备和构思在外。刘斯奋完成《白门柳》（一、二部），前后用了十七年。《骚动之秋》则是刘玉民三年笔耕的结晶。这里面有的只是一往无前、坚韧不拔的精神。浮躁之气确实与他们无缘。显然，四部获奖作品都是作者扎扎实实的创造性劳动的成果，都是足月产的"宁馨儿"，而决非时下某些急功近利的作者炮制的"剖腹产儿"或"早产儿"所能比拟的。我想，力戒浮躁之气，踏踏实实地从事创造性的劳动，既是有志于长篇小说创作的作家，也是我们文学编辑工作者共同的使命。

　　近年来，我们人民文学出版社的编辑着力于抓原创，抓精品，并以自己出色的工作赢得许多优秀作家的支持。从 1996 年以来，《人间正道》（周梅森）、《缱绻与决绝》（赵德发）、《我是太阳》（邓一光）、《丹青引》（王小鹰）、《北方城郭》（柳建伟）、《天下财富》（周梅森）、《尘埃落定》（阿来）等优秀长篇小说的出版，当是其中比较突出的成果。以第四届"茅盾文学奖"的评定和颁奖为契机，我们自当一如既往地继续努力。我们所殷切企盼的长篇小说大繁荣的黄金时代也许不会太遥远了。

1998 年 3 月 10 日

123

新世纪文学艺术的繁荣需要什么

——在文化部"艺术发展战略研讨会"上的书面发言

面对即将到来的新世纪，我们满怀着新的憧憬和希望。然而，"艺术发展战略"这个话题，对我来说又似乎太大了。我只能从一个文学编辑的视角来谈谈文学编辑工作中的经验教训，所以给自己提出了"新世纪文学艺术的繁荣需要什么"这个问题。

我是一个有近四十年编龄的终身职业编辑。我的亲身经历、实践和事实说明，从 1978 年以来被称为拨乱反正的历史新时期，实实在在可以说是中国当代文学成就最高的时期，也是一个文学编辑心情最好，工作最能出成绩的时期。我们由人民文学出版社资深编辑组成的评委会在 1994 年 10 月 13 日以无记名投票方式评出的第二届人民文学奖(1986～1994 年)的十四部获奖作品中，就有《长城万里图》、《活动变人形》、《古船》、《战争和人》、《南渡记》、《白鹿原》等文坛公认的优秀作品。新时期以来迄今进行过四届茅盾文学奖的评奖活动，共评出十八部获奖作品，人文社出版的优秀长篇小说占了其中的十部。这些突出的例子有力地说明了，新时期文学艺术的繁荣确实是不容否定的，尽管工作中也确实存在不少亟待解决的问题。

文学艺术的发展变化和整个社会的发展变化是分不开的。事实上，自 1978 年 12 月党的十一届三中全会以来，有中国特色的社会主义已经在许多方面逐渐和世界接轨。在这种大背景下，越来越多的作家跳出了传统意识形态的局限，抛弃了一个阶级一个典型的偏见，开始用全人类的眼光来重新审视社会人生。正是在这种条件下，加上作家本人的才气、胆识和智慧，以及他们在社会转型期坚韧不拔的努力，才会在 80 年代至

90 年代的中国文坛上出现《古船》(1986 年)和《白鹿原》(1992、1993 年)这样以人类的、有人性深度的眼光来回眸历史和重新认识现实人生的优秀长篇小说,才会在 90 年代中后期,出现所谓"新生代"、"后现代主义"、"私人化写作"和"现实主义冲击波"共存的多元化的文学现象,也才会在近年来出现《分享艰难》、《天缺一角》、《大厂》、《学习微笑》、《年月日》、《头等大事》、《贫嘴张大民的幸福生活》这样一些既有直面人生的积极态度,又不像原先那样简单地把问题归咎于坏人坏事,而是敢于面对市场经济寻找新出路、探索新方向的作品。总之,文学摆脱了传统意识形态的束缚,从旧现实主义脱颖而出为新现实主义,仍然是目前文学的主流。文学创作的多元化和读者阅读兴趣的多样化已是不争的事实。

那么,这样的中国文学在 21 世纪要进一步繁荣和健康地发展,还需要一些什么呢?

首先,需要避免政治对文学作简单化的干预,要在坚持"二为"方向的大前提下有一个更宽松的创作环境,有更多的创作自由。这也就是邓小平同志在第四次文代会上代表党中央致《祝辞》时所说的,写什么,怎么写,应该是作家的自由。新时期在这些方面已经大有进步,但也并不是没有经验教训可以吸取。例如,对《白鹿原》这部在海内外都引起巨大反响,拥有众多读者的长篇小说(迄今单行本已印刷十一次,修订本印刷四次,共六十六万一千册,非法盗印本当超过此数),我们的舆论,在很长时期是不能宣传它的,仿佛它根本就不存在似的。后来,有关主管领导还明令不准把《白鹿原》改编为影视作品。试想,如果这样来对待文学创作,真正有独创性的、拔尖的好作品怎么会有出头之日呢?!好在我们在自己工作的可能范围内,已经在 1994 年 12 月一致把"炎黄杯"人民文学奖给了《白鹿原》,1997 年 12 月,它在略加修订后又荣获第四届茅盾文学奖。《白鹿原》总算得到了它应有的荣誉。

第二,需要进一步健全、规范有关的政策和奖励机制,需要更好地尊重艺术规律。

比如评奖,就很有必要进一步规范、健全有关的机制(包括组成有权威性的、公正有效的评委会),既不要把评奖搞成运动,也不要随心所欲地违背应有的规矩。粗暴地违背、破坏评奖的民主制度,其结果是有违评奖的公正与公平,显然对繁荣文艺创作不利。

125

　　同时，我们当然也要尊重艺术规律，而不要简单地把"生活是创作的唯一源泉"当作绝对的教条，或者对之作简单化的理解。张炜写《古船》时还不到三十岁，陈忠实完成《白鹿原》时刚到知天命之年。他们所写的长篇小说所涉及的人生故事，都不是、或绝大部分不是他们所亲身经历的那个时期所发生的事情。然而，张炜和陈忠实都为了了解、认识、感知自己并未经历过的生活而作了大量深入的调查，投入了巨大的精力，并加上合理的虚构，通过自己智慧的、创造性的劳动而出色地完成了自己的传世之作。

　　第三，需要作家、编辑和有关方面都力戒浮躁之气。《许茂和他的女儿们》、《古船》、《战争和人》、《平凡的世界》和《白鹿原》等优秀长篇小说都耗费了它们的作者多年的心血，都是足月产的"宁馨儿"，而决不是时下相当多的草率从事的"早产儿"所能比拟的。张炜说："为了写出一本好书，可以耗上一生。"用搞运动的办法违背客观规律来抓文学创作，难免会像 1958 年违背经济规律抓大炼钢铁一样，到头来可能只收获了一堆废铁渣，还留下了许多别的创伤和后遗症。

　　应该说，新时期文学已经取得了空前的成就。现在，中国作家的观念，中国文学的品格都越来越接近世界人类的共同标准。在这样的基础上，我们如果为文艺创作的繁荣创造一个更加宽松的环境，更好地尊重艺术规律，健全有关激励机制，力戒浮躁之气，扎扎实实地工作，并注意保持我们的民族特色，那么，新世纪中国文学的进一步繁荣与辉煌，中国文学之走向世界高峰，就将不再是梦想。

1999 年岁末

面向时代、面向读者的《当代》

——纪念《当代》创刊二十周年

　　1979 年 6 月，由人民文学出版社主办的《当代》杂志在新时期的文学大潮中脱颖而出，成为最早涌现的大型文学刊物之一。《当代》先为季刊，1981 年起改为文学双月刊，迄今已出刊 126 期(含增刊)。

　　人民文学出版社是出版中外古今文学书籍的、在中国大陆最有影响的国家文学专业出版社之一，1951 年创建于北京，首任社长是著名诗人、作家、文艺理论家、鲁迅研究专家和翻译家冯雪峰。

　　1979 年初，祖国大地刚刚走出"文化大革命"的阴影不久，文学和其他事业一样，正处在复苏阶段。人民文学出版社得风气之先，应广大读者的需求而决定筹办大型纯文学刊物《当代》杂志。当时刊物的主持人即人民文学出版社社长严文井；1983 年改为继任社长韦君宜；1986 年第四期起，刊物正式的署名主编为秦兆阳、孟伟哉；1987 年第四期起，主编为秦兆阳；1994 年 10 月秦兆阳逝世后，1995 年第一期起主编为朱盛昌；1997 年第二期起主编为陈早春和何启治。

　　顾名思义，《当代》是应读者的需求，为及时反映当代社会生活，为推动中国当代文学的繁荣发展而创办的刊物。因而，我们在办刊的过程中，也就始终关注着读者的愿望，关注着人生的热门话题。只要文学真心实意地为读者服务，人民群众也就永远不会抛弃文学。《当代》在纯文学期刊大繁荣的时候，曾经拥有五十多万的订户。现在虽然由于多种复杂的原因致使订数有所下降，但仍然是在国内外拥有巨大影响、拥有最多读者的大型纯文学刊物之一。

　　《当代》的"发刊辞"强调："第一，我们的刊物是大型的，每期有五

127

1986年8月摄于北京朝内大街166号人民文学出版社《当代》杂志办公室。右起：孟伟哉、秦兆阳、何启治、朱盛昌。此四人为《当代》1979年创刊至1999年底先后实际主持工作的主编。

十万字左右。""第二，是综合的，举凡文学作品的各门类——小说、诗歌、散文、小品、评论兼收并蓄，无所不容……创作要发表，翻译作品也刊登。""第三，我们希望多多发表新作家的新作品。"二十年来我们在实践中大体上还是贯彻了这些方针，只是略有调整：篇幅上调整到十三印张(十六开)，可容量约四十万字；不再登载戏剧、影视和翻译作品，此外则仍然是一份无所不包的综合性纯文学杂志，只是突出了长篇小说和报告文学的地位——前者容量巨大且最能体现一个时代的文学水平；后者则最能及时反映广大读者所关注的社会热点问题；同时始终坚持了对文学新人的扶植和支持，每期必发新人新作。

我们在办刊实践中认识到：《当代》一定要努力以深刻的思想性、精湛的艺术性和雅俗共赏的可读性和谐统一的美好的精神产品奉献给千千万万的读者。为此，我们强调了作品的当代性、现实性，努力使我们刊

1999年6月庆祝《当代》创刊二十周年。这是《当代》同仁的合影(包括已调离到外单位或其他部门工作的同志)。前排右起：杨匡满、李景峰、朱盛昌、屠岸、孟伟哉、何启治、陈冠卿；后排左起：何乃芬、姚淑芝、谢欣、唐俭、王建国、胡德培、周昌义、刘茵、贺嘉、洪清波、初燕玲、常振家、杨新岚、孔令燕。

129

发的作品做到"直面人生，贴近现实"，与时代共脉搏，与人民同呼吸。例如1988年我们刊发了直接描绘京都生活的"京都三部曲"之二《衰与荣》(柯云路)，第一部正面描写改革开放第一线(深圳、广州)撼动人心的商战小说《商界》(钱石昌、欧伟雄)，以及表现当代大都会风貌的警世之作《大上海沉没》(俞天白)。除了这几部长篇小说，同年还有一批直面现实人生的报告文学作品面世，如《世界大串连》(胡平、张胜友)，《强国梦》(赵瑜)，《国殇》(霍达)，《前门外的新大亨》(罗来勇、陈志斌)，《权柄魔术师》(戴煌、宋禾)等等。而到了1998年，《当代》刊发的长篇小说则有描绘封建土司制度走向崩溃的悲剧故事《尘埃落定》(阿来)，通过模拟战争故事表现科技强军思想的《突出重围》(柳建伟)，以及用青少年眼光看"文化大革命"的长篇回忆录《点点记忆》(点点)。十年过去，风光依旧。"直面人生，贴近现实"的特色可谓一脉相承。

　　事实证明，能够比较完美地体现思想性、艺术性和可读性和谐统一的作品，往往都是既得到文坛承认，又广受读者欢迎的好作品。就《当代》历年刊发的长篇小说(含长篇纪实文学)而言，可以说大都是这样的长篇佳作。除上举例子外，还有《将军吟》(莫应丰)，《芙蓉镇》(古华)，《改革者》(张锲)，《跋涉者》(焦祖尧)，《故土》(苏叔阳)，《新星》、《夜与昼》(柯云路)，《钟鼓楼》、《栖凤楼》(刘心武)，《崩溃》(黄济人)，《呵，昆仑山》(李斌奎)，《蛇神》(蒋子龙)，《超越自我》(陈祖德)，《南京的陷落》(周而复)，《古船》、《家族》(张炜)，《第二个太阳》(刘白羽)，《大国之魂》、《中国知青梦》(邓贤)，《桑那高地的太阳》(陆天明)，《女巫》(竹林)，《白鹿原》(陈忠实)，《恋爱的季节》、《失态的季节》、《踌躇的季节》(王蒙)，《我是太阳》(邓一光)，《大都会》(俞天白)，《东方的故事》(柯云路)，《人间正道》、《天下财富》(周梅森)，《君子梦》(赵德发)，《霹雳三年》(王火)，《国画》(王跃文)等等，都在社会上产生了较大的影响。

　　当然，我们不会只把篇幅提供给厚重博大的优秀作品。如同生活本身多姿多彩、仪态万千一样，文学作品也应该是丰富多样、百花争妍的。《当代》也将为不同流派、风格、题材、技法……的文学作品提供园地，还要为一些有积极意义的探索性作品提供篇幅，以便满足不同层次、不同修养、爱好的读者在精神生活和艺术欣赏趣味方面多样性的需要。

　　目前纯文学刊物在报刊市场中的处境并不见好。这其中的原因相当复杂，一言难尽。文学失去轰动效应，也本属正常。《当代》由于它直面人生、贴近现实的特点和注意顾及读者多样性的需要而获得读者的青睐。厚重博大、精彩纷呈的长篇小说和别具胆识、关注热点问题的报告文学是它的强项——《将军吟》、《芙蓉镇》、《钟鼓楼》、《第二个太阳》、《白鹿原》(修订本)荣获长篇小说最高荣誉的茅盾文学奖和《淮河的警告》(陈桂棣)、《走出地球村》(李鸣生)、《敦煌之恋》(王家达)等报告文学作品荣获首届鲁迅文学奖等全国性大奖都是有力的证明，但在中短篇小说和诗歌、散文等方面则相对的要逊色一些。今后，我们首先要在提高刊物质量上更加努力扬长补短，并增加"旧文摘"、"直言"、"请君批评"、"《当代》往事"等新栏目。还特别增设了"新民间文学"栏目，其中包含网民话题、网事随笔、民间文学社等多种版块，以期吸引更多作者、读者的关心和支持。同时，在宣传、发行工作上也要有更多人力、物力的投入，以期进

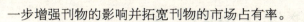

一步增强刊物的影响并拓宽刊物的市场占有率。

　　任重而道远。在纪念《当代》创刊二十周年的时候，我们不会忘记每一个为办好《当代》出过力的同志，并坚信，我们所挚爱并为之倾注自己的汗水和心血的《当代》杂志，将永远是广大作者、读者的良友和共同的精神家园。

1999 年春

璀璨星空的一角 *

——向你推荐张炜的选本

　　友人和我商量：想请当代文学的名家为文学爱好者选他认为最值得一读的一本小说和一本散文。盛意难却，我首先想到的，便是请张炜来做这件事；而他也很痛快地答应了，并在他刚刚改定一部重要的长篇小说的间隙里尽心尽力地完成了这件工作。现在奉献给读者的，就是张炜从他浩繁博大的阅读范围里精选出来的两本书。

　　根据相当权威的统计数字显示，我国 2003 年出版的图书已达十九万种(其中当然包括翻译作品)。按每年递增百分之十左右的速度，到 2006 年，全年出书近二十万种，当可预料。自然，这是包含数理生化动植物等自然科学，政经法教(育)等社会科学，以及文史哲等人文科学在内的总的数字。而我们所要选的，只是其中的文学，文学中的小说和散文，而且是近当代小说散文中的篇幅较小的中短篇作品。就是这样在几经压缩下来的范围中，在把出版垃圾排除在外来作出选择，也依然是汗牛充栋中的选择，仍然可以说是百里、千里挑一，甚至是万里挑一，真是谈何容易啊！

　　那么，让我们看看张炜的选本究竟有些什么特色，从中似乎也就可以窥见他是如何完成这种艰难的选择的。

　　我们首先可以肯定：这是一种个性化的选择，它体现了张炜个人的好恶。张炜为选本所写序言的副题就已标明，这是"张炜喜欢的小说"，

132

---

　　* 即《主编寄语：向你推荐张炜的选本》，载《一生的文学基础：和张炜一起读小说》，中国工人出版社 2007 年 6 月第 1 版，后以此为题刊发于 2007 年 8 月 26 日《人民日报》读书版。

"张炜喜欢的散文"。他选择的过程中，"总有一些书，一些篇目……会倏然跳出"。而"他对作品的感动、对作品印象的深刻与否，往往不太受教科书的影响"。这再一次强调了他的个人感受。

张炜，从上世纪 80 年代以来，就以他的短篇小说《声音》、《一潭清水》、《海边的雪》、《冬景》，中篇小说《秋天的思索》、《秋天的愤怒》，长篇小说《古船》、《九月寓言》、《家族》、《柏慧》、《如花似玉的原野》、《外省书》以及散文《融入野地》，读书随笔《心仪——域外作家：肖像与简评》等作品，在海内外赢得巨大的声誉和广泛的影响，并被海外华文刊物誉为"跨世纪的伟大作家"。（参见曾巩著文：《二十世纪中华民族文学艺术大师系列回顾展示之二·张炜：跨世纪的伟大作家》，载美国华文杂志《美国文摘》1996 年第 3 期）所以，我们可以相信，张炜在浩繁如海洋的艺术作品中进行选择时，虽然心里也明白这是为一般文学爱好者编的选本，但在根本上还是从他自己阅读后的印象（受感动的程度）来作判断，而不会去迁就时尚的潮流。

张炜这个选本的第二个特点，就是强化文学艺术的本质，突出它的本色，强调它的独特性和感人的力量。这正如他在选本的序言中所说："在这种感动当中，单纯的理性判断是不存在的。文学的难言之美、迷人之魅，正是她的主要特征。"又说，"真正的艺术始终具有直抵人性深处的力量，必会因独特而触目，并进而植根于人的心灵。……它不会因为篇幅的短小而显得单薄，也不会因为字数的累叠而变得冗长，而总是给人饱满丰腴的感觉。"他把自己选择的、很可能是非常复杂的、一言难尽的理由简化为一句话："让人在新奇的称许或感叹中长久吟味，不再忘记。"并进而得出结论说，这种阅读，"不是简单的学习，而是与另一个生命的相互交流——在目光与声气的对接交换中，获得一次更大的愉悦。这里面有奢华的文字享受，有诱惑，有顽皮冲动的再创造，还有放肆的想象"。我在读到张炜的这些文字时，真是禁不住击节叹赏！我不由得想起了南宋某名人的话：书在饥时可作食，在寒时可作裘，在孤寂时可作友！这种理想的阅读境界自然不容易达到，但编选者有这番拳拳的心意，已经足可以对得起读者了！

张炜选本的第三个突出特点是以外国作家作品为主体，很少或几乎不选中国作家的作品。具体地说，小说只选了汪曾祺的《受戒》，散文稍多，也只有鲁迅的《上海文艺之一瞥》，齐白石的《从雕花匠到画匠》，以及张承志的《美文的沙漠》，还不到总篇数的十分之一。

　　许多人都知道，鲁迅在《青年必读书——应〈京报副刊〉的征求》一文中，曾有"我以为要少——或者竟不——看中国书，多看外国书"的话（见《鲁迅全集》第 3 卷第 12 页）。那是鲁迅在 1925 年说的话，八十年后张炜为文学爱好者编小说和散文选集时，不知是否有意，竟不期然而和鲁迅倡导的精神相一致。但我们如果看张炜的读书随笔集《心仪》，就几乎可以说这是他必然的选择。张炜在这部八万多字的书中，十分愉快、十分投入地用很精致感人的文字向读者介绍了五十八位外国作家，还在"后记"中补列了六十九位外国作家的名字，并且说"他们中的每一个人，都独自构成了旷远博大、绚丽迷人的世界"。他还向读者袒露他对这些作家、作品的热爱说，"我有时真无法表述自己对艺术和艺术家那种特异的、深长的挚爱。我只能一遍遍地抚摸他们的著作；在午夜，在一个人的时刻，我特别满足于倾听这抚摸的声音"。如果我们有兴趣把张炜在《心仪》中论及或提到的一百多位外国作家和他在这两个选本中选入其作品的外国作家的名单相对照，当不难发现，他受篇幅所限，已经不得不忍痛割爱，放弃了许多他本想介绍给中国读者的外国作家及其作品。

　　最后，我还想提到张炜选本的一个重要特点就是：和同类选本相比，它极少重复、雷同。时下流行的有王蒙等人的若干种选本，大都冠以"我所欣赏的若干篇小说（或散文）"之类的文字。名家名篇的重复在所难免，正所谓"英雄所见略同"。但基本上不重复，也可以说从一个侧面凸显了张炜的艺术个性和独特眼光——当然，从市场的角度来说，也可以说不致浪费读者的金钱和时间。

　　自然，张炜选本之所以是现在这个样子，也是受版权和篇幅的限制（出版者要求小说选在三十万字左右，散文选在二十五万字左右），而不得不有所割爱。

　　在网络时代，由于众多新兴媒体对传统纸质媒体的分割、冲击，据中国出版科学研究所主持的"全国国民阅读与购买倾向抽样调查"三次追踪调查的结果表明：只有百分之五左右的国民仍然拥有"读书习惯"。这就让人难免有"在网络时代，我们还能闻到几分书香"的疑问。（参见 2006 年 4 月 25 日《参考消息》载新华社记者晏国政等人的报道）但我很赞

134

成同一篇报道介绍的业内人士的看法：网络内容良莠不齐，很难进行有效的引导；网络必须借助计算机等硬件的支持，无法像书本那样可以随时随地阅读，而且可以为读者创造理性判断、理性思考的机会——好书是需要细细地品读、玩味的。所以，我想，就像我们天天离不开的餐具一样，尽管随着时代的变化，会出现精致的金银制品，各种花样翻新的木竹、玻璃或合金制成的餐具，以至各种应时的塑料和众多的纸质餐具，但它们都不可能取代我们美丽实用的传统瓷器——这就像我们纸质图书不可能被完全取代一样。"把一本好书放在家里，看着它、抚摸它、感觉它的气息，像一件珍宝一样欣赏它——这就是西班牙一些狂热的书籍收藏爱好者的共同特点。"（《书痴的故事》，载 2006 年 5 月 3 日《参考消息》）这也许是配合 4 月 23 日"世界读书日"所作的特别报道，但在我读来，其意蕴却和上引张炜在长夜独自抚摸那些艺术家的作品，"满足于倾听这抚摸的声音"的叹息十分相近。

当然，每个人都有自己选择的权利。你可以对张炜认同，好其所好，和他一样赞赏他精心挑选出来的作品，从中汲取营养，细细地品味，深深地受到感动甚至心灵的震撼；你当然也可以用一般的眼光和兴趣来阅读这些作品；你甚至还可能因为想从中得到感官的刺激和满足而终于失望。但只要是真正爱好文学艺术的读者，你读后起码应该相信，即将进入知天命之年的张炜绝不是轻率随意地从中外文学作品的汪洋大海中掬起这一串串晶莹的水珠；我们自然还可以说，在文学的夜空中，美丽隽永的作品就像那璀璨的星云，你不可能一下子得到它的全部，但张炜已经为你掀开了文学天幕的一角，从现在开始，你就可以不断地去追求、探寻了。

135

2006 年 5 月 30 日下午 6 时

第四辑

编读感言

长篇小说《女巫》编辑感言

　　竹林把书写工整的、沉甸甸的、长达四十多万字的长篇小说新作《女巫》交到我的手里。我把手头的一些杂务放在一边，从 1991 年 6 月 8 日起几乎一口气不停地读完了这部小说。前后算起来用了个把礼拜的时间，但真正能集中地用来看稿的时间大约只有四天。

　　等看完了全稿，我才知道，《女巫》不但在形式上是沉甸甸的（全稿八百多页，复印，竹林用一个旅行袋装了满满一口袋），而且其内容也是沉甸甸的：从清末写到"文化大革命"乃至改革开放年代，在横跨大半个世纪的历史背景中，描述中国农民的痛苦、反抗和希冀。一个波澜壮阔、气势恢弘的悲剧故事，一部有震撼力的时代纪念碑式的好作品。

　　作为一个经常和稿件打交道的老编辑，我为什么能一口气读完四十多万字的初稿，而且深深地被这颇具史诗意味的大作品所打动呢？

　　首先打动我的当然是《女巫》所具有的非同寻常的思想力量。竹林借须家宅这个江南农村中各色人物命运的变迁反映了近当代中国历史的巨大变革。中国农民的痛苦、挣扎、反抗和新生的希望，在一定意义上也就是中华民族的苦难、挣扎和希望所在。中国今天的许多问题，在根本上也是几千年封建专制制度长期统治所形成的问题。封建统治在农民身上打上的烙印，在不同程度上也体现在中国的工人、干部和知识分子等各阶层人士的身上。这样顽固的封建桎梏的束缚，绝不是一两次革命就能完全解除的。因而，要真正实现中国的现代化就一定要彻底完成反封建的革命斗争。正是从这个特定的意义上，我们要充分肯定《女巫》对封建宗法制度及其思想文化意识乃至习俗风尚、道德观念的抨击。并不是

139

我们喜欢眼泪、呻吟、流血和死亡，而是我们理当把这些眼泪、呻吟、流血和死亡化作历史的教训和继续前进的力量。须二嫂有美好的童年，她曾经是一个活泼、善良、天真无邪的女孩子，但严峻的社会现实迫使她在人生的道路上拼死挣扎，终于把她逼成了疯疯癫癫的"女巫"。女巫式的报复虽非正道，但须二嫂由痛苦而爆发出来的挣扎和反抗，通过封建迷信的手段表现出来，却是真实可信的，有相当的合理性，因而也就具有令人震撼的力量。

其次，作为文学艺术中的"重武器"，《女巫》的一个突出的艺术成就是它所塑造的众多栩栩如生的艺术形象。除了全稿的主要人物须二嫂，应该说那个把她逼成"女巫"的阿柳也是相当典型的人物。阿柳虽然有农村基层干部的身份，但实际上却是农村封建宗法恶势力的代表。此外，小说所描绘的许多人物，如小和尚殷来、悦来，连升和尚，前任族长须守道，以及豆腐阿狗、篾竹阿狗、烧饭阿狗，乃至两个荷花等等，也都写得血肉丰满，令人过目难忘。《女巫》把小说中的众多人物往往放在几十年来动荡不安的具体社会环境中来刻画，在这一点上颇像古华的成名作《芙蓉镇》那样，"借人物命运演乡镇生活变迁"，从而达到了深化作品的社会内涵，借小乡村写大时代的创作意图。

第三，《女巫》在锤炼文学语言上是下了工夫的。作品的语言流畅、传神、形象、生动，在当代小说创作中并不多见。文学是语言的艺术。而由于种种原因，我们从事文学创作的当代青年作家在这一个重要方面却显出了明显的不足。由此，我们对竹林在文学语言的运用上所达到的水平——特别是她从优秀古典文学作品和人民群众生活语言中所汲取的语言文字方面的营养而达到较高的造诣，理当给予充分的肯定和重视。

在读稿的过程中，特别是和其他一些读过《女巫》原稿的同事交换意见时，我们还谈到了对小说中有关两性描写该如何看待这个问题。我们承认，《女巫》在涉及男女之情和两性关系的描写时，是比较开放的，总的比例也不少——从老族长须守道到阿柳、须明华父子，都分别和小说中的众多女性发生性关系，有的是出于爱情，更多的特别是从阿柳来说是利用权力以达到占有。但我们讨论的结果是一致从总体上加以肯定。在我看来，爱，包括性爱本是人情、人性的根本内容之一。所谓七情六欲人皆有之，所谓"食色性也"都早已把这个问题的本质点明了。因此，

1998年7月何启治在无锡参加中央电视台"读书时间"节目组开播20周年
纪念活动。左起：何启治、方方、竹林、贾平凹。

141

只要是小说情节发展的需要，只要是人物性格刻画的需要，只要有一定
的社会、思想内涵(有的说法是"能体现人类文明的发展进程")，则文学
作品中的两性描写不但是允许的、无法回避的，而且是必要的。竹林在
《女巫》中的两性描写正属此类。而且，总体上还应该看到，《女巫》中的
两性描写是有一定分寸的、是艺术的描写，而不是低俗、媚俗，以感官
刺激招徕读者的描写。如果这样的两性描写都不允许，则从《红楼梦》到
《静静的顿河》、《约翰·克里斯朵夫》等等世界文学名著怕都难以成立了。

　　最后，我们还想指出《女巫》还是一部"寓政治风云于风俗民情图画"
的好作品。它所描述的丰富多彩的故事，大都具有独特的时代和江南水
乡特色，乃至具有一定的神秘色彩和传奇色彩。诸如天上出现的莲花，
赵婆婆死而复生，小尼姑被放水灯杀害，须守道借肚皮生子最后不知所
终，"吃公祭"、抬"老爷"、圆光、骆驼相面、乌龙取水、菩萨娶亲、撒
尿庙的传说、老柳树的呼救和挂在树上的怪胎死婴，乃至须二嫂的女巫
作法和最后半疯半癫地奔向大海……，使《女巫》所描绘的、色彩斑斓的

"巫的世界"和"人的世界"交错有致，构成了厚重的历史画卷和波澜壮阔、多姿多彩的人生图画，从而使小说具有强烈的震撼力和艺术魅力。

然而，《女巫》当然也不是没有可议之处。读稿当时感到不足的，主要是中卷的二十三章明显的比上、下卷弱。从结构来说显得零乱，从艺术风格来说更靠近儿童文学，而与前后两大块显得不大协调，虽然就小说的文字来说，还是优美、流畅好读的。另外，在艺术形象的塑造上，就一部四十多万字的长篇来说，虽然总体上可以说塑造了一些血肉丰满的、有一定典型意义的人物形象，但以几十万字的篇幅却不能塑造出像张炜的《古船》中的四爷爷(赵炳)那样内涵丰富、深刻的典型形象，而且着笔不少的新一代人物如阿柳之子须明华和须二嫂之女春芳等，始终给人以苍白单薄的印象。这些当然都是令人感到遗憾的缺陷。

好在竹林并不是如有的成名之后的作家那样，在修改作品上毫无商量的余地。正好相反，她虚心地听取了我们的意见，并作了认真的修改，大约在1991年7月上旬就交来了修改稿。这修改稿最明显的改善是把中卷作了较大的调整和删改，有的合并，有的删削，有的压缩后调整了位置(如中卷第二十三章"古堡夜话"删削后成了全书的"引子"，中卷从二十三章压缩为十四章，下卷从十七章调整为十四章加"尾声"："夕阳下的怪胎")。这一来，上中下三卷就比较和谐协调，整部作品的艺术氛围更统一，节奏也更顺畅明快了。这就是出单行本时的修订稿。

142

当然，就我的人生体验和编辑经验而言，窃以为如同没有绝对理想的社会(那只是幻想中的乌托邦)和十全十美的人一样，世上也没有至善至美、无懈可击的作品。世界名著并不是因为它没有可议的缺点才成其为世界名著的。作品是改不胜改的。因而，我们对《女巫》也不必、不该求全责备。竹林已经尽了最大的努力，现在这样的《女巫》已经堪称为有震撼力的、时代纪念碑式的好作品，它已经当之无愧地是我国当代长篇小说创作中的优秀作品，是可以面向世界，走向世界的大作品。这就好，这就已经有充分的理由可以接受我们的真诚的祝贺了。

竹林在交出这部长篇小说的初稿时，主要的愿望就是：和《当代》的读者见面，并由人民文学出版社出版单行本。我们已经这样做了：《女巫》的下卷(十七章)在1991年7月发稿，刊载于《当代》文学双月刊1991年第5期，全书的单行本也于1992年4月出版，当月22日在北京举行了有海内外人士参加的盛大热烈的作品讨论会。许多人热情地肯定了它的成就，诚恳地指出了它的某些不足，但几乎一致地肯定这是近年来中国文坛出现的比较好的长篇小说之一。《女巫》已经获得了一部长篇小说可能在人民文学出版社获得的最高待遇，并理所当然地在海内外华文文学界享有声誉。它实在当之无愧。

1978 年，当竹林在人民文学出版社后楼招待所的小房间里修改她的长篇处女作《生活的路》的时候，我们已经认识。但那时我还在从事新版《鲁迅全集》的注释、编辑工作，我们只是偶尔在出版社的大院里打打羽毛球的球友而已。1978 年问世的《生活的路》几乎立即以它所反映的尖锐的社会题材和明丽流畅的文笔使它的作者竹林引起了文坛的瞩目，并被编写入中国当代文学史。如今，十几年过去了，辛勤耕耘、埋头苦干的竹林又有长篇小说《苦楝树》、《呜咽的澜沧江》和中篇小说《天堂与地狱》、《夜深沉》、《夜明珠》、《挚爱在人间》等多部作品问世，而《女巫》的成功则显然标志着竹林在思想上和艺术上都正在走向成熟。

文学创作之路是艰难而又坎坷的路，只有不畏艰辛的跋涉者才能达到光辉的目的地。作为老朋友，在由《女巫》的成功而向竹林致诚挚祝贺的同时，有理由期待着她以更宏伟、更出色的作品来回报读者的厚爱。

143

1992 年春

由战神与爱神谱写的"太阳"之歌

——推荐长篇小说《我是太阳》

一部以我军某部高级将领、一个职业军人的人生轨迹为历史主线而写成的长篇小说刚刚问世，就在文坛和新闻出版界引起了不小的轰动。

面对热烈的反响，出版者在小说初版万册即将售罄时便立即决定加印数万册以应急需。这就是 1996 年 8 月选载于《当代》杂志第 4 期，1997年 2 月由人民文学出版社正式出版的邓一光新著长篇小说《我是太阳》。

《我是太阳》为什么具有这样不凡的魅力呢？

144

我想，这首先是由于小说为我们当代文学的人物画廊提供了内涵丰富、具有典型意义的很新鲜的人物形象。他就是小说的主人公关山林。关山林在大革命时期参加红军，1946 年便以我军独立旅旅长的身份在牡丹江地区参加剿匪作战，此后便驰骋在人民解放战争的战场，从东北直到华南。在战场上，关山林一直是叱咤风云、锐不可当的战将，是一个听见枪声就率领士兵冲到火线上去和敌人肉搏厮杀的角色，是一个粗犷、勇猛有余而谋略心计不足的巴顿式的将军；从新婚之夜的"火力侦察"，到"文化大革命"在造反派的森严警卫中镇定从容地救出被判"死刑"的妻子，他无处不表现出职业军人与生俱来的特色。但是，湖南青树坪一战，由于轻敌、鲁莽、桀骜不驯、不听上级节制，关山林失利于有计划撤退的桂军，以牺牲两千四百多个阶级弟兄为代价才得以冲出重围。关山林失去的何止是两千多个阶级兄弟！他从此不受重用，然后是离开作战部队转而主持军工企业，以至离休赋闲。在战场上关山林活得何等有滋有味，而离开战场几乎就一再受挫，一筹莫展。因此，说关山林是一个充满阳刚之气的战神形象是颇有道理的。我想补充的只是：关山林也是一

90年代一次笔会上与作家和同事们合影。左起：洪清波、刘醒龙、何启治、邓一光、朱盛昌、王干、汪兆骞、文乐然、胡德培、常振家、周昌义、周大新。

145

个具有至死不渝的献身精神的理想主义者的形象，是一个革命英雄汉的形象。有一个细节很能说明关山林的单纯：在三反五反运动被隔离审查的时候，妻子乌云悄悄地送去一张暗示他要实事求是、不要胡乱"交代"的小纸条，他却主动把这纸条交给了"组织上"。这是因为在他看来，一个革命军人在"组织"面前没有任何个人的隐私，他的一切都是坦坦荡荡的。其结果是对爱妻的伤害，是乌云为他生下了一个成为终生累赘的痴呆儿。因此，离开了战争，理想主义者的关山林便屡受挫折，使他最终成为一个失败的英雄。关山林的英雄时代过去了。这是关山林的悲剧，是时代的悲剧，也是他性格的悲剧。然而，关山林对革命事业的忠贞不渝，他的坚韧顽强的性格，又使他坚信：太阳今天沉落了，明天一定会重新升起来；是太阳，就应该永远燃烧。

其次，《我是太阳》的魅力还来自于它所展现的很有感情力度的军人的爱情。关山林的妻子乌云是小说的第二个主人公。他们的婚姻是组织安排的，但这没有爱的婚姻却在婚后的战地生涯和和平时期的多变的人生中被浓浓的爱意所充盈。这很大程度上是乌云的性格所促成的。乌云何止是一般意义上的贤妻良母！她的温柔，贤淑，对丈夫的体贴入微，和对子女的护犊之情都达到了不惜牺牲自己的极致。她是美丽的"月亮"。她是体现我们民族的情爱和母爱的极其璀璨的代表。她是从外貌到心灵都十分完美的爱神。有了这个"月亮"的陪衬和反照，才更能显出关山林这个"太阳"的辉煌。关山林在乌云成为植物人以后所受的致命打击催人泪下。《我是太阳》确实是由战神和爱神共同谱写的感人肺腑的"太阳"之歌。

第三，《我是太阳》的魅力还来自于它对时代和生活的概括力。关山林是时代的英雄。写活了关山林几乎也就写活了人民共和国的历史。1946 年到 1996 年这半个世纪里人民共和国发生的所有重大事件，小说都深浅不同地写到了——没有写抗美援朝战争是因为关山林的失误已经使他不得不离开了在作战部队的岗位。小说快结束时，着意写到关山林小儿子的仕途进取(这让我们的主人公十分厌恶)，又通过他女儿的外嫁使故事与世界文化接轨，从而更进一步加强了小说对时代沧桑变幻的概括力度。这一切，自然也会增强不同年龄、不同层次读者的共鸣，并进一步强化人们对共和国几十年历史长短得失的严肃思考。可以说，《我是太阳》把命运小说、性格小说和社会小说的品质和谐地统一于一身，自然就增强了作品的丰富性和深刻性，并使它更具不凡的魅力。

第四，我以为《我是太阳》的魅力还来源于它在语言文字上的成功。小说基本上靠叙述而不是靠描写、抒情来完成故事，这在一定程度上对作者的语言功力提出了更高的要求。好在邓一光经受住了这方面的考验。年轻的作者(完成作品时刚刚四十岁)表现了相当老到成熟的语言功力。叙述语言凝重简练而又酣畅淋漓，就是写某种情境下军人的粗俗语言也很本色而富有生命力。

尽管现实主义随着时代的演变也在不断地变化和发展，但真实仍然是现实主义文学的生命，典型仍然是现实主义文学应该高举的旗帜。《我是太阳》以其扑面而来的真实感，以其内涵丰富、感人至深的艺术典型，并以其深刻的时代概括力和成功的语言艺术而征服了读者，并当之无愧地置身于当代优秀长篇小说的光荣行列之中。

1997 年 3 月 31 日子夜

献给共和国诞生五十周年的《第二十幕》

　　1998 年 12 月 10 日上午，中国作家协会和我们人民文学出版社在作协十楼多功能厅联合主办了周大新长篇小说《第二十幕》的研讨会，拉开了人文社以一系列优秀长篇小说向人民共和国诞生五十周年献礼的序幕。

　　《第二十幕》的人生故事从 1900 年的一个早晨写起，到 1999 年的最后一个黄昏结束，以中原古城南阳一个丝织世家在 20 世纪这个舞台上的升降浮沉为主线，串演了我国民族资本家在多重灾难打击下挣扎、奋斗、成长的人生活剧。

　　小说结构恢弘严谨，语言精致流畅。作者历经近十年的辛苦经营，精心编织出起伏跌宕的情节和许多精彩的细节，把中国百年来的历史沧桑和风云变幻融会于这部近百万字的长篇小说中，并成功地塑造了鲜活的人物群像。其主人公尚达志更是内涵丰富、时代特征鲜明、能体现我国工商业文明的艺术典型。有论者视《第二十幕》为"中国的《百年孤独》"，是"男性的奋斗史，女性的牺牲史"，是"闪耀着商业文化智慧"的大作品。我社正是看重其巨大的思想、艺术价值，才不计较短期的经济效益，而把它作为可以长久留传的长篇佳作推荐给读者的。

　　其作者周大新，于 1952 年诞生于桐柏、伏牛、武当三山环绕的中原小盆地上，河南南阳市邓州县人。他从一个普通战士成长为实力雄厚的专业作家，现为解放军总后勤部宣传部创作组成员。自 1985 年发表获全国优秀短篇小说奖的《汉家女》以来，周大新一直频频回眸南阳故土，以人性的关切眷恋着生他养他的母亲之地，用他婉约深沉的笔触，写他与故乡故土魂牵梦绕的悲欢故事，迄今已有约四百万字问世。《第二十幕》

147

可看做是周大新作品中一直深深地感动着读者的、体现深层人性关怀的高峰之作，也是周大新作为 80 年代成长起来的青年作家由于非凡的定力与执著而走向成熟的标志。

连同周大新的《第二十幕》，人文社近年来已出版和肯定能在明年 8 月以前出版的国庆献礼书还有如下思想深刻、艺术精湛而又好看的优秀长篇小说：周梅森著"当代三部曲"的第一部《人间正道》和第二部《天下财富》；阿来著《尘埃落定》；柳建伟著"时代三部曲"的前两部，即《北方城郭》、《突出重围》；赵德发著"农民三部曲"的第一部《缱绻与决绝》和第二部《君子梦》；王火著《霹雳三年》等等。佳作连篇，确实是献给国庆五十周年的一份厚礼。

1998 年 12 月 13 日

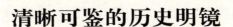

清晰可鉴的历史明镜

——介绍王火的长篇新著《霹雳三年》

　　今天稍有点年纪的中国人都不会忘记：1946 年 6 月到 1949 年 6 月，是血火交炽、惊天动地的三年，是腐败透顶的国民党反动政权走向大溃退的三年，也是中国共产党缔造的人民共和国在历史的阵痛中即将诞生的三年。王火的长篇小说新著《霹雳三年》，写的就是这三年间在祖国大地上发生的、我们不该遗忘的历史故事。

　　小说由夏强和雷丹这一对年轻的、既是恋人又是记者的主角来串连故事，以那三年的上海和南京为人物活动的主要舞台，用浓墨重彩十分真实地描绘了那一场举世震惊的方生与未死、光明与黑暗的搏斗。于是，在人民解放战争节节胜利的时代大背景下，国民党统治下的"首都"和大都会所发生的经济崩溃、民不聊生、伪国大贿选丑剧、地下共产党人的英勇奋斗、爱国民主人士和热血青年的奋起抗争……五十年前纷繁复杂、火热沸腾的社会生活情景，便生动真切地展现在读者的眼前。小说还以大跳跃的笔触，描述了几十年后夏强陪伴他的哥哥夏国作故地重游的经历，从而给读者以更加浓重的沧桑变幻的感觉。在这些历史的叙述中，多有作者直面人生的凝重的思考，乃至他与生者和死者的对话。忧患意识，沧桑感慨，荡气回肠，感人至深。而小说对这几年许多重要历史事件的十分逼真的回眸和披露，又使作品具有相当珍贵的文献价值。

　　艺术作品的个性、独特性和不可替代性，是王火小说一贯的艺术追求。如同王火荣获第四届茅盾文学奖的《战争和人》长卷一样，《霹雳三年》这部长篇小说确实有作者的直接生活和间接生活，也有众多他所熟悉的人物的影子，甚至凡是他用真名写到的如胡适、李宗仁等人，他都亲

149

见过，或以记者的身份采访过。但小说毕竟是虚构的艺术，王火在《霹雳三年》中所致力追求的依然是使自己拥有的生活小说化。只是在这部用记者笔法写记者生活的小说中，作者有意让它节奏快一些，纪实色彩浓一些，以求和读者拉近一点距离。然而这一来又似乎难免减弱了小说艺术形象的塑造。再加上也许是小说的主人公太接近生活的原型，作者在描绘塑造小说主人公的艺术形象时反而不能淋漓尽致、挥洒自如，以致一些次要人物如"花生米"裘珍珠、国民党上海市党部主任委员白南史、国民党元老雷香山等反倒显得更鲜活灵动一些。这不能不说是让人感到遗憾的不足之处。

　　然而毕竟是瑕不掩瑜。《霹雳三年》无疑是一面清晰的历史明镜，是可以让我们从中把握历史的教训、并由此反思现实而获取教益的优秀作品。

　　1998年4月20日，第四届茅盾文学奖颁奖典礼后，何启治与获奖者王火（右2）以及朱寨（右3）、王火夫人凌起凤（右4）、胡应红（右5）合影。

　　以史为鉴，可以明是非，辨美丑，知兴废，尔后方可选择正确的道路，创造中华民族美好的今天和更辉煌的未来。

一代作家自有一代作家的责任和贡献。王火已是眼有残疾的七十五岁的老人。《霹雳三年》是他晚年的精心之作，也可能是他的最后一部长篇小说。此作理所当然会成为我们人民文学出版社庆贺中华人民共和国诞生五十周年的献礼书之一。作为编者，我对兄长一般的挚友王火自是满怀祝贺和感激之情。

1999 年 3 月 21 日夜

勇者和智者的选择

——陈桂棣和他的报告文学集《淮河的警告》

知道陈桂棣，始于 1984 年。这一年，他和陈冲、单学鹏、秦文玉、益希单增等人在人民文学出版社简陋的招待所里改稿。同年，他和张锲合作的报告文学《主人》刊发于《当代》第 3 期。与桂棣由相识而相熟，却是在 1991 年秋天他到北京朝阳区东八里庄鲁迅文学院学习以后。这首先是因为从这一年起，他最重要的一些报告文学作品，如《不死的土地——安徽三河镇营救灾民纪实》、《悲剧的诞生——高永嘉罪案始末》、《淮河的警告》和《民间包公》等，接二连三地在我们《当代》杂志刊出，引起了一次又一次强烈的轰动。他为人实在，很讲信义，对我们刊物的支持也是实实在在的。其次，还因为那时我还住在东八里庄人民文学出版社的宿舍里。由此到鲁迅文学院不过两百来米的距离，桂棣到我家来串门聊天是很方便的。

正因为是多年相识、相熟的老朋友，当桂棣以《淮河的警告》为名的报告文学集要在我们人民文学出版社出版单行本的时候，我自然为他高兴。

一

80 年代初，作为安徽合肥地区的青年作家，陈桂棣可谓多才多艺。他写诗，写散文，写歌剧，写电影，写小说，甚至还操练起书法，挥毫为合肥和外地的一些名店、影院和企业书写店名和厂牌。从 1986 年起，他又连续完成了《共和国警长》(华夏出版社)、《挣脱十字架的耶稣》(中国文联出版公司)和《裸者》(人民文学出版社)等三部有一定影响的长篇小说。这一切，大约耗费了他六年的时间。

在多种文学样式上似乎挥洒自如的陈桂棣，为什么到了90年代初却重新转向了报告文学的创作呢？

我想，这首先是响应了时代和读者的需求。

中国的改革开放到了80年代的中后期，在取得巨大成就的同时也暴露了大量的问题。我们中国的经济正逐步向奔往小康的市场经济过渡，我们的有中国特色的社会主义市场经济在许多方面也日渐和世界接轨。在社会转型期中，体制改革深化带来的阵痛，新旧观念的交替，物欲膨胀、拜金主义和传统道德的冲突，建设现代法制社会的目标和人治习惯势力的矛盾，乃至广大群众对特权横行、贪污腐败的痛恨……在在都使前进中的社会充满了矛盾冲突和躁动不安。而我们的新闻和舆论监督体制的有失完善，却使社会生活中这诸多负面现象难以得到充分、全面的揭示。文学，特别是小说创作中有意逃避现实的倾向有所发展，又强化了众多读者对文学的失望。在这种情况下，最便于揭示各种社会问题的把新闻性和文学性统一起来的文学形式——报告文学的再度兴起，便属势在必然。仅以1988年的《当代》来说，全年六期共发报告文学十四篇，其中较突出的如《世界大串连》、《强国梦》、《国殇》、《前门外的新大亨》、《权柄魔术师》等，反映的就全是广大读者关心的社会热点问题。此外，社会上反响较大的报告文学作品，如《洪荒启示录》、《丐帮漂流记》、《土地与土皇帝》、《伐木者，醒来》等等，这些优秀的报告文学作品洋溢着强烈的批判意识，参与意识，忧患意识和改革意识，自然大受读者的欢迎。

153

陈桂棣对社会人生十分敏感。他当然及时地注意到了报告文学在80年代下半叶异军突起的现象。作为有相当创作实践经验的青年作家，他自然也知道这是一条相当艰难的创作道路。平庸的没有价值，尖锐的难保安全，分寸的把握确实是对作者智慧的检验。深入调查的艰辛，前前后后可能遭遇的风险，又是对作者胆识勇气的考验。

对此有清醒认识的陈桂棣之所以知难而进，是因为他对自己能写好报告文学的优势也很自信。第一，他是喝淮河水长大的，在淮河岸边整整生活了二十六年，就是后来离开了故土，对这条"母亲河"与生俱来的感情也是难以隔断的。第二，他热切地关注着改革大业的成败，历来比较关心国家大事，喜欢思考社会热点问题。第三，1991 年 9 月到北京鲁迅文学院学习，进进出出，时时想到鲁迅。鲁迅直面人生的勇气，爱憎分明、敢打善战的硬骨头精神感染着他，促使他对自己的文学道路进行了一次彻底的反思，下决心对自己的创作做大的调整——从此要以主要的精力投身于除了真人真事的真实别无选择的报告文学创作，要做一个和人民同冷暖，和时代共呼吸的作家。

面对人民的疾苦，面对与祖国命运攸关的大事，陈桂棣怎能无动于衷！真是明知山有虎，偏向虎山行。陈桂棣的选择确实是勇者和智者的选择啊！

二

陈桂棣注定要为自己无畏的选择付出代价。

他心中的"母亲河"已被人为的污染弄得面目全非：淮河流域一百九十一条较大的支流中百分之八十的河水已变黑变臭，三分之二的河段完全丧失了使用价值，淮河两岸一亿五千万人民生活在水深火热之中。然而，面对纵横苏、鲁、豫、皖四省，涉及三十六个地级市和一百八十二个县以上城镇的大面积严重污染，许多记者和作家都望而却步。但陈桂棣却偏偏抱病上路，在 1995 年的春夏之交作义无反顾的万里行。为节省经费，他啃面包，喝稀饭，吃拉面；有时不得不去住最便宜的车马店和大通铺；为了赶路，去挤拖拉机，去坐能把人的五脏六腑都颠翻的三轮蹦蹦车……最后终因心脏病复发而住进了漯河市第二人民医院。但更大的难处是面对污染这个敏感话题，要查清真相就必然要触及某些人的利益，要突破某些人为设置的障碍，还要从浩繁的材料堆中跳出来，作准确的判断，缜密的思辨，然后写出震撼人心的文章来。真是谈何容易！此事非有大勇气、大智慧者不能为。而陈桂棣却正是这样的人：历时一百零八天，奔波上万里，背着五百多万字的资料返回合肥；又在大热天的晚上爬到"大板"楼的五楼房顶上去写作；最后因颈椎病发作，而不得不把正在南京大学作家班学习的妻子春桃请回家里当助手，才最终完成了这八万字的中国第一部"公害文学"。

回头再看他为完成《悲剧的诞生》所作的努力：在他的故乡蚌埠市，

154

为了采访有关的人，他从暮春到秋天骑着一辆吱吱嘎嘎响个不停的破自行车，愣是不分白天黑夜在这个城市奔波了八十一天！但更大的磨难还不是生活上的，而是心理上必须承受的巨大压力——要公开揭示长期被捂得严严实实的安徽省著名劳模高永嘉冤死狱中得不到昭雪的真相，他必须孤身面对整个市委一班人，他不得不在文章中点名抨击了众多的领导干部。

然而最终还是邪不压正。《悲剧的诞生》在《当代》刊出后，终于为冤死狱中的高永嘉讨了个说法，原蚌埠市委被改组，市委书记被调离。这无疑是正义的胜利，人民的胜利，也是大智大勇者的胜利！

文学决非万能。通常，在强大的经济、政治和军事力量面前，它还显得十分脆弱。然而，陈桂棣不懈的努力和他所取得的成果，又终究证明了文学毕竟还有某种不可取代的力量。我们为此深感庆幸和欣慰。

三

辛勤的耕耘者迎来了丰硕的收获。

陈桂棣为自己的选择付出的代价都得到了应有的报偿：

155

《悲剧的诞生》在全国引起了空前的关注和反响。北京、上海、江苏、浙江、河南、四川、黑龙江等省市的二十多家报刊纷纷连载或选载；刊载此作的每本四元的《当代》杂志(1993 年第 6 期)，竟被书商炒到一百元一本；还出现了手抄本；香港出版了单行本；影视、戏剧争相改编要把它搬上荧屏或舞台；蚌埠一些和高永嘉"同病相怜"的企业家，居然在锦旗上大书彭德怀的名言"为人民鼓与呼"，并千里迢迢地把锦旗送到《当代》编辑部。

《淮河的警告》发表后，好评如潮，被誉为中国第一部"公害文学"。转载、选登或发表评介这部作品的报刊不下百家，在有的大学中文系被选作文学教材，就是在日本和美国、加拿大也有一定的影响。《淮河的警告》以其全景式的描绘，近距离的逼真表现，研究性的深入思考，哲理性的机智雄辩，绵里藏针的老辣和朴实晓畅的文风而荣获首届鲁迅文学奖。国务院环委会主任宋健特意接见作者并把他介绍给国务院第三次淮河流域环境保护执法检查现场会的中央十个部委和沿淮四省的有关领导，希望大家都认真读一读这篇文章。中共合肥市委和合肥市政府为表彰作者保护环境的强烈使命感和责任感，激励作者在精神文明建设中作出的贡献，而奖励其住房一套，并为此而发布"嘉奖陈桂棣"的专项文件。

仅此两例，已可看出陈桂棣报告文学作品巨大的社会影响。

有人说，搞歌曲创作的，有的人搞了一辈子也没有编出什么可以流传下来的好歌。可是像《康定情歌》，像《大坂城的姑娘》这样一些可以一代一代传唱下去的好歌，一个音乐家一辈子能谱写出一两首这样的好歌，也就可以说不虚度此生了。那么，一个作家，一个报告文学作家，有的人写了一二十年，写了十几本几十本书，可大家不知他究竟写了什么，你就是自称"著名作家"，大家也未必能记住呢！而陈桂棣则不然。桂棣为人谦和，从来不沾沾自喜或以"著名作家"自诩，但就凭着一部《悲剧的诞生》，一部《淮河的警告》和一部《民间包公》，历史和人民就不会忘记他，大家就一定会把他记住。

那么，陈桂棣这些优秀报告文学作品的魅力从何而来呢？

首先，是因为他敢啃硬骨头。他抓住的都是广大群众关心的社会热点问题，往往也就是关乎国家民族命运的大事，他在选择题材时很看重它的重要性和尖锐性。如《悲剧的诞生》所揭示的高永嘉冤案，是由私仇和非法权力合谋共设的一起大冤案。该作忠实地记录了中国由人治走向现代法制社会的艰难历程，揭示了权力机构内部官场病与软骨症的危害性。这就使读者从一个冤案的剖析而认同了对带有普遍意义的社会问题的反映，作品由此也就有了一种深刻的概括力。

第二，是真实的力量。这里指的是真人真事的真实，是生活的真实，而不是想象加虚构的"艺术的真实"。事实上，生活本身有时比最富有想象力的作家虚构出来的故事还要感人肺腑，还要惊心动魄。我们试想一下淮河流经四省，污染危及一亿五千万人的生存，作者为此直接访问过的就有上千人。这中间有多少纠葛，有多少故事！然而，作者非常严格地忠实于真人真事的真实，不但没有因为报道事实上的出入引起什么麻烦，还让确凿的事实为中国第一部"公害文学"雄辩的立论提供了不可动摇的依据。

第三，是准确，是实事求是科学精神所产生的力量。尖锐而不准确的报告文学只会伤害更多的人，招惹更多的是非。只有实事求是的科学精神才能使作品具有不可动摇的力量。《民间包公》写的五个案子包括前柳村的土地案，贾宝珍的房产案，宁明远的辐射井技术合作案，钱凤池的税案和侵犯他人名誉权的"新闻官司"，其中涉及军队、公安局、法院、税务局等等，作品所抨击的对象哪一个不是社会上不得了的"强者"。敢向他们发难固然要有勇气，如果作者没有实事求是的科学态度，如果作品所写的种种人事不是准确到无懈可击的程度，则不但其主人公陈三乐律师站不住，作品自然也就成了问题。现在好了，这么尖锐的题材写到让被抨击的强者都缄默无言，你能不感慨实事求是科学态度所产生的如泰山一般不可撼动的力量吗！你能不在佩服作者的勇气时，也为他的智慧倾倒吗?!

第四，是激情的力量。作者是喝淮河水长大的，对"母亲河"感情至深。也就是说，他是怀着神圣的使命感和责任感来投入报告文学的调查、采访和创作活动的，他要使自己的作品成为时代的风雨表，他要做人民大众的代言人。因而，你在陈桂棣的报告文学作品中，常常会真切地感受到作品主人公人格和作者人格的高度统一。人物性格正是在这双重统一中塑造出来的。这一点，在《民间包公》中体现得尤为突出。

最后，我还想强调陈桂棣报告文学作品的力量还来自于它那简洁、晓畅、朴素的语言艺术。仅以《淮河的警告》为例，一百零八天的亲身调查，五百多万字的资料掌握在手中，换了另一位不知节制的作家，还不炮制出洋洋洒洒几十万字的一本书来?! 然而，陈桂棣却只写了八万字。不说惜墨如金，起码也是进退有度，浓淡相宜。简洁也是一种美。陈桂棣心里有读者(以致为照顾文化水平低的读者而决不用生僻繁难的词语)，于细微之处也能看出来。

自然，我们也有理由对作者的报告文学写作提出更高的要求。诸如为读者提供更多精彩传神的细节，加强报告文学的文学性；在语言的运用上更多一些有时代感的新鲜、新颖的成分，等等。

艺术的追求是永无止境的。我们期待着桂棣更具魅力的新作面世。

四

1991 年，陈桂棣在决心调整自己创作的主攻方向时，下决心用十年

157

的时间从事贴近当代、贴近生活、贴近人民的报告文学创作。现在，他却郑重地表示："十年的时间是远远不够的，恐怕要用毕生的精力才能做好这一件事。"

是的，这也是一种选择，是勇者和智者的庄严的选择。

每个人都可能有不同的活法。做什么事，走什么路，每个人都有选择的权利。"三百六十行，行行出状元。"哪一行都可能做得很出色，干得很辉煌。关键是要选择真正有价值又是自己有兴趣的事情来做。

鲁迅先生早说过，文学是没有力量的（比起决定国家民族命运的事情，文学也不重要）。可惜我们太爱它，总愿罄其所有去爱它。这是我们的悲哀，也是我们的骄傲！

让人感佩的是桂棣不但选择了文学，而且选择了其中比较艰难，比较风险大的一种，选择了报告文学。他选定了，就认认真真去做，义无反顾，一往无前，并且终于做出了成绩，显示了文学终究还是有力量的。这多么好，多么让人感动。

是的，一个人终其一生能把一两件这样的事情做好就不容易了。让我们衷心地祝愿桂棣把这一件只有大智大勇者才能做好的事情做得更出色，更辉煌！

1999 年 6 月 2 日晨，北京

《歇马山庄》，美丽凄婉的田园牧歌

作为年轻的女作家，1982 年开始文学创作的孙惠芬不但从辽南山区走向北方名城大连，而且已从大连走向全国。其标志，就是历时三年多三改其稿才告完成的长篇小说新作《歇马山庄》。(《当代》1999 年第 5 期选载，人民文学出版社 2000 年 1 月北京第 1 版)孙惠芬带着山区浓郁的乡土气息和清新感人的人生故事向我们走来。在《小窗絮雨》、《变调》、《来来去去》、《灰色空间》、《四季》和《"中南海"女人》等给她带来声誉的中短篇小说之后，她又以精心创作的《歇马山庄》谱写了一曲美丽凄婉的田园牧歌，给人们带来了美的艺术享受和由衷的惊喜。

这是一曲真实感人的田园牧歌。改革开放首先激活了年轻人那本不安分的心。躁动中他们各自拥有自己的希冀和追求：程买子挖窑洞，烧砖瓦，进而要当村长、镇长；林小青为了脱离农村、留在城里毫不顾惜地付出贞操和青春的代价；月月以她的纯朴、善良和坚韧，矢志不渝地追求真挚的爱情。老村长林治帮也曾率领建筑包工队在城里打天下，却为了打掉乡下人的自卑而失态，最终酿成无法在城里待下去的过错而只能回到歇马山庄，并为此忏悔终生。两代农民有不同的操守和追求，也有不同的感受和生命轨迹。这种人格人性人生命运繁复幻化的交响，向我们展示了相当丰富而真实感人的当代农村景观，让人过目难忘。

这是一曲清新动听的田园牧歌。新的人物，新的人生故事构成了《歇马山庄》的主调。如果说，月月在对幸福爱情的追求上虽然勇敢，却更多地体现了传统的美德的话，买子和小青则似乎可视为当代农村的"新人类"一族。买子从流浪中返回家乡，就一直不屈不挠地、与众不同地挖窑

159

洞创新业，当了村长又要当镇长。在爱情上，他先接受了月月，后与小青结为夫妻，小青出走后又想去找回月月。他自私而没有责任感，但面对生活中的挫折却始终乐观自信。至于小青，则为了留在城里从来都不择手段。因为背景、学识、素养等方面的缺陷，她只能以自己的身体作为进取的手段。在这方面，她十分坦然，没有丝毫的羞涩与犹疑。你不一定认同他们的人生观和价值观，但你得承认这两个新鲜的人物形象已构成了《歇马山庄》这一曲田园牧歌中亮丽清新的一道风景。

这又是一曲凄婉、忧伤的田园牧歌。林治帮带着悔恨和遗憾撒手人寰。月月离开了丈夫林国军，也毅然离别了不值得她爱的买子，最后和年迈的母亲相依为命，却一点也看不到自己梦寐以求的真爱在哪里。小青呢？不管是委身于老师、校长，还是主动和买子结合，都难圆她的留城梦，最后只身到城里饭店打工，前景依然黯淡而渺茫。就是终于当上村长的买子，面对复杂的官场，他这样的素质和能耐，还能有多大的作为呢？田园牧歌唱到这里，曲调凄婉而忧伤。读者感到些许沉重，亦在情理之中。

孙惠芬本来擅长写农村妇女的生存状态和心灵世界。这种特长体现在《歇马山庄》，就使她把田园牧歌的诗情和社会的发展变迁很好地结合起来，使作品中的人物新鲜而有内涵，使作品不但好看而且耐看，不但清新而且丰厚。

孙惠芬对生活有女性独特的感觉。她一脚站在农村，一脚站在城市来描述人类向城市化过渡的文明进程，清醒而有深度。作者对辽南故乡深深的眷恋和对农村愚昧落后的深恶痛绝，又赋予了作品以诗情画意的清新和沉郁忧伤的品格。

语言的内美内秀和个性化，难能可贵；但张弛缺乏适当的把握，让人读来不那么从容。

中国当代女作家中，和土地、农村有深层联系，同时又能站在城市现代文明的角度探究农村生活的人毕竟太少，而孙惠芬却是其中有创作实绩的一个。其生活根底，执著追求乃至灵气才气，智慧潜能都使我们有理由寄予厚望。

《歇马山庄》无疑是世纪之交长篇小说创作中的一道亮色；孙惠芬自然也会成为新世纪中国文学天空上一颗璀璨的星吧。

2000 年 4 月 21 日零时

王蒙式的历史证言

——我读《狂欢的季节》

　　《狂欢的季节》是王蒙"季节系列"长篇小说的第四部(此前三部是《恋爱的季节》、《失态的季节》、《踌躇的季节》，均由人民文学出版社出版)，在删去五章后刊发于《当代》杂志 2000 年第 2 期，单行本则由人民文学出版社于 2000 年 5 月正式出版。

　　这部长篇小说以"季节系列"长篇小说的主人公钱文的命运变迁和人生轨迹为线索，对钱文、叶东菊夫妇在远离首都的边疆少数民族地区所经历的整个"文革"时期的生活，以及他们在"文革"结束返回北京后的人生际遇和种种情状，都作了真实生动的描绘。小说准确地表现了钱文们在"文革"中由"狂喜"、困惑到痛苦和觉醒的过程，对各色人物在特定情景下的人性弱点也有一定深度的开掘，而且对小说主人公和其他人物，包括"文化大革命"的发动者和领导者既有调侃式的批判，也有相当的理解乃至谅解。因而，对经历过"文革"十年浩劫的各种各样的读者来说，想必都会引起强烈的共鸣，而对不知"文革"为何物的相对年轻的读者，想必也会有一定的认识和启迪的意义。

　　读完全稿，我想强调的是，这是王蒙的一部十分重要的长篇小说，是对"文化大革命"的既有认识价值又有审美趣味的历史证言。

　　所谓王蒙式的历史证言，首先就是指那种相当理性而又有深度的、一个远离政治中心地带的人，主要作为观察者而不是参与者的历史证言。钱文在"文革"时期是作为"右派"发配到边疆去接受改造的角色。小说所描绘的就是其主人公钱文们"文革"时期在边疆少数民族地区的日常生活，是非中心地带的非主流生活。然而，众所周知的是，日常生活的政治化

161

2000年6月17日，在王蒙"季节"系列长篇小说研讨会上与王蒙（右2）合影。左起：何西来、汪兆骞、何启治。

是二十世纪后半期，尤其是"文革"时期中国的突出特色。那时候，不仅政治性的言论、行为，就是日常的衣食住行，也无不与政治有关。可以说政治无所不在。因而，在轰轰烈烈到全世界都震惊得目瞪口呆的"文革"时期，钱文们在边疆少数民族地区的日常生活，钱文听见敲门声就想到要剃好头、穿戴好衣服准备挨批斗的心态，以及钱文养猫、养鸡、养鱼，酿制土酸奶，学做奶油炸糕，制造土麻将和自得其乐的搓麻、吸烟等等十分平凡、庸常的生活故事，就不但不是闲笔，而且是有深刻意蕴的笔墨。其中野猫的发现、养护、繁衍乃至猫们的逐一死亡的描绘，更是相当精彩的篇章。"革命"大背景下人的畸形生存状态，在边疆少数民族地区这一特定环境中得到了真实而有深刻内涵的描绘。

其次，王蒙式的历史证言不是一个普通人、普通作家的证言，而是一个知名度很高的中国作家，一个有政治家、思想家素养的作家对"文革"这段历史的证言，是蕴含着悲愤和泪水，充分展示、体现了王蒙人格魅力、政治魅力和政治、文学智慧的历史证言。这段历史证言具有相当浓重的纪实色彩，沉郁的反思色彩和饱满的人性内涵。

王蒙，生于1934年，未满十四岁便加入中国共产党，堪称少年布尔什维克。稍后任北京东四区青年团区委副书记。1956年发表《组织部来了个年轻人》，即以其深刻的思想和探求真理、干预生活的勇气而震动文坛，却也由此罹祸，虽有领袖的关怀仍难免被错划为"右派"。1963年调新疆自治区文联，先后在乌鲁木齐和伊犁等农村工作生活，并掌握学会了维吾尔语言文字，至1979年才调回北京。其长篇小说处女作《青春万岁》于1953年完成初稿，经反复审查、修改，至1979年5月才由人民文学出版社正式出版。王蒙复出后，从文从政均多有建树，曾正式"入阁"任文化部部长至1989年。其人生之坎坷不难想象，而他的革命信念却坚定不移，以致有"明智的'保守派'，稳健的改革派"之称。我们简略地回顾了王蒙的人生经历和创作状况，便不难理解他在《狂欢的季节》里所表现的对政治的热情，对政治的全方位的感觉和把握，就能理解钱文那种"狂欢"的激情，被抛离政治中心的痛苦，在别人动员下想向中央写信又终未行动的微妙心态。甚至也就能理解，作者为什么在借洪无私之口，不无讽刺地说"哪怕这次中国的'文化大革命'不成功，失败了，作为思想家和理论家而不是作为政治家实践家，毛主席的理论的光辉也仍然是光芒万丈的，甚至是更光芒万丈"之后，紧接着要加上一句"不能仅仅以成败论英雄"！（第132页）作者甚至爱用一种蕴含忧伤的设问来谈政治，让人读来心酸，却又不得不感佩他的智慧——王蒙真是运用政治和文学的智慧写出了一种有魅力的政治化的人生故事。

第三，这又是以磅礴恢宏的气势，汪洋恣肆的文体和波谲云诡的笔触写下的历史证言。

作者在讲述钱文们的故事中，夹叙夹议，连讥带讽，正话反说，反话正说，其中多有带血的泪水和含泪的调笑，也多有王蒙式的机智幽默和近义反复的排比叙述方式。那种狂轰滥炸式的语言浪涛随处可见。如第100页上作者转引的"文革"政治咒语套语竟是一口气说出四言七十句。有的论者称这种文体为"拟骚体"；有的论者认为王蒙就是挑战各种小说规则，变着法不好好说话；还有人认为荒唐年代的生活就要用荒唐的文体去写才能写得比较到位。自然，也有人认为王蒙如不求新求变，一味这样写下去，终将脱离一部分读者。但王蒙式的思维表达方式和文体文

163

风，迄今为止无疑是与众不同的，是独树一帜的。

第四，作者自诩他在"季节系列"长篇小说中想写的是"人类的经验"，说许多人说他写得潇洒，充分，其实"还是适可而止，……只写到画龙，不到点睛。……点睛的趣味还是留给读者吧"（据作者在《狂欢的季节》作品研讨会上的讲话）。对此，我认为固然是作者的自谦，但也确有一定的道理。就是说，王蒙式的历史证言还是既讲原则又讲分寸感的历史证言。就以写流血死亡来说，"文革"制造的各种冤死之多，之惨烈真是罄竹难书。但王蒙在小说中写到流血，写到死刑的判决和执行，写到邓拓、老舍、傅雷夫妇、顾圣婴的自杀，还有小说中人物曲风明、刘小玲等各种各样的死亡，就都不是正面的、充分的，更不是细腻的描写，而是简略的叙述，点到为止。这也可以说是画龙而不点睛的一例，以便给读者留下更多思考和想象的余地，就像国画中的留白一样。

在中共的革命史上，"文革"的丰富性，复杂性和危害性，真可谓"史无前例"。前事不忘，后事之师。我们只有正视"文革"的历史教训，才可以明是非，辨美丑，知兴废。而用文学的形式来写"文革"当然不能只靠少数人的努力，而只有靠更多才识兼备的作家一起来做方能奏效。当然，王蒙已经通过《狂欢的季节》作出了自己的贡献，这是毋庸置疑的。

"季节系列"长篇小说，可以说是三十年代出生的知识分子的"苦难的历程"和心灵史。写到《狂欢的季节》，钱文的形象已经比较丰富而有立体感了。因此，说《狂欢的季节》是一部很有价值、很重要的作品，是王蒙创作的一座高峰，可谓言之不谬。

但时代还在发展，生活还在往前走，王蒙的"季节系列"也许还要写第五、第六部。他会如何求变出新，如何以新的招数去攀登新的高峰，我们对此自然是抱着殷切的期待。

2000 年 7 月 17 日晨

以科学的历史观来看待历史人物

——在《赵尚志》作品研讨会上的发言

作为编者，我主要想就《赵尚志》一书由人文社再版有关的背景谈两个问题。

第一，为什么《赵尚志》这部优秀的长篇小说经过十来年之后，从最早的出版者黄河文艺出版社转到了我们人文社，我们为什么要再版这部书？第二，这部书既然说是优秀的，经过十来年后又再版了，为什么又搁了三年多才开这个研讨会？

先谈头一个问题。这部书再版时，下力气最大的是责任编辑李丹妮同志，我和高贤均同志也都具体参与了这部书的修订再版。作为这部书稿的终审人，我特别看重的，就是这部长篇所表现出来的革命英雄主义精神和爱国主义精神。当然，这种精神是通过以赵尚志为主人公的东北抗联战士艰苦卓绝的战斗事迹很有说服力地、非常感人地表现出来的。虽然这几年比较多地强调了文学作品要唱响主旋律，但是其实我们的革命文学作品历来都有我们的主旋律。毫无疑问，革命英雄主义和爱国主义精神当然是我们主旋律中的重要内涵。《赵尚志》讲述我们东北抗联的战士们是在冰天雪地、林海雪原中和侵略者作斗争的。记得书中讲赵尚志带着部队重回某一个地方，他原以为这还是我们的抗日根据地，那里的群众会等着他们呢，却不料那里已是一片荒原，一片雪原，却没有人民，没有老百姓。为什么？原来是日本人在那里搞清乡，他们把老百姓赶到别的地方集中起来，实际上就是集中营嘛！这样，赵尚志重新回到这个地方，想重建抗日根据地继续斗争的时候，那个地方已经变成了一片荒原，没有人民，没有老百姓，不但没有粮食，连喝的水都没有。这

165

就是东北抗联战士浴血奋战的环境。在这种恶劣的环境下战斗，没有革命英雄主义和爱国主义精神的支撑，就不可能坚持，更不可能取得胜利。

再说东北抗联的队伍，也是很复杂的。下卷的 140 页就讲到，在抗日的大前提下，可以说抗联的队伍鱼龙混杂，什么人都有。其中有两支部队打得非常危急的时候，他们找上来要投奔在赵尚志的麾下。这是什么人呢？其中一个是东北民众军司令谢文东，另一个是自卫军大队长李华堂。他们一个是大地主，一个是东北军的军官。这样组成的队伍当然比较复杂。当时我们的党也还不是很成熟的党。刚才魏巍同志也说到，没有抗日战争的胜利也就不会有人民解放战争的胜利，当然也就不会有人民共和国的建立。我们的党也是通过抗日战争慢慢成熟起来的。从1937 年算起是八年抗战，实际上从 1931 年算起就是十几年的艰苦奋斗，尤其是在东北这个地方。所以我觉得，无论从一个编辑的角度，一个革命作家的角度或者就是从一个读者的角度来说，看到王忠瑜同志精心创作的《赵尚志》，当然应该肯定、欢迎这样的作品。

这部作品书名就叫"赵尚志"，是以英雄的名字作书名的，尽管它的上部叫《中国的夏伯阳》，下部叫《总司令的悲剧》。赵尚志是什么人？看过书稿，大家一致公认这是一个非常有个性的传奇性的英雄人物。他的大智大勇，他的军事才能，他在艰苦环境中的奋斗精神，应该说处处都有闪光的东西，非常感人的东西。当然，特别难能可贵的是王忠瑜同志在写赵尚志这个英雄的时候并没有回避我们党内的斗争，也没有回避他本身的缺点。因此，我觉得这么一个传奇人物的故事是很有魅力的。何况，作者又在生活真实的基础上作了适当的艺术虚构，他把生活真实和艺术真实还是结合得比较好的。因而整个故事就比较感人，而不是空喊政治口号，或简单地高唱主旋律——如果这样也就谈不上小说艺术了。

总之，经过调整结构，加强文学性和尊重历史的科学性，《赵尚志》以更加感人的故事来表现革命英雄主义和爱国主义的精神，加上赵尚志等人物形象的突出，就凭着这两条，作品也是有价值的，成功的，因而我们在经过若干年后来再版这部优秀的长篇小说就是必要的。

现在再来谈第二个问题：为什么《赵尚志》再版过了三年多才来开这个作品座谈会呢？

应该说，人民文学出版社作为重要的国家文学专业出版社，在许多

166

有实力的作家、包括在座许多作家的支持下，新时期以来出版了许多优秀的作品。面对市场经济的挑战，做好优秀作品的宣传工作很有必要，虽然我们反对瞎吹、瞎炒作。就当代文学而言，我们开过许多作品研讨会，但还没有哪一部作品是出书三年多之后才来开作品研讨会的。

　　为什么这样呢？就因为书刚刚出来，就有人出来指责，说这个违背历史真实啦，这个哪个问题啦，上面还下文通知我们不要发行了。书印出来，却不让发行，还开什么研讨会?!最后，我们只好据理力争，也多次向领导反映。说老实话，老王光写的信，打的报告就有多少万字，而且花了好多钱去复印、寄发。我理解，我们的上级机关也有他们的难处。实际上，虽然发了通知，书还在发行，只是达成了一定的妥协，就是冷处理，不要宣传。在这种情况下，当然也谈不上开作品研讨会了。

　　但是经过多方的努力、争取，也接受了一些有道理的意见，作品经作者又作了适当的修订，《赵尚志》这部优秀的作品就不但可以公开发行，而且可以堂堂正正地来宣传它了。这是大家共同努力的结果。作者自己

167

　　1998年6月，何启治与王忠瑜（右）、杨光宏（左，黑龙江省委宣传部长）摄于哈尔滨某宾馆门前。

作了很大的努力，我们也尽了力，如我去大庆经过哈尔滨时，就去找了省委宣传部，找了省作协和一些相关的机构，在各方面的支持下，《赵尚志》才会有今天。

但是，我又想，是不是光去找有关的人、包括向领导机关反映意见就行呢？应该说，关键还在于真理在我们这里，就在王忠瑜同志写的书里。这样，如果大家都按照辩证唯物主义的科学的历史观来看待历史，看待历史人物，就容易取得共识了。实际上，到今天有些认识已经成了大家公认的常识了。比方说，别说对一般的英雄人物，就是对领袖，对领袖人物，不是都在讲三七开甚至四六开吗？那么，为什么到了赵尚志身上就要这么求全责备呢？就要求他是个没有缺点的完人才能歌颂呢？除了东北抗联当年的斗争和组织情况确实非常复杂这些因素以外，恕我直言，我以为恐怕还是和现在还健在的某些人士有关。我刚才还跟老王说，我说这些老同志当年也是抗联的战士、赵尚志的战友，所以今天他们自然就成为我们的什么书记，解放军的将军……那么，这些老同志为什么不想一想，你们今天有这一切因为你们是当年残酷斗争的幸存者呵，可赵尚志和许多烈士都牺牲了，包括李兆麟、赵一曼都牺牲了。他们牺牲了，你们幸存下来，自然就有了今天较高的地位，当然可能是某一级的书记、主席或是部队的将军，你们为什么不能持一种科学的态度来缅怀、歌颂这些先烈、这些英雄，反而要站出来提反对的意见呢？

所以，通过这件事，我认为要从中吸取一个教训，就是我们一定要坚定不移地掌握辩证唯物主义的科学的历史观，并用这种科学态度去看待历史和历史人物。这样，哪怕我们只是一个普通的作家，普通的编辑，也就能掌握真理，也就敢于表达我们要表达的东西，也就敢于克服各种障碍去歌颂我们的英雄。

2000 年 9 月 25 日整理

168

谱写时代的英雄乐章

——推荐柳建伟的长篇新作《英雄时代》

人民文学出版社各有关部门通力合作，在柳建伟交稿不到一个月，便将他的长达五十万字的长篇小说新作《英雄时代》在 2001 年 3 月底推向市场。至此，柳建伟著约一百五十万字、涵盖当今中国农村、军队和城市各领域时代生活的"时代三部曲"（第一部《北方城郭》，第二部《突出重围》）终于画上了圆满的句号。

《英雄时代》以中国西部重要省会西平市为人物活动的主要舞台，充满激情地描绘了自 1998 年中共十五大以来至新世纪到来之前的 2000 年，中国共产党人带领人民群众为实现工商业现代化，为实施西部大开发的战略决策，为进一步深化改革大业而英勇奋斗的人生故事。它既真实深刻地描绘了中国西部大都会生活的丰富性、复杂性，更着力于把握和揭示我们这个时代的某些鲜明的本质特征，从而谱写了我们这个时代黄钟大吕的英雄乐章。在我看来，《英雄时代》特别值得肯定的正在这里：它不但描写了当今社会的主流生活，唱响了主旋律，而且在思想上、艺术上也是站得住的。

为什么这么说呢？

首先，《英雄时代》有相当完美的家族体长篇小说结构，是一部总体上流畅好看的长篇小说。老革命家陆震天的养子史天雄和他的亲生儿子陆承伟是带动全书主要情节的主人公。在国企改革深化、世界性金融危机、社会转型风云激荡的大背景下，史天雄以朱总理为榜样，以敢跳万丈深渊、敢滚地雷阵的大无畏精神从某部副司长的位置上主动辞职下岗到西平市搞商业零售，历经风险成就一番事业后，最终还是放弃了做红

169

2001 年 4 月，何启治在成都柳建伟长篇小说"时代三部曲"研讨会上讲话。右起第二人为柳建伟。

色亿万富豪的前景，临危受命，准备去担当把天宇和红太阳两个国企大集团合并以后的新集团的总裁。而陆承伟从美国哈佛工商学院读 MBA 学成归国，便紧紧抓住社会转型前期的机遇完成了原始资本积累，成为拥有几亿资本的成功的新型资本家。史天雄、陆承伟这一对亲兄弟一般的人物在特殊背景下的较量争斗，缊含着丰富、复杂的政治、经济内涵，再加上史天雄和陆小艺、金月兰的感情风波，陆承伟和顾双凤、梅红雨的情爱奇缘，这一切由柳建伟开合有序地娓娓道来，市场商机，家庭情愫，男女情爱错综复杂地交织在一起，几十万字的长篇便常常给读者带来审美的阅读快感，成为相当好看的小说。

第二，《英雄时代》的时代感很强，真实感扑面而来，是一部容易引起读者强烈共鸣，激发读者奋发向上斗志的好作品。它是以当代大都市生活作为空间，在民族伟大复兴事业进入重要转折关头，展示中国人生存境况、观念和意识嬗变的作品，它勇敢地触及了反腐斗争，国企改革，调整机构，资产重组，股市动荡，商战风云，工人下岗，农民减负等诸多和人民群众休戚相关的现实问题。小说写出了一边是巧取豪夺，荒淫无耻，一边是艰苦创业，无私奉献的对立冲突，又令人信服地揭示了时代生活的本质：种种腐败罪恶最终挡不住社会生活中的亮色和希望，从而展示了气势磅礴的时代主流和社会发展趋势，使作品洋溢着昂扬向上的时代精神，充满着鼓舞人们奋发前进的力量。

第三，《英雄时代》在塑造人物形象方面的成绩值得我们充分肯定和重视。

小说多次提到"我们命该遇到这样的时代"——这是什么样的时代呢？小说形象地告诉我们：这就是中国的改革事业"摸着石头过河"摸到了变幻莫测的深水区的时代，是改革开放事业进入攻坚阶段、方方面面都遇到了前所未有的困难的时代，是挑战与机遇并存的时代，是危险与希望同在的时代，是风霜雨雪磨炼人，艰难时世出英雄的时代。而史天雄和陆承伟就是两个具备了艺术典型诸多特征的时代英雄。

史天雄作为共产党人在社会转型期的一个代表，是一个充满理想主义色彩却又血肉丰满的人物。童年，因父母受潘汉年冤案牵连自杀而成为孤儿；青年时期，为了国家的安全和领土完整，打过仗，负过伤；在改革遇到困难时他毅然辞职从商，想把共产主义的思想与商业文明作一整合，其用心良苦；但在国有大型企业遇到困难时，他又勇敢地挑起了一个共产党员所应负的重担。陆承伟作为第一代共产党人的后代，少年时饱受内部动荡之苦；"文革"一结束，即赴美国留学深造；回国后，便利用家庭的无形资产和经济法规的漏洞，进行自己的资本原始积累；在党的十五大为私有经济正名后，他又跳上前台，准备承担更大的责任。在他身上，深刻地体现了二十世纪东西方文化大汇流中，中国人极其两难的生存境况，为一种新阶级的诞生留下了一个可贵的标本。作者把这两个人物和当下中国最重要的意识联系起来思考，为他们找到了坚实的存在背景。在小说中，这两个主要人物围绕着政治上的正统地位，经济上的弄潮儿身份和爱情观上的孰是孰非的几番较量，可视作这部长篇的华彩乐章。作者让这两个人最后走向和解并预示出联合的可能性，实可看作是对中国未来命运的一种隐喻。

本来，我对陆承伟因顾双凤的关系而良心发现，断然将他控股"都得利"的资产只作为无息贷款留下来，使"都得利"在困境中重生这一重要情

171

节的设计，多少还有点存疑。但是，考虑到陆承伟毕竟是老共产党人的儿子，他的血管里也"流淌着共产党人的血"，他还是深爱我们这个政权和国家的人，考虑到他在公民纳税意识很强的美国所形成的做人的基本理念，考虑到他积累财富的复杂背景和过程等等，我相信了，我相信这是作者可以选择的一种可能性设计。

当然，并不仅仅只有史天雄和陆承伟是我们这个时代的英雄。有人认为，靠卖"一元面"对社会作贡献的毛小妹是生存型的英雄；发起组织"都得利"零售公司的金月兰是自立型的英雄；西平市市长燕平凉是政治型的英雄；因红太阳集团濒临破产而自杀以谢天下的陆承业是责任型的英雄；飞扬跋扈最后把天宇集团引向困境的王传杰是独裁型的英雄，等等。这种说法不无道理。但我还是认为，作者已经通过陆承伟这个艺术典型把一切与金钱有关的罪恶、阴谋、欲望、荣誉和可能的前景都表达出来了，这个陆承伟才是《英雄时代》最重要、最丰富、最新鲜的艺术形象，在当代文学作品的人物画廊中，他必将占有光荣的一席。

除了酝酿准备的时间，光是《英雄时代》的写作，柳建伟就用了几乎三年时间(1998 年 4 月至 2001 年 2 月)。最后落款的用词是"重写"而不是"修订"。我是多少知道一点其中的艰辛的。仅以两个主人公的塑造就不难看出其良苦用心：定稿中的史天雄并不是不食人间烟火的理想主义者，他也是有血有肉，有丰富情感的人；而陆承伟也不是只会贪婪地掠夺，无耻地享乐的新型资本家，他也是一个爱国者和有良知的人。作者认真的修改使陆、史都成为更丰富、更复杂也更可信的艺术典型。当然，学习马列主义并运用来指导实现中国现代化的实践，绝非易事。史天雄这个理想主义者和殉道者往往败在陆承伟的滔滔雄辩之下，如何让他做到道高一尺魔高一丈，确实还有待于作者学习琢磨呢！

柳建伟主张"良知和责任高于一切"。他还公开表示要以巴尔扎克为老师和学习的榜样，要"做这样的作家"。只有不畏艰难险阻的攀援者有望最终登上艺术的顶峰。那么，今年 38 岁的柳建伟，你可要好好努力哟。

2001 年 5 月 22 日，子夜

文学与科学、幻想的完美结合

——《今日出门昨夜归》印象

　　再次颇感兴趣地看完了竹林的长篇小说新著《今日出门昨夜归》。掩卷回想，不禁要问：这部标明"青春探秘小说"的二十八万字的长篇为什么能让人一口气读下去呢？它的魅力到底在哪里呢？

　　首先，我认为值得肯定的，就是小说把文学和科学、幻想相当完美地结合起来了。这是它在艺术上的魅力所在。《今日出门昨夜归》从头到尾充满了悬念，从而构成了跌宕起伏、引人入胜的故事情节。举其要者来说，作者告诉我们，离滨州市不远的石背镇有个民办的自立中学，校办农场设在有七棵银杏树守着七口水塘的"七星窟"。农场饲养的兔子因环境污染出了问题，被罐头厂罚款索赔，学校的生存成了问题。校长路云天外出筹款，却不知所终。做化学实验时，女教师童小倩在班长石春生的眼睛中毒失明时，情急中以一吻而愈，却突然传来路校长为筹款卖肾而死亡的消息。这生不见人、死不见尸的结果牵动着读者的心，但从此直到小说结尾，在孩子们为路校长立碑"安葬"的时候，他们的路校长却"真的回来了"！路云天如何"死"而复生？他又是怎么回来的，难道他真是神秘莫测的具有高度文明水准的"时光旅人"吗？难道几十年前失踪的童小倩的父母，也并没有死，而是被"球状闪电"式的外星人飞碟搭救了吗？对这些问题，本书的作者没有回答，而出版者二十一世纪出版社却在"出版后记"中许诺："出版社将从读者朋友续写的这些故事结局中选出一些符合生活和科学逻辑的理想篇章，出版一册续集，以使本小说的故事有个圆满的结局。"

　　这多么新鲜有趣，又是多么别开生面！

173

1998 年 7 月，何启治参加中央电视台"读书时间"节目组开播 20 周年纪念活动中，与竹林（左）方方（右）摄于无锡。

174

　　其实，我们说小说把文学和科学、幻想相当完美地结合起来，主要是指它通过人物命运的变化，通过故事情节的流动，把一些科学和幻想的话题展示在读者的面前。具体的如"球状闪电"、"时光旅人"、"八维世界"等等到底是否存在？是怎么回事？从科学理论的角度看，又该怎么理解"重复文明说"，"外星文明接触说"，以及"多重宇宙说"等等。小说还多次提到"当代的爱因斯坦霍金先生"的理论创见，就连小说的名字"今日出门昨夜归"都有点相对论的意味。（见主题歌："女孩儿呀贝蕾/来来去去啊光难追/相对论呀捷径/今日出门呀昨夜归"。）这一切，读者未必能一看就懂。我想，不必苛求竹林掌握这些，她毕竟是作家而不是科学家；我们作为读者自然也不必完全理解、搞清楚这一切，毕竟我们是在看小说而不是看科学著作。重要的是，小说在读者面前打开了探索科学奥秘的窗口，引导读者通向现代文明之路，这就足够了。

　　其次，小说的魅力还来自于它对人类丑恶的鞭笞，特别是对大爱真情和高度文明的理想社会的渴盼和追求。

　　小说对当下社会流行的腐败和罪恶的揭示着笔不多，但抨击批判的态度是鲜明的，而小说对大爱真情的歌赞和颂扬，则可谓浓墨重彩不遗余力。这一方面是指小说对温晓云、雷摩斯、乐华生、王大漠、石春生、石洞花等青年学生或朦胧或清晰的情爱和感情纠葛表示了肯定和理解；而另一方面，更重要的是小说不惜笔墨地赞颂了以路云天校长为代表的那种舍生忘死、完全无私的大爱，并通过青少年对那种远远地超越现实的理想社会的憧憬和向往，而突出地张扬了理想主义的精神。

　　"因为有了时光旅人，将来就会有最先进的外星文明来规范丑陋落后的地球文明。""（路校长）为了我们这些跟他无亲无故的学生，会把自己身上的器官也割下来卖掉！……生活在我们这个世界的人，有谁能做到……路校长就是来自未来世界的访客。在未来世界里，高度进化的人类一定会有最善良的心、最高尚的道德、最文明的举止和最无私的精神——时光旅人从未来返回现在，就是为了向我们展示这种未来人性的光辉，帮助我们尽快摆脱黑暗，走上光明之路；摆脱愚昧，走上智慧之路；摆脱痛苦，走上幸福之路。"这些作者借温晓云、雷摩斯的口说出来的话，接二连三地用了好几个"最"字，处处表达了对现实中的丑恶的嫌弃和对远胜于今人的"新地球人"生活的企盼和向往。

175

　　因为有了这些，《今日出门昨夜归》这部青春探秘小说就不仅仅有了神秘，更成了一部很有品位的、张扬完美理想主义精神的正气、大气之作，从而明显地区别于眼下文坛上颇成气候的讲述所谓另类人生的小说，有别于那些满足于描绘青少年学子厌世、忧郁、萎靡、颓丧的所谓"青春小说"。对此，我们自然应该给以更多的关注和肯定。

　　由此可见，《今日出门昨夜归》不但在艺术上的探索是相当成功的，而且它通过对人物命运的描绘，把文学应有的人文关怀保持下来，它所蕴含的思想力量，也是值得我们看重的。

2005 年春

浩歌一曲唱少年

——读范若丁著长篇小说《旧京，旧京》

在急剧变幻的时代背景下来写人，最能凸显人性中的善恶美丑，而通过对时代大潮冲击下各色人物悲欢离合的命运变迁的真实描绘，又最能营造出那种天翻地覆、瞬息万变的历史沧桑感。范若丁的《旧京，旧京》（人民文学出版社 2005 年 3 月第一版）就是这样一部感人至深的长篇小说，读之，惊人的真实感和历史沧桑感扑面而来。

贯穿《旧京，旧京》全书的主人公不是饱经人生忧患的长者，不是亲历战场考验的英雄，而是一个普通的十五六岁的少年——凡云生。为什么一个普通少年的见闻和人生故事也会给人以深沉的历史沧桑感呢？就因为小说把少年凡云生的生活置放在一个特殊的年代来展开描写。今天上了点年纪的中国人都不会忘记：1946 年到 1949 年，是血火交织、惊天动地的三年，是国民党反动政权走向大溃退的三年，也是中国共产党缔造的人民共和国即将在历史的阵痛中诞生的三年。"旧京"选取的就是这一个时代背景，即抗日战争胜利后到三年内战行将结束，战火已经蔓延到中国南方和边疆的这一时期。这当然是中国人不该忘记、不能忽略的历史。故事发生在中原大地上的一座古城——旧京，解放军和国民党军进进出出，反反复复地争夺这座中原古城，少年凡云生和生活在旧京小油坊街上的人们也就反反复复地经受着战火的磨炼。

故事从人们企盼和平生活，内战阴云布满天空的抗战胜利后的最初日子开始。少年凡云生是爱国抗日名将凡翔阁（字卓魂）家的"三少爷"（亲人们叫他"憨生"，即小说的叙述者"我"），一个还没有上中学的孩子。抗战刚胜利，在他跟随母亲和兄弟姐妹一大家子人从乡下赶往旧京的半路

1987 年 12 月，《当代》杂志组织部分作家到海南岛访问。这是何启治（左）与范汉生（中）、焦祖尧（左）摄于海轮上。

上，就听到了父亲所在的 39 集团军在邯郸马头镇举行反内战起义，加入人民军队的消息。从此，在这座抗战前父亲当过警备司令的城市里，几乎没有人敢再提父亲的名字，少年凡云生也就见识了世人的冷脸和白眼；见识了母亲不得不为一家的生计操心，四出应酬；当然也见识了国民党各级官吏的奸险狡诈，横征暴敛，鱼肉百姓；还亲见"将军府"所在的小油坊街上各色人物在时代大潮冲击下的恩爱情仇，分崩离析，冲突较量，分道扬镳。……

值得注意的是，小说作者正是在这样风云激荡的时代背景下来展开人物描写的；同时，他又是有意地通过少年凡云生的独特视角，即经由"将军府"三少爷的见闻、交往和观察，或浓墨重彩，或略加勾勒，就为我们提供了一连串难忘的、栩栩如生的艺术形象。

全书涉笔的人物约有七八十人，分别出现在长短不一的二十章里。在这些章节中，特别光彩照人的有：《落考的大哥》、《甘裁缝和杂货老八》、《光复楼老板》、《明星姨》、《表姐》、《金子谢幕》、《革命狂欢》等。而依次出现在我们面前，生动传神、内涵比较丰富复杂的人物，则大致有：

大哥：酷爱李煜、纳兰性德词，愤世嫉俗，书生意气，爱耍大少爷脾气，是一个空有抱负，不重实务，考遍南方半个中国的著名大学最终靠别人代考才进入黄河水利专科学校（后又改学建筑）的小知识分子；又是一个厌恶政治，却爱奢谈政治，几乎要挂牌成立河南省农民党支部的糊涂虫。最后抑郁而终，融入黄河。

陈干娘：没有正经名字，是三少爷（"我"）的奶娘，干娘，又一个妈。她再嫁成了"马嫂"，最后离开凡家消失在历史的烟尘中。

甘裁缝：从民国初年、日伪时期到"光复"，做过各种各样的军服。他和杂货铺老八相互救助，肝胆相照，最后不堪国民党警察三分局曹局长的凌辱、折磨，自己放一把火与裁缝铺同归于尽。

老嗓婆：在小油坊街卖烧饼油馍，一个有骨气的女人。在物价飞涨的时候，今天卖货一盒一百二十元，第二天进货涨到一百八十元，以致她总是发出"又亏了，又亏了"的诉怨，颇像阿毛在雪天里竟被狼叼走后祥林嫂的唠叨。

杜农：集国民党军上校医院院长、艺术家（戏剧家）和光复楼饭庄老板三位一体的特殊人物。民主个人主义者，至死反对内战。一个为人正直，宁可不治病也要变卖家产连本带利还清欠债的讲做人原则的人。最后因重病不治而亡。

宋曼曼：省党部书记长的太太，母亲"金兰结义"的干姐妹。因似曾上过银幕，"我"和表姐们称之为"明星姨"。是一个外貌漂亮，内心肮脏，为一己私利可以不择手段的交际花，一个跳来跳去的女人。

黎焕如：当过土匪又抗过日，穿着国民党中将军服跑单帮，最后自封了一个"熊耳山剿匪司令"的头衔，不知所终。

姬笠：凡家房客，五十五军参议，青年党河南省主委，后为国大代表。一个表面风流潇洒，内心充满苦闷的政客。

徐月秀和蓝雨凤："我"称之为秀表姐、凤表姐。一个热情奔放，快人快语，可爱又有点尖刻；一个沉稳内敛，乖觉温柔。她们真有点像林妹妹和宝钗姐姐，但都以自己的方式呵护、关爱着"三弟弟"，在特殊的日子里成了"三少爷"惨生阴霾天空中的一束温煦的阳光。

白丽金：因其父白副官长的溺爱而被称为"金子"。她那奇特的满族衣着打扮，和她坚守不渝的满族习性，让众人既感新奇，又大开眼界。这位名噪一时的女演员，柔中有刚，被南逃的国民党军官抛弃后，终于投水"谢幕"，告别人生。

冯科长：一个性情粗暴、朴实，对革命一片忠诚，对知识分子有一种天然的警惕与排斥心理的工农干部。

…………

这就是在古都小油坊街的舞台上演出一幕幕人生活剧的一些人物，其中有政客、将军、贵妇人、交际花、饭庄老板、教师、学生、女佣、小店主、裁缝，以及其他车夫、小贩等所谓"引车卖浆"者流的底层人物，大都鲜活生动，有血有肉。我们可以罗列的艺术形象自然还有一些。但还是暂且打住吧。让我们回到小说的主人公"三少爷"凡云生身上来吧。

如前所述，经过反复争夺，旧京终于迎来了解放。被亲人称为"憨生"，性格憨直，敏感又有点多愁善感的"三少爷"凡云生，也就出人意料，却也在情理之中地半年间"完成了从初中生到高中生到大学生（中州大学）的三级跳"。更意想不到的是，这位从熟读《红楼梦》到沉醉于《钢铁是怎样炼成的》的憨子"三少爷"，在一再执拗地拒绝了父亲带他到解放后的北平上学的好意之后，坚定不移地投身于革命的洪流，从中州大学到相当于苏联"契卡"（革命阵营内部负责锄奸肃反的机构）的训练班，却在不意之间经受了反复的批判和逼供。一个十五六岁的少年，几乎被打成有组织、有政治目的的"反动小集团"的头目。真是天上人间，瞬息万变呵！"革命，革命"，多少人假汝之名以行凶作恶；少年，少年，都说"少年不知愁滋味"，我们的少年主人公此刻的心情，怕是很难用一个"愁"字来概括得了吧。五十多年后，当已进入老年的凡云生重返旧京相国寺，在一片梵乐声中，他仿佛听到了凤表姐和秀表姐当年在千手千眼佛旁边呼唤"三弟弟……"的声音，顿时，凡云生老人不禁老泪纵横。小说就这样收笔了。这"三弟弟……"一声呼唤，唱出了几多沧桑，道出了几多亲情！善良的读者呵，我们从少年凡云生被革命熔炉锻炼的经历中，回望延安"抢救失足者"运动，再看"文革"的浩劫，当不难发现其中的联系。我们在深深的感动、慨叹中，难道不是也会有所反思，有所感悟么？

和平、内战、革命，这部小说也许是想从一个新的角度对我们不能忽略的一段历史进行重新审视，并从民族的与人本的立场进行反思。小

179

说展示那个时代的生存状态，从而在民族性与历史重负的层面上探求内战爆发的根由与后果，显然是一种可贵的努力。虽然小说写得不一定很理想，很圆满，但作者已经尽心尽力，用他的艺术实践为我们共同的追求提供了一些值得借鉴的经验。

范若丁此前已有《并未逝去的岁月》、《相思红》、《暖雪》、《莫斯科郊外》和《皂角树》等多部小说散文集问世。他是写散文的好手。散文之写人状物，描景抒情，以及对灵动、美和有张力的个性化语言的追求，他当深谙其中的三昧。《旧京，旧京》有作者家族和少年时期生活的印痕，作者在运思下笔时自然更是得心应手。但小说毕竟是小说，是虚构的艺术，我们当然不会把"三少爷"凡云生视作作者本人。总之，《旧京，旧京》作为散文体的长篇小说也好，作为系列小说也罢，作者历四年之功，已经在长篇小说的创作上迈出了重要的一步，作出了有益的尝试。

作者的"旧京故事"还要继续写下去。在若丁兄第一部长篇小说终于面世的时候，我在真诚致贺之余，也和广大读者一样，对他今后的长篇创作怀抱着美好的期待。

2004 年 10 月 26 日初稿
2005 年 4 月 7 日改定

刑 警 之 歌

——紫金著长篇小说《黑戒指》读后

颇有兴致地读完紫金的长篇小说处女作《黑戒指》(春风文艺出版社
2006年4月第1版),心中涌动着对人民公安战士的崇敬和感动。我首先
想说的是:中国刑警,你的名字就是光荣呵——这光荣所蕴含的,是艰
难的付出,无私的奉献,乃至流血牺牲,是对祖国的忠诚,以及保卫人
民生命财产不受戕害的职业责任感和使命感。

小说开宗明义就告诉读者:我国北方滨海城市金纳市炮台山仓库的
打更人被枪杀,存放在保险箱里的依192和CO-60放射源被盗了。这一
惊天大案惊动了省公安厅和公安部。于是,金纳市刑警大队侦破"黑戒指
11.3"一案和犯罪嫌疑人的反扑、破坏,便成了贯穿全书的主要情节。如
果仅仅是这样一个破案故事,那小说的情节就会显得相当单调。令人高
兴的是,在整个侦破"黑戒指11.3"案件的过程中,作者显然有意地着力
于人物之间相当复杂的爱情和亲情故事的描写。这样,不但大大地增强
了故事的丰富性、可读性,也使我们在阅读的过程中产生了强烈的共鸣,
受到了深深的感染和感动。而小说对人民公安战士的热情歌赞,则是通
过塑造一系列各具特色的英雄形象来完成的。

小说的主人公海凌,是一个有鲜明个性的、成长中的女英雄。她美
丽、多情而又好强、刚烈。上学要拿好成绩,从公安大学毕业后就要在
刑警大队当最好的警察。然而,命运好像注定要她经历诸多磨难和感情
的反复折腾。她从小生活在一个问题家庭里。妈妈(钢琴家)和姐姐海云
被小号手父亲抛弃了,而她却似乎是被他们三个人抛弃了。至于爱情,
先是难以忘怀的海滩上的十六岁的清晨,十六岁的初吻;远征新疆喀什,

181

却不期然遭遇了和刑警队长雷胜的暧昧感情，甚至成了说不清道不明、迫使她不得不暂时离开刑警队的绯闻；她和刑警队英俊小伙子向辉的爱情也是波澜起伏，一波三折，直到终于要享受甜蜜的爱情了，向辉却头部中弹几乎成了植物人！在市刑警大队，她想做得最好，却总要遇到"眯眯眼"政委的阻拦、捣乱，受到同事骆斌的挖苦讽刺。她期盼着在公安局内部的男女平等，却总是以失望告终，以致让人难免有"做人难，做女人更难，做女警察尤其难"的慨叹！然而，海凌的英雄本色终于在抓捕犯罪嫌疑人的生死考验中大放光芒。她先是在离喀什有三个多小时车程的乌洽村抓捕杀人盗窃犯阚辛兵时，冒着零下几十度的严寒，飞车驱赶骚动围堵的人群，自己虽然被冻伤，却使抓捕行动得以实现。后来，又在首恶罪嫌翟俊亮(即其初恋情人翟马力)准备用滑翔机向足球场观众抛洒CO-60放射源时，把枪口对准了他，并最终以一枪毙命制止了翟俊亮的罪恶意图。海凌英勇果敢的英雄性格终于在这一壮举中完成，而她和向辉的爱情，也在她耐心执著、坚忍不拔的努力下走向美好的结局。

傅明安，是作者笔下成熟的英雄。这个以外科大夫的身份进入公安战线，并从刑警大队长岗位上退休的老人，总是以他的智慧和经验去排解最棘手的侦破难题。他既是海凌的老师，又是被海凌最终认作"爸爸"的亲人。他不但把一流的侦破技术教给海凌，也把一个老刑警无私无畏，付出不计回报，"经常把脑袋别在腰间，报酬只有自己的信念"这种革命英雄主义的精神传授给海凌和年轻一代刑警战士。

金纳市鲍鱼湾派出所所长孔吉本，则是悲壮型的英雄。他从解放军某部营长的岗位上转业到公安战线，对工作总是勤勤恳恳，对同志一贯关怀备至。别人面对新疆冬天的严寒不知所措时，他早已把防冻的衣物和食品准备好了。他最后终因抓捕罪嫌时脑部受伤，诱发脑溢血而因公殉职，留下了老婆孩子和一贫如洗的家。当孔吉本的死引发了刑警队那些铁骨铮铮的硬汉子像狮子般的号啕痛哭，我们读者又何尝不是为他同声一哭呢！

雷胜，这个英纳市公安局的刑警大队长，可以说是个有缺点的英雄。雷胜也是傅明安一手带出来的、面对罪嫌奋不顾身的好汉。可他却很长时间处理不好家庭关系，又在侦破的关键时刻把握不好和海凌之间感情的分寸，以致授人以柄，影响工作。他虽然坚守着心底无私天地宽的信念战斗在打击罪犯、保护人民的岗位上，虽然像独胆英雄那样为抓捕首恶罪嫌而献身，终至惨遭放射源辐射的伤害与折磨，但就像他的女儿所说，这"游走于理想和现实之间的英雄主义"却"也将永远引领我们超越平凡和苦难"。

其他人物如海凌的恋人、抓捕首恶罪嫌时受重伤的向辉，处事老到，却总不忘讨好领导以谋取官职的骆斌，心性内向却处处为他人着想的温柔贤淑、善解人意的钢琴家海云，还有雷胜那位朴实善良的童养媳"妹妹"淑珍等等，也都不失为真实生动、各具内涵的艺术形象。

还值得一提的是，海凌那位初恋情人、首恶罪嫌翟俊亮，在作者的笔下他对海凌的爱却是真心的。最后也是他为爱护海凌给她发了手机短信，让她赶紧离开体育场，才最终导致了他的覆灭。作者写了首恶罪嫌人性未泯的一点点善，也不回避地写了海凌成长过程中的问题，写了雷胜身上的缺点。这些不把人物简单化的写法，以及作者对人民公安事业处处流露出来的无比热爱的激情，都是非常难能可贵的。

作品自然还存在一些稚嫩不足之处。在我看来，主要是对现实存在问题的揭示尚嫌轻、浅，作为长篇小说，在思想内涵和审美艺术上，还没有明显的突破性贡献，以及在艺术语言的个性化等方面还有待进一步的改善、提高等等。

然而，作为青年作家的长篇小说处女作，紫金已经取得了可喜的成绩。这不仅值得我们真诚地祝贺，也让我们对她以后写出更加厚重，更有深度，也更具艺术魅力的作品来，有理由怀抱着热切的期待。

2006 年 8 月 29 夜草成

183

聆听智者的吟唱

——祝贺新版《秦牧全集》出版

十二卷本新版《秦牧全集》在人们的期盼中诞生了。

这是由广东教育出版社承担的建设文化大省的重大工程项目，是1992 年 10 月 14 日我们十分敬仰并在海内外享有崇高声誉的当代散文大师秦牧同志逝世以来，收集最完备、编辑最完善的《秦牧全集》，值得我们热烈祝贺。

去年 8 月，酷暑中，我们在秦牧夫人吴紫风同志的主持下讨论新版《秦牧全集》的编辑、出版工作。虽然新版十二卷本《秦牧全集》是在人民文学出版社 1994 年出版的十卷本《秦牧全集》和 2004 年出版的《秦牧全集·补遗卷》的基础上编辑出版的，但广泛的搜集、拾遗，订正讹误，统一编辑体例和重新装帧设计等等，仍然有巨大的工作量和严格的要求。因而，在不到一年内要保证高质量地完成这一任务，仍然是相当困难的。广东教育出版社的同仁出色地完成了这一光荣而繁重的任务，我们在真诚祝贺的同时对他们油然而生衷心的敬意。

新版《秦牧全集》包含了秦牧生前留下的六十多本集子和六百万字的作品，是一座丰富多样的文学宝库。秦牧从 1935 年十六岁读初中二年级开始写作，五十多年来创作了包括小说、戏剧、儿童文学、科普作品、杂文、文艺理论、散文、随笔、诗词、序跋、书信等多种文学样式的作品，而以独树一帜、享誉海内外的散文著称。他的重要的散文佳作不但选入我国的中小学课本和大学文科教材，而且也入选港澳、东南亚地区和日、韩、新加坡等国的中小学的课本，早已被一代又一代的年轻学子所学习吸收。品读新版《秦牧全集》，我们就像是在品尝满席的美味佳肴，享受丰富多样的文学盛宴。

新版《秦牧全集》又仿佛是睿智长者为我们创造的宽广博大的知识的海洋。秦牧的作品尽显智慧和知识的魅力。在他的作品中，举凡天文地理，历史现实，异国风光，天下奇观，花鸟虫鱼，珍禽异兽，日月星辰，山河大地，古迹名胜，风物人情，科学幻想，趣闻轶事，文艺百科，可谓尽在其中。品读新版《秦牧全集》，就像徜徉在知识的大海中，让我们目不暇接，大受裨益。

新版《秦牧全集》还可以说是散文大师秦牧为我们创建的四季如春的美丽的大花园。在秦牧的作品中，知识丰富，见解深刻，情趣盎然，这三者是统一的。他不但在《散文创作谈》中提出"用一根思想的线串起生活的珍珠"的艺术主张，而且身体力行，在创作实践中，把知识性、思想性和艺术性统一起来，通过审美的途径，去探索生活的奥秘，并从中升华出深刻的哲理来。品读新版《秦牧全集》，我们就像漫步在繁花似锦的艺术百花园里，陶醉在清新芬芳的、美不胜收的艺术享受之中。

半个多世纪以来，我国当代散文大师秦牧紧跟时代的脚步，心系祖国命运，胸怀天下苍生，以他的生花妙笔，创作了以散文为突出代表的各类文学作品，以其思想、知识和美的魅力，滋润了一代又一代读者的心灵，在国内外产生了深广的影响。品读新版《秦牧全集》，仿佛是聆听睿智长者发自心底的吟唱——无论是快乐的欢歌，哀婉的悲歌，激情的赞歌，悲伤的挽歌，愤怒的战歌，胜利的凯歌，还是抒情动听的歌声，都是一位饱经沧桑的智者、仁者的吟唱，都会引起我们强烈的共鸣，慰藉、净化我们的心灵，鼓舞我们去努力创造更好、更美的明天。

"金无足赤，人无完人。"我在充分肯定秦牧作为当代散文大师的贡献和他在中国当代文学史上的重要地位时，并不想说秦牧的作品就是字字珠玑，篇篇都可以传世的经典之作，我当然也不以为秦牧就是十全十美的完人。然而，我想强调的是，如果我们能用历史的眼光来看一个人，那就会毫不犹豫地认定：秦牧在他那一代老作家中间，无疑是很优秀的人，是杰出的散文大师，也是睿智的长者和值得我们敬仰、爱戴的良师益友。我们不会忘记，从 1938 年 19 岁时放弃学业，投身抗日救亡活动开始，到 1992 年 10 月 14 日猝然而逝，秦牧经受过多少风风雨雨的洗礼。尤其是在十年浩劫中，他备受磨难，却矢志不移，坚忍不拔。他在

185

被迫搁笔十年之后，一旦重新拿起笔来，便文思泉涌，如岩浆的喷发，每年平均为读者奉献一本以上的美文佳作，这是何等的难能可贵呵！

由此，我想到鲁迅先生逝世后，郁达夫先生在《怀鲁迅》一文（作于1936年10月24日，鲁迅逝世后第五天）中所写的十分沉痛的话："没有伟大的人物出现的民族，是世界上最可怜的生物之群；有了伟大的人物，而不知拥护、爱戴、崇仰的国家，是没有希望的奴隶之邦。"我们当然不好简单地把秦牧和鲁迅作类比，但就应该懂得拥护、爱戴、崇仰我们这个民族、国家出类拔萃的杰出、伟大的人物来说，其精神是完全一致的。好在我们已经跨过了那个不幸的年代，我们已经懂得爱戴、崇仰我们的大散文家秦牧，知道要珍重、爱惜他的等身著作，搜集、出版并再版了他的《全集》，作为我国乃至世界文学遗产的一部分了。

前苏联作家奥斯特洛夫斯基曾经借他自传体小说的主人公保尔·柯察金的口说过，一个人可以感到自豪的是，当他告别人世的时候，还可以他的作品继续为人类服务。秦牧正是这样的人。他的包括六十多个集子共六百万字的《全集》将在人间永放光芒。

哲人已逝，美文长存。"书比人长寿。"在庆贺新版《秦牧全集》出版的时候，我们可以说，秦牧是永生的。我们敬仰的老师、睿智的长者和真挚的朋友，我们所尊崇、爱戴的散文大师秦牧将永远活在我们心里，永远活在千千万万读者中间。

2007年岁杪

疼痛·愤懑·期盼

——姚蜀平著长篇小说《似水流年》读后

姚蜀平著长篇小说《似水流年》于 2009 年 3 月由花城出版社出版。这是一部用饱含血泪的笔墨抨击"十年浩劫"的小说，是一曲用发自心底的真情呼唤国人决不允许"文革"悲剧在神州大地上重演的悲歌，值得重视和肯定。

为了分析的方便，让我们随着这部四十多万字的小说回眸上个世纪中期的中国的某种状态：美丽的女大夫尚安妍被北京一位叫朱侃荞的高官骗奸受孕，在被迫做人流的医院里结识了从美国辗转回到祖国的生物学家梅仲宇的妻子夏晶榕和她的一家。"文革"初期，她从劳改农场跑回北京时，发现梅家三口挨斗后自杀，而唯一可能幸存的小男孩梅冬生却不知所终。尚安妍后来下放到南方的一个小县城，在当地武斗的烽火中意外和冬生相遇，从此义无反顾地担当起抚养好友遗孤的全部责任。公社医院的杜医生和"右派"温尔雅在尚安妍的推动下成了冬生的启蒙老师。期间，尚大夫还以德报怨救治朱主任于危难之中，又由共患难而与温尔雅相恋。当温尔雅去香港接受遗产时，尚安妍因为冬生不能同行而痛别所爱。其后，尚大夫回到北京，先后为了冬生的户口和上学问题而违心地求告已官复原职的朱侃荞主任，并为了冬生而与她不爱的工人武正兴成婚。而冬生则拜同院一位穷途潦倒、却拥有美国双博士学位的甘先生为师。甘先生鼓励他跳级考上北大物理系，又精心调教他作为插班生考入美国加州理工学院。从此，冬生在美国得到温尔雅的真诚帮助，又找到了父亲相识相知的美国老教授和房东，还发现了父母自杀时盗走名贵小提琴的红卫兵冷冰的踪迹。为了解开父亲告别人世时的质疑，冬生舍理工而转学政治。他决心要探寻在中国发生"文化大革命"的来龙去脉。九年后，誓言永不回来的冬生踏上了归国的航班。他相信：他只能在自己的祖国，和挚爱的妈妈尚安妍，和许多"文革"的受难者和先行者一起努力，才会寻找到正确的答案。

有心的读者从姚蜀平为我们敷衍讲述的故事中，不难发现它的一些突出的特点：

其一，从政治上看，这可以视为当代中国知识分子的苦难史。时代生活十分复杂，通常我们称之为"十年浩劫"的"文化大革命"尤其如此。写"文革"可以有多种视角，而《似水流年》这部小说则是从知识分子经历的苦难和锥心之痛这个角度来反映"文革"的。可以说，它是一部真实、形象的当代中国知识分子的"苦难历程"，是关于人间大灾难和大悲剧的故事。

关于悲剧，古希腊哲学家和戏剧大师们有过堪称经典的论述。按我的难免肤浅的理解，似可作这样的表述：人为自身不可抗拒的命运所左右；人若抗拒命运的安排，其结果就是悲剧。实际上，历来知识分子和历史上的统治者都难免有一些基本的矛盾：政治上是专制与民主自由的矛盾；文化上是主流意识控制与人道主义和人性的矛盾；经济上是强调工具论与崇尚自由职业的矛盾；……等等。统治者往往是强大而又无情的，而知识分子则是敏感而又脆弱的。矛盾冲突的结果可想而知。这样，命运说就化为具体的环境体制说，即知识分子在无情的环境和强大的体制力量面前显得脆弱无力，其反抗如同以卵击石，其结果当然是悲剧，甚至是毁灭性的悲剧，虽然在精神上还可以自视清高。

《似水流年》中的梅仲宇、尚安妍们就面对着这些无法回避的矛盾。"十年浩劫"中神州大地发生了太多的血腥和恐怖。小说给我们提供的第一个惊心动魄的恐怖画面就是梅仲宇、夏晶榕一家的被迫自杀。没完没了的批斗，皮带和拳脚的抽打，剥夺起码尊严的人身侮辱，对美貌女性盯视的淫邪的目光……皮开肉绽、受尽凌辱之余，他们一家只能在静夜中服毒自尽，以死抗争！在万劫不复的历史巨变面前，他们一家成了可怜可悲的弃客，但在捍卫人的尊严的试炼中，他们又成了精神上的压不垮、打不烂的纯钢！这是何等的勇气和坚强！

然而，比起夏晶榕的一家来，尚安妍经历的试炼却需要她具备更大的勇气和更加坚韧顽强、不屈不挠的精神。先是被骗奸，而后把她贬到荒寒的"盐碱一号农场"；在远离北京的小镇当医生，却在生存问题上几乎陷入了绝境；武斗现场巧遇被孟妈搭救的梅冬生，从此为了冬生的成长和教育而不得不忍辱负重并放弃了唯一的真爱；回到北京后，为恢复应有的待遇而奔波，为冬生的户口和教育而接受无爱的婚姻，而被迫放下尊严去求告加害者；含辛茹苦把冬生送到美国留学之后，还是孑然一身……面对严酷的环境，面对体制和极"左"路线筑成的高墙，尚安妍要走上人生的坦途，的确需要更大的勇气和更强的耐力。回顾过去，面向未来，她该有几多疼痛，几多愤懑，又会有几多憧憬和期盼呵！她的悲剧人生，她经历的一切苦难，都会引发读者对当代中国发生过的一切作深刻的反思。

其二，从审美的角度看，小说塑造了一些引人注目的、内涵相当丰富的艺术形象，其中有的可以说是罕见的。

女主人公尚安妍并不是被极"左"路线制造出来的什么"分子"，因而她的悲剧人生也就具有了更大的普遍性和代表性，她的悲剧命运既体现了善与恶、美与丑、人性和兽性的搏斗，也是对极"左"路线的有力批判。

朱侃荞作为高级干部，既有好色、自私的弱点，但也有人性未泯的一面。作为"走资派"，经历过"文革"的磨炼之后，他对历史的反思也相当深刻冷峻，虽则要他完全否定自己的过去也难。我们不能简单地把他归结为坏人或者好人。这说明作者在笔下并没有把人物简单化。

梅冬生是在苦难和折磨中成长的青年。他所经历的四次死里逃生就蕴含着"文革"中的四次重大事件(两次武斗，滥杀无辜的"民办枪毙"和天安门"四五"运动)。最后他赴美留学和追寻历史答案合情合理，也让读者对美好的未来有所期待。

杜医生和甘先生都是个性鲜明、内涵丰富的人物。前者涉及"托派"及其理论，他在当代中国文学作品中是个罕见的艺术形象；后者在早年归国的高级知识分子中有一定的代表性。

温尔雅是小说情节推进必不可少的人物，可惜从艺术形象塑造来说却是个比较弱的人物。

冷冰代表的是红卫兵造反派中顽固不化、永不忏悔的人物。崔灿则是借"文革"崛起的新星，好学习，爱思考，待人处世从来不会简单化，

189

但从艺术形象的塑造来看，可惜最终并未完成。

其三，从文学的批判功能来看，小说对极"左"路线的批判是有力的，也相当深刻。小说借冬生给妈妈写信，把中国的"文革"和二战中的法西斯暴行"并列为二十世纪两大悲剧"。又把梅仲宇自杀前老在重复的话"Something is wrong(什么事情错了)"延伸到冬生在《留美学生通讯》中看到留美学生在 1950 年 3 月 4 日提出的十二个疑问。（"新中国究竟走的哪一条路？有没有言论集会等自由？我们知识分子在中国的地位怎样？中国会不会歧视留美学生？是否我们一定先要受训后，才有资格做事？是否我们只能埋头做事而不能对新政权有任何批评和建议？我们在这里学习回国后还有用没有？是否新中国只要大家穷得公平，而不重视新技能、新知识？中共目前固然爱护人民，但在得势之后，会不会把人民一脚踢开？会不会像国民党一样渐渐腐败起来？它会不会出卖民族利益？会不会走上南斯拉夫的路？……"）小说还借杜医生的口，以肯定的语气介绍南斯拉夫人吉拉斯·德热拉斯（Milovan Djilas）写的一本叫做《新阶级——对共产主义的分析》的书："它的精髓就是讲革命后的政党，形成

190

2009 年 12 月 15 日，长篇小说《似水流年》作者姚蜀平（右）、出版者钟洁玲（左）、特约编辑和评论者何启治（中）合摄于广东省出版集团驻北京联络处。

了一个新阶级，一个政治官僚阶级，官僚特权阶级，他们占有了国家资产，他们不仅统治，而且也剥削人民大众。"小说在研究和表现托陈取消派这一重要的历史问题上提供了新的角度，新的视野和理性地认识新的观点的可能性，值得文学界、史学界加以注意。

我想，这些比较尖锐、敏感的话题出现在小说中，既体现了作者的勇气，也说明了时代的进步，真是让人高兴。

其四，从认识价值来看，这部长篇小说的时代感很强，也有很大的信息量。在故事情节的发展过程中，诸如"四清"运动的背景，"文革"的内情，全国武斗的伤亡人数，历年物价、工资的变动情况，国际共运和中共党内斗争史料，以至"文革"后的高考情况和上世纪八十年代留美学生的情况等等，都有真实的披露。

读完《似水流年》，掩卷沉思，我的心情可以用"震撼"和"感动"来形容。说震撼，是因为它讲述的一个美丽善良而又勇敢刚强的女大夫在最美好的年华里备受磨难的故事，可以说是当代中国知识分子的苦难历程，而尚安妍的人生悲剧，折射出的是时代的悲剧，是并不太遥远之前发生在神州大地上的悲剧，是海内外的中华儿女都不允许它重演的大悲剧。说感动，是因为尚安妍这个弱女子面对苦难时的坚贞不屈，坚忍不拔，忍辱负重，一诺千金和一往无前，以及还有像冬生那样的年轻人，为了追寻让父辈困惑的问题、涉及国家民族前途的问题的正确答案，而不辞艰辛险阻，孜孜不倦。

中国在艰难中前进，在不断地进步，神州大地的前景无疑是美好的。然而，"路漫漫其修远兮，吾将上下而求索。"我想，读过长篇小说《似水流年》的读者，都会很自然地联想到屈原《离骚》中的这一名句。

2009 年 5 月 1 日于北京

大 爱 无 疆

——陈以彬著长篇小说《你在何方》读后印象

陈以彬著长篇小说《你在何方》，从创作到反复修改，历数年之功，终于在 2009 年 1 月由重庆出版社出版，值得祝贺。

大约三年前我看过这部小说的初稿，约有八十多万字。如今翻阅这部正式出版时已压缩到六十五万字的小说，仍然有一种沉甸甸的、厚重的感觉。掩卷思量，觉得这真是一部独特的，在艺术、思想上都有所追求、有所收获的好书，是一部正面宣讲博爱，呼唤和谐的福音文学佳作，也是一部以多彩的笔墨描摹人间真挚爱情，并蕴含着丰富的社会历史内涵的长篇小说。当然，也难免是留下了一些缺憾的作品。

说这部小说独特，首先是指它写的题材很独特，在当代中国长篇小说创作中具有开拓的意义。

《你在何方》描写了中国西部重镇重庆和川东小镇金银坝一批基督徒的生活和感情，形象地展示了爱的珍贵，爱的伟大和爱的力量。重庆解放初期，南下干部李东林的妻子史兰芳生下了男婴李刚。因为意外，李刚的脸被烧伤。李东林将亲子遗弃，而年轻的值班护士刘琼燕则义无反顾地将孩子带回老家金银坝抚养，并将李刚改名刘刚。刘刚在成长的过程中同养母一起备受歧视和煎熬，但真诚的爱使他们勇敢地面对人生，成了虔诚的基督徒；刘琼燕的哥哥刘金华赴朝参战，多年杳无音讯，其未婚妻张云霞在漫长的等待中展现了对恋人坚忍不拔、矢志不渝的爱；李东林遗弃了刘刚，也遗弃了发妻何灵香及遗腹女何晋渝；在深圳商界，李东林的小儿子李毅不择手段算计两个竞争对手，犯罪后才知道这两人就是他的姐姐何晋渝和兄长刘刚；刘刚在种种磨难中对遗弃自己的父母甚至暗杀自己的弟弟都以基督的博爱精神回报以催人泪下的爱；刘琼燕和护士长周世琼等人对他人、包括迫害过自己的人也都以基督的博爱精神给予了真挚感人的爱。……爱与恨，美与丑，正义和邪恶，光明与黑暗的较量在小说情节的推进中展开。

那么，让我们透过小说繁复曲折的情节，先来看看《你在何方》是一部如何宣讲博爱、呼唤和谐的福音文学佳作。

刘琼燕的丈夫刘昌正一家，是《你在何方》这部小说宣讲基督教博爱精神的主要载体。他们这个巨富之家，在重庆、上海，在香港和海外拥有丰厚的资产，但并不是只顾自己和家人过优越奢侈的生活，而是以基督的博爱精神去关爱乡亲、朋友甚至加害过自己的人。刘昌正、刘琼燕以亲子之情抚养了刘刚，刘刚的生父李东林及其手下人却借镇反运动的势头以宣传"洋教"罪把刘昌正投入监狱，刘被判刑五年。刘家的总管施叔煞费苦心布置劫狱以救出刘昌正并送他到香港，却遭到刘昌正母亲邓静茹的断然反对。她说："正儿进监狱可能是神要磨炼他！罗马帝国钉主耶稣十字架的时候，主反抗了没有？造罗马政府的反没有？没有！主难道没有能力反抗么？"刘昌正自己此前也曾就合作化中的问题对张云霞宣示过："《圣经》上说，'凡掌权的都是神所命的，所以抗拒掌权的就是抗拒神的命。'因此，共产党执政也是神安排的，要顺从共产党的领导。"共产党执政为神所授的意思很明确。小说中所说的神就是上帝。作者在赠我的《你在何方》的扉页上写了这样的题词："上帝就是爱，只有爱才能造就和谐。"可见，小说所宣讲的基督的博爱精神是一种具有广泛概括力的精神，是一种可以和当今提倡的构建和谐社会的主张相融合的精神。上帝之爱无所不在，它包含着亲情、爱情、友情乃至爱乡爱国之情，既指爱己爱人也包括爱加害过自己的人。这样的博爱精神也很突出地体现在刘家倾力救助金银坝受难（三年困难时期的饥荒和洪水之灾）乡亲的行动中。类似的事例可以说贯穿于小说的始终。

博爱，普遍的爱广泛存在于世间，这是人人都能理解的爱。据说，英语中还有个单词 Agape，是英语中的外来语，由希腊语的词根衍生而来。这个词的意思也是爱，却是指不求回报的爱，爱你不能爱的人，是植根于灵魂深处的爱。这种爱与普遍的爱有相同之处，但比普遍的爱更深沉、厚重。爱你不能爱的人，做得到吗？《你在何方》告诉我们，做得

193

到，而且应该做到。试想，一个人如果爱一些人，怨恨另一些人，那么这个人自身和谐么？如果人人都爱一些人，讨厌、怨恨另一些人，这个社会还会和谐么？《你在何方》这部小说刻意描写了好几个爱不能爱的人的故事，如刘刚对他生父、生母的爱，对戕害他的同父异母弟弟李毅的爱，何灵香、何普渝对遗弃他们的李东林的爱等等，都显示出这些人的高尚道德，折射出人类社会未来的光明、希望与和谐。

福音，广义的说法就是好消息。由于新约《圣经》有四卷福音书(马太福音、马可福音、路加福音、约翰福音)，所以福音又特指耶稣(上帝)的爱、牺牲和救赎，而福音文学也就指含有基督精神(牺牲，爱你不能爱的人的爱，深层次的博爱)的文学作品。

文学是抒写人性，以形象和感情引起读者共鸣的作品。而人性最基本的特质就是爱。无论我们是不是上帝的信徒，我们都不得不承认影响深远、广泛的爱莫过于耶稣为替众生受苦而承受被钉上十字架的痛苦。现在世界通行的公元纪年、星期几、红十字、和平鸽等等，都与《圣经》所讲的这一令人震撼的事件有关。所以福音文学在世界文学中占有特殊而光荣的位置，其中不少优秀的作品，如《汤姆叔叔的小屋》(斯陀夫人)、《简·爱》(夏洛蒂·勃朗特)、《你往何处去》(显克微支)、《珍妮姑娘》(德莱塞)等等都获得了诺贝尔文学奖。然而，在我的阅读范围内，中国却鲜有优秀的福音文学佳作。因此，《你在何方》的出现也就是罕见的，特别值得我们重视。

笔者和许多读者一样并非基督徒，但我们对基督的博爱精神却理当有所理解，更应该有一种在理解基础上的包容的态度。而以彬用心创作并反复修订打磨《你在何方》，以及最终由重庆出版社推出这部中国的福音文学的开山之作，自然应被看作是多元化的当代中国文学的进步，确实令人感到高兴。

在《你在何方》这部宣讲基督博爱精神的小说中，除了用动人的笔墨写亲人、朋友之间的爱，甚至是爱你不能爱之人的爱以外，还用浓重的笔墨描绘、渲染多种感人至深的爱情。

其一，是刘金华、张云霞穿越时空整整三十年的爱情：1951年未及结婚就走上朝鲜战争战场的刘金华因伤被俘，直到1981年4月回到金银坝与张云霞完婚。一种充满悬念的、矢志不渝的爱情。

其二，是刘家少主人刘昌正与美丽善良、坚忍不拔的医院护士刘琼燕带有浪漫色彩的、田园牧歌式的爱情。

其三，是刘家保镖曾绍文、陆静珠充满误会，虽不能同年同月同日生，却以同年同月同日同时死的惨烈方式了结的令人震悚的爱。

其四，是南下干部李东林见美色而抛弃发妻、遗腹女，而何灵香以典型的中国妇女传统美德相报的，蕴含着丰富社会内涵的爱。

其五，是曾为红军、战败当了和尚的巴空与爱憎分明、敢作敢当的农妇汪一芳之间终于没有结果的，令读者遗憾浩叹的爱。

在我们生活的地球，再没有什么生物比人更复杂了；爱情并不是人生的唯一，但显然是人生追求中最重要的事情之一。以彬在《你在何方》这部长篇小说中为我们编织了以上五种爱情故事，如同他借刘昌正一家的命运和人生故事宣讲基督的博爱精神一样，也是有深意的，也是一种成功的探索。我想其中起码有这样一些意蕴：

第一，人生，人的命运是丰富多彩、繁复多样的，作为多彩人生核心内容之一的爱情，自然也是千姿百态的。也只有这样写人生，才能在艺术上做到真实感人。

第二，爱美之心人皆有之，渴望幸福的爱亦人之常情，但作者在编织他想写的爱情故事时，却是坚持鲜明的是非道德观念的。最突出的例子是李东林，在讲述他抛弃发妻何灵香，三十年后又得到原谅与何灵香重归于好的故事时，作者显然是有意通过种种细节和情节来谴责李东林的欺骗和负义，让他无法面对自己的良心。

第三，男女之间的爱恋之情只是生活中重要的一部分，而且必然和当事人的其他活动有着千丝万缕的联系。在小说所描绘的爱情故事中，作者显然是注意到了这种关系，并在故事演进的过程中合情合理地融入了丰富的社会内涵。如讲述刘金华、张云霞矢志不渝的爱情必然涉及朝鲜战争、中美建交和中国农村和社会的巨变；讲述刘昌正、刘琼燕的爱必然要讲镇反运动、监狱生活，以及医院和农村多年的变化；李东林的晚年虽然得到了何灵香的原谅，但原先那个美好的家突然面临"家破人亡"的惨景，李毅和同父异母姐姐何晋渝争斗拼杀，甚至派人暗杀亲兄长刘刚，还有通过细节揭示的"人走茶凉"现象和"媚权心理"，凡此种种，都是在讲述爱情故事时自然地揭示了深刻的社会内涵，让人过目不忘，

195

感慨万端。

以上，从福音文学和爱情描写这两个方面论及《你在何方》在艺术、思想上的探索、追求及其收获，确实值得重视和肯定。

其实，有心的读者一定还会体察到，作者为了在有限的篇幅内讲述跨度几十年且涉及诸多人物的故事，确实也在小说的结构上下了工夫。如采用直叙与倒叙相结合，以刘刚诞生第二天因医院停电脸被烧伤为故事的切入点，渐渐引出李东林的抛弃亲子，刘琼燕携刘刚回金银坝，以及刘昌正一家的故事，整个情节的推进，层次分明而又悬念迭起，跌宕起伏，引人入胜。又比如最后一章有"新来的县委书记"一节，作者在此前略有一些伏笔、暗示，可是谁能料到，这位谦卑、宽容、平易近人、处事从容不迫的县委书记竟然是老地主的孙子呢？还有那口由"第一巧手"用"绝活"完成的棺材，几易其主，连圣人似的邓静茹都没有用上，最终这"天下独一无二"的棺材却被傻子似的朱大贵用上了。这真是"人算不如天算"呵。再如苦等刘金华三十年的张云霞，谁又会想到中国的改革开放和中美关系正常化会造就他们迟到的美好婚姻呢？就是那个抛弃发妻和亲子的李东林，似乎如愿以偿娶了美女史兰芳，却不料终于闹了个"家破人亡"，自己也病得命悬一线。看似毫无希望了，何灵香却以德报怨，愿意重新接纳他，还劝说女儿何晋渝认这个见利忘义的爹！真是世事难料变幻莫测呵！但也正是这些独出心裁的情节设计，既说明作者头脑冷静，没有把生活、人物简单化，又使小说情节的推进合情合理又出人意料，既增加了故事的神秘感，又加强了作品的艺术魅力，并生动地展现了人性美好的或丑陋的一面。

自然，《你在何方》并非白璧无瑕。在我看来，一则结束显然过于匆促，往往以一些交代性的文字草草收尾。二则在人物语言的个性化方面还有待努力。有些地方可以说是作者把自己想说的话强加于人物的头上。如谢德琳关于人的物质欲望与治理环境的议论，关于心灵与土地、钞票的关系的议论，长篇大论，颇富哲理，可以造就一篇好的随笔，却不应该是此时此地谢德琳该说的话。汪一芳的墓志铭从诗人普希金的墓志铭转化而来，却不可能是一个没什么文化的农妇命令儿子立下的碑文。三是情节甚至人物枝蔓旁出的情况时或有之。如讲武术有"一江春水"这一招也就罢了，却由此论及南唐后主李煜的诗句，并介入李煜是昏君还是韬晦的学术争论，这就完全没有必要了。作者想对读者说的话实在太多了。四是作者过于急切地要宣讲传递基督的福音，往往把话说得太绝对了，主洞察一切，主安排一切，在把握分寸上尚可改善。……

如同世上没有十全十美的社会一样，文坛也没有完美无缺的作品，何况是具有开拓意义的福音文学作品呢！瑕不掩瑜，我们还是要真诚地感谢以彬为当代中国文坛奉献了《你在何方》这部福音文学佳作。

以彬的本业是卫生防疫的科研工作，曾荣获四川省委、省政府颁发的优秀中青年专家的称号，他在自己的本业上早就创造了优异光荣的业绩。文学创作对他来说，完全是业余时光的自讨苦吃。早在上个世纪80年代我编《当代》杂志的时候，他就以针对知识分子评职称中的问题而创作的中篇小说《有意无意之间》而荣获1984年的"《当代》文学奖"，以后又有长篇小说《人之路》和一些中短篇小说问世。以彬本是志趣不凡的人，且又智慧、勤奋过人。我想，以《你在何方》作为新的起点，继续步步踏实地努力，假以时日，以彬必当有更完美的作品奉献给读者。如果真有上帝，我想这也一定是上帝的祝福，读者的期待。

2009年7月7日傍晚

第五辑

文坛师友录

永生的秦牧

一

去年 10 月 14 日下午，为别的事给广东作协主席陈国凯打电话，却万万料不到从话筒里传来了秦牧不幸突然病逝的噩耗。国凯兄沉重地说，在他那一辈老作家中间，秦牧实在是很难得的好同志啊。

我怀着万分悲痛的心情做的第一件事是：分别以人民文学出版社、《当代》杂志全体同仁和我与妻子叶冰如的名义发出三封唁电。其中以《当代》名义给广东作协发出的唁电表达了我们大家共同的心情：惊悉我们敬爱的秦牧同志不幸病逝，悲痛之情难以言表，中国当代文坛从此失去了一位蜚声海内外的重要作家和忠厚长者，我们失去了一位良师益友，但他从事文学活动五十多年来著作等身，他的佳作美文人品文品和崇高精神，将永远激励着我们前进。请向紫风同志和其他亲属转达我们诚挚的慰问并望节哀。

在万分沉痛中，记忆中出现的第一件事却是发生在人民文学出版社简陋的后楼三楼办公室，在林默涵同志召开的鲁迅著作编辑室的全体会议上。时在 1978 年初，冬日少见的灿烂阳光照得满室生辉。那时候，为了保证在 1981 年 9 月鲁迅诞辰百周年出齐新版 16 卷本《鲁迅全集》，从广东、上海和其他地方借调了一些学者、专家来参加"全集"的编辑、注释和终审定稿工作，其中就有秦牧、曾彦修这些同志。这天的全体会议就是我们平时戏称为"走廊会议"的会，只有十几平方米的办公室里坐满了人，有的同志只好坐在走廊上。正式开会之前，曾彦修同志突然站起来很严肃地说，我想先说几句题外话：当年秦牧同志和我在广东省文教厅共事的时候，我们对他作过不公正的批评，真是对不起。我现在借这个机会向他道歉，请他原谅。……秦牧似乎事先也毫无思想准备，稍停才摆着手说事情都过去了，不必说了，不必说了。

我和大家一样感到很突然，也很难忘。我想，原来我们所敬重的秦牧同志不但五七年受过委屈，"文革"中受过折磨，早在 1951、1952 年他在广东省文教厅任资料科科长主编《广东教育与文化》杂志时，就受过委屈刁难呵！而平时他却是那样豁达乐观，下笔如有神，哪里像个接二连三受过委屈的人呢！

二

初识秦牧，是在 1977 年底他奉调到北京来参加新版《鲁迅全集》的定稿工作之后。

作为我所敬仰的前辈作家，又是广东同乡，现在同在一个编辑室里为同一个目标工作，自然有了更多接触请教的机会。

那时候还有个方便的条件是：他和紫风同志住在出版社后楼的一间斗室里，而我作为拆迁户也有两三年就临时住在出版社大院的简易木板房里。双方住处相隔不过百米，来往自然方便。记得我关于青海、西藏等边疆少数民族的话题，就曾引起过他的兴趣。知道他那时还没有去过西北，而我是在西藏格尔木中学当过两年援藏教师，又两次到过拉萨的人。于是，关于青藏高原的苦寒、干旱、沙尘暴，关于边地人民的生活情状、民情风俗也就谈得比较多。特别是关于藏族的天葬，我既讲过一些天方夜谭式的传说，又介绍过我在拉萨天葬场的实地观察见闻，还送过他一套反映整个"天葬"过程的黑白照片。而不久就见到他借天葬这个材料写成的散文佳作《在秃鹫笼旁》，那情趣，那文采和深邃的哲理，都在显示着大散文家的手笔和神思。

我在鲁迅作品注释中遇到的难题，自然常常向被誉为"多识鸟兽草木之名"的"杂家"秦牧求教。我是《朝花夕拾》、《野草》等散文集的责编，一次在为《朝花夕拾·小引》作注时，碰到"水横枝"这个词儿。1958 年版没有注，1977 年征求意见本的注释又不准确，定稿小组大多同志都没有见过这种东西。秦牧便向大家介绍他知道的情况，提出修订意见。但还怕不准确，便又亲笔给友人——广东的一位园艺家写信请教。后来很快就收到回信，指出"水横枝"是一种供观赏用的盆景，订正了原注中"极香"之误说。这时，他才欣然命笔，撰写了一条简练而准确的注文："'水横枝'一种盆景。在广州等南方暖和地区，取栀子的一段浸植于水钵中，能长绿叶，可供观赏。"他治学行文的严谨，由此可见。

我个人在工作之余也偶尔写点散文。明知秦牧很忙，除工作外还有自己写作散文、杂文、童话故事乃至中短篇小说的计划，向他约稿的报刊编辑接踵而至，高峰期竟有九十多家，但我还是忍不住要以自己朴拙的散文稿向他请教。如散文诗《红柳》、《枫》，散文《布达拉宫散记》、《冰峰雪莲红》之类，都曾送请他过目。而他不但认真地看过，提了修改意见，认为较好的如《红柳》和《枫》还直接由他推荐给《羊城晚报·花地》副刊发表，成为我在新时期发表的第一篇散文诗。

最使我感到意外的是，1979 年一个天暖的日子，素不相识的天津新蕾出版社的诸有莹大姐突然到人民文学出版社后楼三楼的鲁编室来向我组稿，约我写鲁迅的故事。她跟我说，是秦牧同志推荐了我，说我可以胜任。我事先可是一无所知呀，上举几篇短文那时也还没有一篇化为铅字。就凭着他看过的几篇原稿吗?! 感动之余，我不禁诚惶诚恐地表示要努力一试。其结果便是 1981 年 8 月出版并获得全国优秀少儿读物一等奖的《少年鲁迅的故事》。没有秦牧的推荐和鼓励，就不会有这本传记文学作品的出现。

三

秦牧随和却不随便，治学为文严谨，待人处事幽默而又宽厚。

谁都知道，作为一个知名作家，他不但没什么架子、不摆谱，在生活上则是颇能凑合的。我那时的临时住所是简易的木板房。这种房子夏热冬冷不在话下，最要命的是简直无所谓隔音，静夜中打个哈欠，翻动书报都可能构成对邻居的干扰。地板铺的方砖，自然难免凹凸不平。而秦牧同志竟然不避简陋，有时到这样的房间来和我聊天，坐在摇摇晃晃的帆布躺椅上还风趣地说：这样不是也蛮舒服吗！

　　他自己那时也住在狭窄的斗室里，苦夏经受着西晒的煎熬，寒冬忍受着严寒的折磨（那里的暖气只能保证摄氏十三四度的温度，从来达不到北京市规定的最低标准），我们却从未听他抱怨过什么。最难堪的是广东人习惯了经常洗澡，夏天更是最好一天冲洗上几回。但那时条件太差，夏夜里他也只能在夜色的掩护下，穿一条大裤头在住处楼下过道的一个废弃大浴缸或关在厕所里洗凉水澡。这可是一位年届花甲的大作家呀！今天的年轻人也许难以置信，但当年为了鲁老夫子秦牧确是作过这样的牺牲。

　　平时花钱，他认为该花的总是大大方方地先付款，如托人买书刊乃至付誊抄稿件的抄稿费（总要比当时的一般标准高）；但用剩的也不含糊，或收回，或嘱留作以后用，使人觉得很实在。

　　1979 年底，他已经"超期服役"一年之后终于调回广州继续担任《作品》主编。临行送别的火车上，他还嘱我替他作东宴请鲁编室的同事。1980 年元旦来信时特别提及说："已托赵琼（鲁编室秘书，替他管理一些稿费和收支事务）同志迟日交五十元给你，届时请代我作一次东，宴请鲁编室全体同志，包括林辰同志夫妇，你们夫妇和小魏，表达对大家关切和照料的谢忱。我在京最后几天太忙，没能办到，希望你务必代办。"1月 23 日信又说："请你给我代做东一次的事，务请办理。……扣除宴会所需后，我还有稿费存余没有，便请告知。"当他知道此事已遵嘱照办后，2 月 8 日的信里才说："你代为邀请大家到国际俱乐部餐叙一事很好，这也表达了我对大家的感谢之意。"

　　秦牧自己还在鲁编室参加"全集"定稿工作时，见大家常常没日没夜地加班，晚上就时不时地给加班的人送上点心。如今回广州去工作了，还常常惦念着大家，留钱宴请了大家才觉得安心，真挚之情真是令人感动。

　　当我编写的《少年鲁迅的故事》即将完稿时，曾经写信商请他为这个小册子写篇序，因为我觉得没有他的鼓励和促成，就不会有这本小书。1980 年 5 月 23 日，他复信很坦率地说："知道你的《少年鲁迅的故事》即将完成，很好！但是给少年读者看的这类书，我以为不需写什么序，是创作性的，序才有它一定的需要。"

　　在处理这类事情上，他是坦诚而又实事求是的。

　　过了七八年，大约在 1987 年底，我在漓江出版社友人的支持下，开始着手编选自己在新时期的第一本散文报告文学集《梦·菩萨·十五的月亮》，自然又想到请我所敬仰的秦牧作序。这一回，他很痛快地答应了，而且要我寄几篇有代表性的作品复印件给他作参考。不久，果然就收到了他写的序。除了一个睿智长者的热情鼓励，他在序文中又很准确地指出我的"稳重扎实的文字，有些像水少料多的实物，似嫌稠了一点，如有更多的抒情，更多的口语，更多的幽默风趣掺杂其间，我想，它的流畅生动的程度，还可以更提高一步"。这些意见，对我在写作上的进步确有很大的帮助和启发。我去年完成的写美国生活感受的纪实文学《中国教授闯纽约》，之所以得到文艺界同行较多的肯定和读者的欢迎，除了题材本身的新鲜感之外，和秦牧的这些提醒也是不无关系的。

　　遗憾的是"梦"这本散文集刚刚排出清样，我就到美国去探亲。等我一年后返国，又经过一些曲折，在秦牧作序三年多之后的 1991 年 10 月，这本小书才得以出版。他为这本散文集写的序，也就没有机会另找地方发表。对这一切遗憾，秦牧都采取一种理解的态度。他在 1991 年 6 月 5 日的来信中说："出书难，我深有体会，虽然我未受直接冲击（直到现在，我刊行任何书籍都不需补贴），但见到的也够多了。你的书延迟出版，我不会有意见。"这种理解和同情，使我在遗憾中稍感安心。

　　面对严肃的文学作品在出版发行上的困境，秦牧的大家风度给人一种镇定从容的力量。

四

　　秦牧是很看重真挚友情的人。

　　有的人，从一时的利害关系出发，也讲友谊，甚至讲哥们姐们义气，但这种关系未必长久。只有真诚无私的友谊，才经得起世事沧桑变幻的考验。就我所知，我的同事、同乡伍孟昌，就是秦牧终其一生始终与之保持着深厚友情的一位。

　　孟昌，生于 1912 年，比秦牧年长七岁，广东台山人。日寇侵华，在中华民族危急的时刻，众多知识分子汇聚在号称战时"文化城"的桂林。1941 年，秦牧辗转到达桂林，在立达中学教语文，并参加中华全国文艺

205

界抗敌协会的活动。其时他的紧邻就是也在立达中学教英语的伍孟昌。孟昌已经结婚，且有儿有女，而秦牧却在教书、写作之外正和《广西日报》记者吴紫风谈恋爱。这一对抗战时期的恋人有时就双双结伴去造访孟昌那简朴而温馨的小家庭，在那里和孟昌一家共度难得的快乐时光。孟昌心仪秦牧的学问文章，秦牧欣赏孟昌的勤奋和传统美德——三十来岁的孟昌教英语之外还上夜校学俄文，并以他微薄的力量勉强支撑着一家人的艰难生活。后来，孟昌到国际医疗队担任英语翻译，离开了桂林。1944 年，孟昌太太在辗转流徙中患肺结核病故。当时年仅三十二岁的孟昌拉扯着三个孩子从此终生未再娶。

真正的友谊可以超越漫长时空的局限。

人民共和国诞生后，秦牧一直在南国花城工作，而孟昌则从 1953 年起便到人民文学出版社外国文学编辑部当编辑。遥远的距离并没有隔断他们的友谊。当秦牧从 1977 年底至 1979 年底奉调到文学出版社参加新版《鲁迅全集》的编辑、注释的定稿工作之后，他们更有了朝夕往来的便利。

此后，秦牧在出席中国共产党代表大会或出席全国人民代表大会的间隙中，必抽空去看望孟昌全家，或请他们全家到饭店餐叙。

1991 年 3 月 31 日，秦牧趁在北京参加人大会议之便，邀约孟昌全家和人民文学出版社原鲁迅著作编辑室的一些同事到东兴楼烤鸭店吃饭。席间，我特意为他和孟昌全家，以及他和孟昌、林辰、刘炜等拍了几张合照。6 月 5 日，他在收到照片后给我的来信中说："很高兴收到来信和相片。相片虽然不是拍得十分理想，但的确很有意义，看了很高兴，已予珍存。"

从秦牧给孟昌的几封信中，也不难看出他为人处世的态度和对真挚友谊的珍惜。

孟昌年轻时，是上海学运中很活跃的分子，某大学共产党的干部，"飞行集会"游行示威活动的组织者和参加者。他在抗日战争的颠沛流离中脱党，却始终不忘自己在本质上还是一个共产党员。1987 年，在孟昌七十五岁时终于恢复了党籍。欣喜之余，他首先想到要告诉几十年的老朋友秦牧。秦牧完全理解孟昌兴奋难抑的心情，很快在 9 月 11 日复信说："你恢复了党籍，听了真为你高兴！……以老兄的品质，完全可以做一个优秀的党员。"又安慰劝告他说："(你)眼睛不好,希勿过度用神。年老了,日子应过得平静安详些。你在青壮年时代已经做了大量工作,现在是应该好好安度晚年了。"

秦牧说孟昌"完全可以做一个优秀党员",并不是朋友之间无原则的吹捧,而是根据孟昌的实际表现,也可以说是根据他几十年的观察和体会。早在孟昌恢复党籍之前好几年,即在 1982 年 8 月 2 日给孟昌的信中,秦牧就很动情地说:"我当选今年 9 月召开的全国党代会代表,届时会来北京。当然得找诸位老友聊聊。……和老兄认识四十多年,对于你的高尚品格有很深的了解。在滔滔人海中,你是完全可以当君子之称而无愧的。在我的一生中,像你这样品格的人我很少见到。作为朋友我深感荣幸。这些话,本来不说也可以。但我们都老了,说一说,似乎更好。看到你安度晚年,我很高兴。"在孟昌恢复党籍之前说他"当君子之称而无愧",我想这和五年后说"以老兄的品质,完全可以做一个优秀的党员",实质上是一个意思,就是以几十年的深交,确认孟昌是知识分子中很优秀的一员。而这,也体现了秦牧的世界观和友谊观——在他的心目中,像孟昌"这样品格"的人才是可以定终身之交的真朋友。而且,我们不难想象,这也是秦牧同志在见到许多庸俗、市侩、卑劣、邪恶、内讧、自戕之后的有感而发吧!物以类聚,人以群分。朋友在一定的意义上就是自己的镜子呀。

207

五

秦牧 1979 年底结束在北京的工作返回广州后,和在北京共事过的朋友一直保持着经常的交往。他几乎每年都有机会到北京开会,或者是中国共产党的代表大会,或者是全国作协、文联的有关会议。而我们,只要是到广东出差,几乎也总要抽空到华侨新村友爱路去看望他和紫风。

用现在比较时髦的话来说,似乎我们之间还有点缘分:我和他为编新版《鲁迅全集》共事过两年;我妻子叶冰如是他的儿童文学作品集《巨手》的责任编辑;我大哥何启光(广东人民出版社高级编辑)和他曾经是五七干校的同学,大哥、大嫂(陈婉雯,《南方日报》高级编辑、记者)和紫风同志也熟悉又很谈得来;1979 年他到无锡等地访问、讲学,在无锡以主人的身份接待他的，竟是我的姐夫路明(时任无锡市文化局长)。在这种情况下，我到了广州，通常总要和大哥大嫂约好时间去拜访秦牧夫妇，而他们也总要留我们一块儿吃饭，然后就无拘无束、漫无边际地神聊。

现在还记得比较清楚的是 1982 年 10 月 15 日晚上那一次。我大概是第一次到友爱路他们的住处，所以不仅注意到他们阳台上罗列的米兰、仙人掌等花卉，而且也留意到靠过道有大金鱼缸，养着紫、红色的金鱼，色彩斑斓、成群结队的热带鱼，鱼缸上还放置一个加工过的大夜光螺，和鱼群相映成趣。墙上显眼处是陈少山的书法：但愿人长久，千里共婵娟。引人注目的还有一尺多长、约五厘米直径的大龙虾标本，以及形象生动的一对潮州木雕人。

每次吃饭，都有一个秦牧亲手烹饪的菜，他说这是他在五七干校当炊事班长学来的手艺。这一回他上的菜是腐竹烧蚝豉、烧鹅、烧鲩鱼、菜远(心)等，自然还有正宗广味墨鱼连藕汤。饮用的是港友所赠法国特级名酒。

席上盐焗鸡极好，大家交口称赞。大哥说超过了东江特色的名菜，不是说功夫超过，是材料太好了。紫风便接口说，这就像做文章，虽然不是大手笔，只因为材料太好，效果也就好。大家便都发笑。

饭后一面享用柠檬汁、特级熟香蕉，同时便漫无边际地高谈阔论。

大哥先说他撰写的对联获头奖的经过：先由《羊城晚报》发征联消息，十位知名人士为评委，多次宴饮、争论，在全国除新疆、西藏、台湾之外，包括海外港澳、新加坡在内共九万以上的竞争者中取十名候选，最后由无记名投票选定他的对联为头奖。这副对联为"鹤顶格"对，即由征联者翠园酒家请一位八十多岁老人出上联，而下联对子必须以"园"字打头。这样获头奖的对子便是：翠阁我迎宾数不尽甘脆肥浓色香清雅(上)；园庭花胜锦祝一杯富强康乐山海腾欢(下)。后来这对联便雕刻在木板上，高挂在广州(河南——珠江之南)翠园酒家的正门两侧。翠园酒家奖给作者五席酒宴，但评委加上赴宴的亲友太多，大哥不得不自费另加了两席，以致连自己准备买洗衣机的钱都贴补上了。

在快乐的笑声中秦牧谈到迄今他本人获得最高稿酬的一个例子：日本编辑出版《中国名菜》全九册，每套售价五百美元。秦牧被邀为"广东美

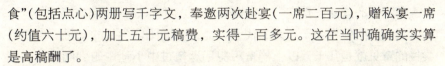

食"(包括点心)两册写千字文，奉邀两次赴宴(一席二百元)，赠私宴一席
(约值六十元)，加上五十元稿费，实得一百多元。这在当时确确实实算
是高稿酬了。

谈话涉及历史的回顾时，首先讲的就是在五七干校时知识分子不得
不屈服于封建专制愚昧的淫威，心里未必情愿，却连吃顿饭也搞餐前那
套封建仪式。紫风说，一吹鸡(哨子)，就拿着饭碗搞餐敬仪式，喊"祝万
寿无疆"，祝林叔公身体健康。大哥就补充说，有个地方一村人都姓马，
所以都挂马克思的像。说到这里，真是觉得又可怜又可笑。

大哥接着便介绍自己如何直到 1959 年才被划为第六类"右派"的事。
秦牧便讲到有的地方曾用拈阄的办法确定谁当"右派"，以便按"比例"完
成任务。某部长手下人全都成了"右派"，他引咎自责，说这样我当然也
是"右派"，想不到最后搞到家破人亡那样严重。讲到这里，秦牧就从理
论上分析说，其实把"右派"当敌人在逻辑上就是讲不通的——既然敌方
可分左中右，其左派也不是我方的人，那么我方的"右派"怎么就会成了
敌人呢?! 他接着说，实际上全国到现在落实下来的也只有包括章伯钧、
罗隆基、林希翎这五六个右派而已。

这时，秦牧自然就提到他当年写了《地下水喷出了地面》惹了大祸。
他说，如果不是广东省委宣传部(部长杜埃)保了我，不但肯定会被划成
"右派"，恐怕还可称为"极右"呢！

这样谈话就从历史的回顾转到现实的话题。秦牧介绍了党的十二大
如何破除迷信，不叫胡总书记，邓副主席，干部和工人对胡、邓还有直
呼其名的。可惜到了地方上，有的省委副部长对部长还要叫某部长，有
的公社书记之类人家不叫他的官衔就不高兴呢。

我们问及秦牧比较赞赏十二大的是什么？他说他十分欣赏蔡畅等革
命老人顾问委员都不当。他认为这是最明智之举，对事业有利。他说，
一个人到老态龙钟时离职什么都不干最好。这时，秦牧又加重语气说，
人最好八十岁以前就去见马克思，以免牵累别人又对事业不利。

联系到自己，他说他现在已经不管《作品》杂志的事务，只任作协、
文联副主席，省人大常委，写作集中在上午，做到一年写二十来万字，
出一本书。下午有时开会。如果没有会，下午和晚上就是翻翻书报，
会客，休息。——现在看来，这些想法，特别是到老态龙钟时最好离职

什么都不干的想法，真是一个睿智长者十分明智、科学的态度呀！

我们又问他作为十二大的代表，提了什么比较尖锐的意见。他说最尖锐的意见就是几十万以上的贪污犯远远超过中小地主的剥削量，真应该多杀几个才好！

说到这里，他又介绍说，广东省委拨款五十万以关怀、支持文艺事业的发展，有关领导机构决定每年以两万多元利息作为鲁迅文艺奖的奖金，不料岂止各种形式的文学都来要，而且电影、戏剧乃至书法、杂技都来要，弄得啼笑皆非，不知如何是好。

近九时，来了一位当年东江游击纵队的老战士和一位王姓姑娘。他们向大哥要他编的《风采》杂志，又索要登载《再见吧，香港》那一期。大哥即赠以最新一期《风采》，并记下他们的姓名地址，答应另寄赠刊物。

这样就说到香港，谈到"大亨"是上海话，广州话应该叫"大老细"（大老板）。秦牧说，香港是个世界性的城市，和西方、东方、美、日、欧洲、台湾，更不要说和中国大陆都有广泛的联系，如有人好好了解、熟悉它，又是大手笔，又不愁衣食，才可能写出世界性的好小说来。秦牧遗憾地说，可惜香港作家都为衣食忙，恐怕未必有人做得到了。他同时谈到唐人的《香港大亨》主要靠 30 年代的旧材料，没有写好，只是以"香港"之名吸引读者，却也印了十八万……

一次熟朋友之间的餐叙，引发了一场无拘无束的神侃，同时从一个侧面让我了解了丰富多彩的秦牧世界，更加增进了我对这位知名老作家的敬重和仰慕。

六

回忆秦牧关于香港作家为衣食所累，恐怕难有"世界性的好小说"的谈话，使我联想到他还在文学出版社工作时，有一天我和郑文光、叶冰如去看望他，在后楼 317 号鲁编室里，也有过一次同样的话题。

秦牧对我们说，香港作家为衣食所苦，生活太紧张，写作品往往太匆忙，太急。他表示不明白在生活安定、无后顾之忧的前提下，有的科幻作家为什么还要写得那么急、那么多，以致太粗，有明显的差错而授人以柄。

郑文光笑笑说：因为这个作家也想学阿西莫夫写上两百多部科幻作品哪！

秦牧还是觉得这不是好办法。他和郑文光都说每年写二十万字左右就不错了。

郑文光，广东中山县人，比秦牧小十岁。他自小喜欢文学，少年时代在越南海防等地度过。1947年归国，在广州中山大学天文系学习，1951年调北京，任科普出版社编辑、编审，中国科学院北京天文台研究员，中国作家协会早期会员。其科幻小说的代表作为《飞向人马座》、《太平洋人》、《仙鹤和人》等。可能因为郑和秦牧有着从海外归国的类似经历，加上他的好学勤奋，当郑在广州中山大学读书时，即得到秦牧的关怀和鼓励，长幼之间一直有着深厚的友谊，特别在科幻创作上取得杰出成就后，更深受秦牧的器重。遗憾的是，郑文光在1984年"清除资产阶级精神污染"后不幸中风半瘫，真是令人痛惜。

我手头还珍藏着这样一帧黑白八寸合照：前排是紫风、秦牧、陈伯吹、葛翠琳，后排是郑文光、我、叶冰如、郑河间（郑公子）。背景是北京和平里郑文光书房的大书架，时在1979年5月27日下午，正是北京初夏时光，摄影者就是郑夫人——摄影家协会的陈淑芬。

211

那天中午在郑家吃午饭。并没有什么珍馐名菜，却是由上海人陈淑芬亲自下厨掌勺。也不记得谈话的具体内容，但时值拨乱反正的好年头，祖国各业百废待兴，文坛久被压抑的作家们也正图大展身手，就连郑公子河间也因在北京市数学竞赛中荣获榜首而被保送上了北京大学物理系。大家的兴奋激昂情绪不难想见。

现在来回忆和秦牧交往中的收获，一时也未必理得很周全，但有些经验之谈，也许在不同场合多次说过，又觉得对自己很有启发，便自然留存在心里，历久难忘。

秦牧说过，写文章如讲话，没有不会讲话的，写文章并不难。写作初稿时不必过于精雕细刻，就像夏衍三十年前说过的，写文章如拉屎撒尿，先拉出来再说，你先把想说的写下来，形成文字，粗一点不要紧。有了初稿再下工夫修饰、补充就能成文。当编辑的就怕眼高手低总下不了笔，空有一番宏论而出不来作品。

他还表示，他写那么多东西，却不大记什么笔记。靠的是专心，留

1979 年 5 月 27 日在郑文光寓所的合影。前排左起：吴紫风、秦牧、陈伯吹、葛翠林；后排左起：郑文光、何启治、叶冰如、郑河间。（摄影者：陈淑芬）

心有意义的事象，就像拿破仑，心里有许多房间，开一间，关一间，一心不二用。当然也要讲究方法，如用机械记忆法记电话——554321 就是两个十；还有意义记忆法，如马克思生于 1818 年 5 月 5 日，可化为马克思一巴掌一巴掌打得帝国主义呜呜地叫唤，他诞生的年月日就一下子记住了。

又谦虚地说自己不算勤奋，从不捱夜，倒下就睡，起来就能干。方法上有点讲究，无非是精神好时做艰巨的事，精神不济时做最轻松的事；还可相对集中做事，如集中半天写信，效率比较高。关键是坚持，先想好，打好腹稿，然后哪怕每天写五百字，或每个星期天坚持写也能写不少。坚持下去，必有收获。等等。

在静夜中，关于秦牧的回忆似乎还有许多话可说。但我的思绪已经渐渐集中到有人提出过的问题了：秦牧难道就是十全十美的完人吗？我想，用科学的态度来知人论世，自然不好说他已完美无缺。然而，我想强调的是，如果我们用历史的眼光来看一个人，那就可以毫无疑问地认定：秦牧在他那一代老作家中间，确实是很优秀的人，是很难得的好同志。我们不要忘记，从 1938 年十九岁时归国，到 1992 年 10 月 14 日逝世，秦牧经受过多少风风雨雨的洗礼。谁都不是神仙佛祖，我们不能在刚刚发现火的伟大功能时，就想一步登天实现电气化。

由此，我想到鲁迅先生逝世后，郁达夫先生在《怀鲁迅》一文（1936 年 10 月 24 日）所写的十分沉痛的话："没有伟大的人物出现的民族，是世界上最可怜的生物之群；有了伟大的人物，而不知拥护爱戴、崇仰的国家，是没有希望的奴隶之邦。"我们当然不好简单地把秦牧和鲁迅相比，但就应该懂得拥护、爱戴、崇仰我们这个民族、国家出类拔萃的杰出、伟大的人物来说，其精神是完全一致的。好在我们已经跨过了那个不幸的时代，我们已经知道爱戴、崇仰我们的大散文家秦牧，知道要珍重、爱惜他的等身著作，并搜集、整理、出版了他的《全集》，作为我国乃至世界文学遗产的一部分了。

前苏联作家奥斯特洛夫斯基曾经借他自传体小说的主人公保尔·柯察金的口说过，一个人可以感到自豪的是，当他告别人世的时候，还可以以他的作品继续为人类服务。秦牧正是这样的人。他的近六百万字的《全集》将在人间永放光芒。那么，秦牧是永生的。我们真挚的朋友、睿智的长者，我们所尊崇、爱戴的大散文家秦牧同志永远活在我们心里，永远活在千百万读者中间。

是的，我们一定会记住永生的秦牧。

1993 年 8 月 17 日于北京

213

陈忠实和他的《白鹿原》[*]

艰辛漫长的跋涉

为了禳灾求福，母亲在他的本命年里给他织了一根鲜红的腰带。半年后，他依旧勒着这条已经变成紫黑色的腰带，脚下穿着一双磨薄了的旧布鞋，和二十多个在家乡小学毕业的同学一道，跟随着班主任杜老师，到三十里外的历史名镇灞桥去投考中学。国道上的砂石很快磨穿了薄薄的鞋底，磨烂了孩子幼嫩的脚后跟，血渗湿了鞋底和鞋帮。脚伤马上使这个十三岁的孩子觉得全身乏力，眼泪立即涌出眼眶，他真怕撵不上走在前面的老师和同学。他又爱面子，不愿说因为没有好鞋子而磨烂了脚后跟。自救的办法是捋一把杨树叶子塞进鞋窝儿；不成，又狠下心从书包里摸出那块擦脸用的布巾做了应急的鞋垫，便急急地往前赶；终于布巾也磨得稀烂后，便只好从书包里拿出课本，一扎一扎地撕下来塞进鞋窝里，可直到课本撕完，他还是远远地落在后面。心惊肉跳的疼痛，迫使他瘫坐在路边。

这时，一声声火车汽笛的嘶鸣在耳边震响，随即便有一股无形的神力从生命的深处腾起，穿过勒着紫黑色腰带的腹部冲进胸膛又冲上脑顶，他愤怒地认定：人可不能永远穿着没有后底的破布鞋走路哪！……他咬着牙，挺起腰杆，总算在离学校考场还有一二里远的地方追赶上了杜老师和同学，却依然保守着脚跟受伤的秘密。

---

* 本文主要根据 1998 年 10 月 15、16 日对陈忠实的访谈笔记并参考陈著散文集《告别白鸽》的有关篇章写成。载《当代》1999 年第 3 期。

1998年1月23日，陈忠实受邀向人民文学出版社当代文学的优秀编辑颁奖。这是他在颁奖后与获奖者在人文社会议室的合影。前排左起：于硕章、何启治、陈忠实、常振家、汪兆骞；后排左起：胡玉萍、彭沁阳、赵水金、刘海虹、洪清波、杨新岚、杨柳。

215

　　这个孩子终于上了中学，在全班五十个同学中是年龄最小个头最矮的一个，便坐在头排第一张课桌上。但勉强上完初一第一学期，他便面临着暂时失学的命运。那时，父亲靠卖树(一根丈五长的椽子只能卖到一块五毛钱)供他上学已经难以为继。他必须休学一年，以便让一脸豪气的父亲实现一年后让他哥哥投考师范再腾出手来供他复学的谋略。在不得已呈上休学申请书后，这刚交十四岁的孩子在送他走出校门的温柔善良的女老师的眼睛里看见了晶莹透亮的泪珠。为了避免嚎啕大哭，他立刻低头咬紧了嘴唇。一股热辣辣的酸流从鼻腔倒灌进喉咙里去。同时还是有一小股酸水从眼睛里冒出。他顺手用袖头揩干净泪水，再一次虔诚地深深向女老师鞠躬，牢记着她"明年的今天一定来报到复学"的叮嘱，然后转身离去。

　　然而，这一年的休学竟意想不到地使他失去了上大学的机会。1962

年他二十岁时高中毕业。"大跃进"造成的大饥荒和经济严重困难迫使高等学校大大减少了招生名额。上一年这个学校有百分之五十的学生考取了大学，今年四个班能上大学的只有一个个位数。成绩在班上数前三名的他名落孙山，他们全班剃了个光头。父亲临终时忏悔说："我对不住你，错过一年……让你错过了几十年……"

四年后，二十四岁的他迎来了"文革"的大灾难。此前那几年他一边当中小学教师一边迷醉于文学，发表了《樱桃红了》、《迎春曲》等几篇散文作品。"文革"风暴席卷大地的时候，他那宿办兼一的小套间的门框上贴着一副白纸对联，是毛泽东的诗句：借问瘟君欲何往，纸船明烛照天烧。门眉横批为：送瘟神。门框右上角吊着一只灯笼，当然也是用白纸糊成的。被大人操纵的孩子们让这些冥国鬼域的标志物在他这风雨够不着的小套间里整整保存了三个月之久，让他一日不下八次地接受心灵的警示和对脸皮的磨砺。这人生的第一次大尴尬使特别要面子的他顿觉自己完了，死了——起码是文学的生命完结了。没什么文化的姐姐和上了大学的表妹劝慰他的话竟惊人的一致："想开点儿，你看看刘少奇刘澜涛都给斗了游了，咱们算啥？"

216　　　经历过人生大尴尬的生命体验之后，他对自己说，如果还要走创作之路，那就"得按自己的心之所思去说自己的话去做自己的事了"。

他在二十六岁的1968年结婚。没有念完初中的妻子后来为他生下两女一男。以后，他在长达十七年从事农村基层工作中，每月工资由三十元增加到三十九元，却要养活五口之家。物质生活上真是不堪重负。最困难时，孩子的尿布、褥子都没有替换的，也没有充足的柴火烧炕——只好很节省地用一点柴火在做饭时顺带烧热一块光溜溜的小脸盆那么大的河石，然后用这烧热了的石头当暖水袋来暖孩子的被头和尿布。此时他已经是公社的副书记兼副主任。

他在政治和物质生活的双重艰难下，依然断断续续地写他谙熟于心的农村题材小说。自1979年起有《幸福》、《信任》等短篇小说面世。1982年出版第一本短篇小说集《乡村》。同年调入陕西省作家协会从事专业创作。

他从此结束了高中毕业后在农村基层长达二十年的生活。

如果说，1962年至1982年这二十年不打一点折扣的农村生活为他的文学创作积累了丰厚的生活库存，那么，以后的整整十年（至 1992 年）就是他作为一个专业作家的成熟期。

他在这十年的大部分时间都躲在西安市东郊灞桥区西蒋村的老家旧屋里，一求耳根清净，二求读书弥补文学专业上的残缺，三求消化他所拥有的生活资源，创作出数量上越来越多、质量上越来越高的文学作品来，直至 1992 年以发表第一部长篇小说《白鹿原》而一鸣惊人。

下列作品，可视为他在 1982 年至 1992 年走向成熟这十年的主要创作成果：

1982 年 7 月：短篇小说集《乡村》出版

1986 年 6 月：中篇小说集《初夏》出版

1988 年 4 月：中篇小说集《四妹子》出版

1991 年 1 月：短篇小说集《到老白杨树后去》出版

1991 年 1 月：《创作感受集》出版

1992 年 12 月：中篇小说集《夭折》出版

1992 年 12 月：长篇小说《白鹿原》在《当代》杂志第 6 期开始连载

《白鹿原》的诞生并非偶然。那是他在完成了《初夏》等九部中篇，八十多篇短篇小说和五十多篇报告文学作品之后，由《蓝袍先生》的创作而触发了对我们这个民族命运的深入思考的结果。这部长篇从 1986 年起作了两年的构思和史料、艺术等方面的准备，至 1988 年 4 月动笔，到 1992 年 3 月定稿，历经四年的写作修改才告完成。

《白鹿原》连载于 1992 年《当代》第 6 期和 1993 年《当代》第 1 期，1993 年 6 月由人民文学出版社出版单行本。

《白鹿原》一出世，评论界欢呼，新闻界惊叹，读者争相购阅，一时"洛阳纸贵"。其畅销和广受海内外读者赞赏欢迎的程度，可谓中国当代文学作品中所罕见。迄今人文社的累计印数（含修订本、精装本和"茅盾文学奖获奖书系"）已达六十六万一千册，此外还收入他的"小说自选集"和"文集"，海外则有香港天地图书公司版、台湾新锐出版社版和韩文版、日文版先后面世。

《白鹿原》面世后确实出现了好评如潮、畅销不衰、一时"洛阳纸贵"的盛况，却也一直有不同的争论、批评乃至粗暴的压制。然而，牡丹终究是牡丹。尽管它本身还存在某些不足，但那些非科学的批评、压制，却无损于牡丹的价值、华贵和富丽。它先是荣获陕西第二届"双五"文学奖最佳作品奖和第二届"炎黄杯"人民文学奖。后来，略加修订的《白鹿原》又在 1997 年 12 月 19 日荣获中国长篇小说的最高荣誉——第四届"茅盾文学奖"。1998 年 4 月 20 日，它的作者终于登上了北京人民大会堂的颁奖台。

他——这个脸上已是沟沟壑壑、满脸沧桑，却有一双炯炯有神大眼睛的五十六岁的汉子就是陈忠实。这个 1942 年诞生于南倚白鹿原北临灞河的那个叫做西蒋村的孩子，几十年前曾经穿着鞋底磨穿的旧布鞋，脚后跟淌着血从这不足百户的小村子里走向灞桥，走向西安，如今却堂堂正正地走向北京，走向世界，攀登上中国当代文学殿堂的高峰。《白鹿原》确如海外评论者梁亮所说，"肯定是大陆当代最好的小说之一，比之那些获得诺贝尔文学奖的小说并不逊色。"(《从〈白鹿原〉和〈废都〉看大陆文学》，载《交流》1994 年第 1 期)那么，我们说《白鹿原》的作者陈忠实是当代中国作家群中的大家之一，也就不算夸张了——他毕竟以自己震惊中外文坛的非同凡响的佳作而达到了一般作家所难以企及的高度。

218　　　从生活体验到生命体验

陈忠实从一个痴爱文学的青少年，到成长为在国内外有巨大影响的大作家，走过了一条艰难而又漫长的道路。

1959 年，他在西安市十八中读初中三年级的时候，就是一个柳青迷。当时柳青的《创业史》第一部还叫《稻季风波》，由《延河》杂志每期登上两章，他就每月准时花两毛来钱到邮局去买一本《延河》——这两毛来钱当时对他来说已经算是一笔开销了。

年轻时的陈忠实对《创业史》的深爱之情超过了他当时读过的一切文学作品，原因就在于柳青对关中农村风光和农民生活的描写之真实超过了当时他能看到的一切写农村的文学作品。对一个初中学生来说谈不上更多文艺理论上的分析，主要是真实可信，柳青笔下的人物都能在他周围找到影子，这就够了。《创业史》在 60 年代初出版，到 70 年代初忠实先后买过七本，到"文革"上五七干校时，他背包里除了"毛选"就是一本《创业史》。但到现在一本都没有了，总是读一本丢一本，被别人拿走了。

因为特别喜欢《创业史》和柳青的散文、特写，在他初期的创作中也就难免模仿、学习柳青。如 70 年代发表的短篇小说《接班以后》和《高家兄弟》等，也就被认为是从语言到农村氛围的营造给人的艺术感觉都很像柳青。这在当时自然是一种肯定——虽然小说所表现的农村生活故事还离不开写阶级斗争的基调。可以说，直到 70 年代末、80 年代初，陈忠实的作品从语言习惯到艺术品位都还没有离开柳青的影响。

　　但是这种情况到了 80 年代中期便有了明显的变化。忠实说，他和柳青其实并没有什么个人的交往。直到 70 年代初（1972～1973 年间），陕西人民出版社开过一个工农兵作者座谈会，忠实作为业余作者与会，才第一次亲眼见到柳青。那时柳青刚刚在政治上得到解放，但健康状况不好，一边讲话一边用个喷雾器往嗓子里喷药，然后才顺过气来说得下去。他讲话容易激动，没有讲话稿，也不讲什么套话，但整理出来就是一篇像模像样的文章。他来开会就穿一身黑褂子，像老农一样朴实。

　　在柳青生前，忠实就在这种场合见过他一面。对于柳青在文学史上的地位，作为一代作家的形象是肯定的，忠实尤其尊敬他在“文革”这个畸形年代中表现出来的人格力量。到 1996 年柳青八十周年诞辰时，忠实以省作协主席的名义还张罗重修了柳青墓，并郑重地在柳青墓前的祭词中，重申柳青对作家所从事的创造性劳动的独到见解：“文学是愚人的事业”、“作家是六十年为一个单元”。忠实认为，柳青的“愚人”精神和应该把创作看做终身事业的见解对作家们具有最基本的警示的意义。

　　然而，早期的学习和对柳青永远的尊敬是一回事，而真正有作为的作家最终应该走自己的路又是另一回事。所以到了 80 年代的中期，忠实已经从更广泛的学习和自己的艺术实践中愈来愈清晰地认识到，一个在艺术上亦步亦趋的人永远走不出自己的风姿，永远不能形成独立的艺术个性，永远走不出被崇拜者的巨大的阴影。譬如孩子学步，一旦自己能够站起来的时候就必须甩开大人的手走自己的路。就艺术创作而言更应如此，必须尽早甩开被崇拜者那只无形的手，才能走好自己的路。

　　陈忠实并不缺少对农村生活的了解，因为他一直生活、工作在农民中间。

　　从 1962 年他高中毕业到 1982 年调陕西省作协从事专业创作，他一直在农村。先当农村的中小学教师，后当基层干部，公社副书记兼副主任一当就是十年，到 1978 年新时期开始才从公社调到西安郊区文化馆工作。作为农村基层干部，除了人事组织工作，其他如大田生产，养猪种菜他统统都要管。关于农村的大政策、小政策他何止是知道而已，完全可以说是直接的执行贯彻者和参与者。1977 年夏他还是公社平整土地学大寨的总指挥，整整三个月坐镇在第一线，带领一千多人去实现把跑水、跑土、跑肥的三跑田改造成蓄水、蓄肥田的任务。1978 年上半年他组织公社的人力在灞河修筑八华里的河堤，现在还发挥着挡水护田的作用。因而，对于六七十年代以来的中国农村生活，陈忠实可以说不经意间就谙熟于心，对农村的各色人物由于经常斯混在一起，自然也和对自己的身边人乃至家里人那样熟悉。

然而，仅仅熟悉农村的生活和各色人物对创作来说显然还是远远不够的。陈忠实虽然有没上成大学的缺憾，但新时期以来他没有放过可能得到的自学的机会。在广泛阅读的基础上他曾经较集中地读了莫泊桑和契诃夫的短篇，读了《世界短篇小说选集》（上、中、下三册，含上百位作家的佳作）。阅读不但使他关注小说的艺术结构，而且认识到作家不仅要熟悉生活，感受生活，而且要把感受生活的能力提高到感受生命的程度，那创作就会得到一种升华。这种体会是通过阅读作品得到的感悟。比如写十月革命的作品，他认为帕斯捷尔纳克的《日瓦戈医生》在同类作品中是进入了生命体验的有深度的作品。在拉美魔幻现实主义作家中，马尔克斯的《百年孤独》独特的感觉就来自生命的体验。包括阿连德的《妹妹》，昆德拉的《生命中不能承受之轻》也都是生命体验比较深刻的作品。总之，关注人的生存形态，争取人的合理的生存状态，这是忠实在广泛阅读后产生的对生命体验的深刻体会和强烈共鸣。在中国当代作家中，他认为张贤亮的《绿化树》就是这样的有深度的好作品。

正是因为有了这样的认识，忠实对自己的创作才有了新的思考和新的追求。他因而对自己以前的作品也有了新的评判，如 1984 年的中篇小说《初夏》等颇得好评的作品，他认为也只是写好了感人的生活故事，只是生活体验的产物。而到了 1985 年写《蓝袍先生》，才有了突破，才接近了生命体验的深度。真实的生活故事可以感动读者，但只有写好了人的生存状态，表现出生命意识中深层的东西，才能在读者心灵的深处引起强烈的共鸣和真正的震撼。忠实认为，他到写《蓝袍先生》时已经有所感悟，但认真地去努力表现各个历史阶段各种人物的生存形态，那还是到《白鹿原》才算完成。

总之，有了这种认识和感悟，有了写作《蓝袍先生》时对我们这个民族命运的深入思考，还有生命本身发出的强大的蕴含欲望的张力，使忠实强烈地意识到，如果到他五十岁还不能完成一本死后可以放在自己棺材里当枕头用的大书，那以后的日子将难以想象怎么过。这是在 1986 年，在忠实刚交四十四岁时面对人生的重大课题。然后便有了两年的认真的思考和扎扎实实的准备，以及长达四年之久（1988 年 4 月至 1992 年 3 月）坚忍不拔的努力。尔后才有史诗式的长篇巨制《白鹿原》的诞生，而一员功勋卓著、风采超群的大将便屹立在中国当代文坛上。

《白鹿原》，撼人心魄的高峰

在 1985 年创作中篇小说《蓝袍先生》的时候，陈忠实便开始了关于我们这个民族命运的深入思考。为了完成一部堪称为"一个民族的秘史"的死后可以放在自己棺材里当枕头用的大书，为了完成这部曾经拟名为"古原"，后来定名为《白鹿原》的长篇小说，陈忠实花了两三年的时间作了几方面的准备：一是历史资料和生活素材，包括查阅县志，地方党史和文史资料，搞社会调查；二是学习和了解中国近代史，阅读中国《近代史》、《兴起和衰落》、《日本人》、《心理学》、《犯罪心理学》、《梦的解释》、《美的历程》、《艺术创造工程》等中、外研究民族问题和心理学、美学的新著；三是艺术上的准备，认真选读了国内外各种流派的长篇小说的重要作品，以学习借鉴他人之长，包括研究长篇结构的方法。他特别重视的有中国当代作家的《活动变人形》（王蒙）、《古船》（张炜），外国作家的则有《百年孤独》、《霍乱时期的爱情》（马尔克斯），莫拉维亚的《罗马女人》以及美国谢尔顿颇为畅销的长篇和劳伦斯的《查泰莱夫人的情人》。

作了这些准备和思考之后，他认识到只有回到老家小屋那个远离尘嚣的环境里，才有望实现自己的宏愿。

陈忠实的老家在西安市东郊灞桥区西蒋村。这是南倚白鹿原北临灞河的小村落，全村不足百户人家。虽然由此到西安只有不足一小时的、约五十华里的车程，然而却是天然的僻静，最适合沉心静气地思索和精

221

雕细刻地写作。村里每一家的后院都紧紧贴着白鹿原的北坡。横亘百余华里的高耸陡峭的塬坡遮挡了电视信号，电视机在这里也只好当收音机用，只能听听新闻和音乐之类。但这离西安闹市不远的地方确实没有工业污染。只要灞河不断流，河川便清澈见底；还有错落的农舍，一堆堆的柴火或麦草垛；平展宽阔的庄稼地；河边、塬坡上有树林，那里有狐狸、獾、稚鸡、呱啦鸡、猫头鹰等等，真是一派田园风光。

转过村里那座濒临倒塌的关帝庙，便是陈忠实从老太爷、爷爷和父亲流传下来的家园。在家园大门前不过十米的街路边，有忠实亲手栽下的昂然挺立的法国梧桐。这本来只有食指粗的小树，在陈忠实决心动手写《白鹿原》的1988年的早春栽下，四年后它便长到和大人的胳膊一般粗，终于可以让它的主人享受到筛子般大小的一片绿荫了。它是陈忠实为了写成《白鹿原》这几年来所付出的一切艰辛，所耗费的心血，乃至他所忍受的难耐的寂寞的活生生的见证。

这是1991年冬天一个普普通通的日子。闲不住的农民们忙碌了一天，天黑吃罢了夜饭便早早地歇息了。整个村庄沉寂下来，偶尔有几声狗吠之后便愈加死寂。陈忠实在老家小屋里的小圆桌上已经爬行了四年。这天还是在这张小圆桌铺开的稿纸上整整折腾了一天。他和《白鹿原》里生生死死的众多人物又作了一整天的对话和交流。写作顺畅的欢欣和文思阻塞的烦忧都难以排解。这是一种无法排遣的孤清。

222

他在无边的孤清中走出沉寂的村庄，走向塬坡。同样清冷的月亮把它柔媚的光华洒遍了奇形怪状的沟坡。在一条陡坡下，枯死风干的茅草诱发了他的童趣，便点燃了茅草。开始只是两三点的火苗哧溜哧溜向四周蔓延，眨眼间竟蹿起了半人高的火苗。火势瞬即蔓延，时而腾起高高的烈焰，时而化为柔弱的火苗舔着地皮缓缓地流窜，等燃烧到茅草厚实的地段，呼啸的火焰竟发出噼噼啪啪的爆响。……忠实便在塬坡上席地而坐，慢慢地点燃了一支雪茄，徐徐地吸着烟。在燃烧的火焰中他一会儿仿佛看见自己眼前重重叠叠、高达盈尺的《蓝田县志》、《长安县志》、《咸宁县志》，看见其中一本接一本的《贞妇烈女》卷，回想起其中最多不过长达七八行文字的典型记载，以及最后只剩下张王氏李赵氏的一个个代号。然而在他的心里，这一个个代号又都化为一个个血肉丰满、有灵性的生命。于是，眼前便在火光中隐约出现了风情万种、最后死于鹿三梭镖下的田小娥，矢志不渝干革命，最后却被自己的同志活埋了的白灵，乃至白吴氏、白赵氏、白鹿氏、二姐儿等等众多的生活在《白鹿原》中长达半个世纪人生故事中的多姿多彩的妇女形象。这里面有几多壮烈，有几重悲哀！正是民间流传的男女偷情的"酸黄菜"故事和《贞妇烈女》卷，现实和历史，官修史志和民间传说的糅合诞生了多情而又复杂的妇女形象田小娥。

然而，靠着冬天一只火炉，夏天一盆凉水，他毕竟在老家小屋的小圆桌上爬行了四年，《白鹿原》上三代人的生死悲欢的故事终于走向了最后的归宿。他的心，在沉重中又有一种做完了一件大事的畅美和恬静——一种从艰难的写作和压抑烦忧的心境中终于得到解脱的畅美和恬静。

回到家里，他仍然坐在那张破旧的小竹椅上。又停电了，他只好点上两支蜡烛，旋即用蓄满黑色墨水的钢笔，在洁白的稿纸上，为小娥最终的结局不再犹豫地加上了几行字：

小娥从炕根下颤悠悠羞怯怯直起身来，转过身去，抬起右腿搭上炕边儿，左腿刚刚跷起，背部就整个面对鹿三。鹿三从后腰抽出梭镖钢刃，捋掉裹缠的烂布，对准小娥后心刺去，从手感上判断刀尖已经穿透胸肋。那一瞬间，小娥猛然回过头来，双手撑住炕边，惊异而又凄婉地叫了一声："啊……大呀……"鹿三瞧见眼前的黑暗里有两束灼亮的光，那是她的骤然闪现的眼睛；他瞪着双眼死死逼视着那两束亮光（对死人不能背过脸去，必须瞅住不放，鬼魂怯了就逃了），两束光亮渐渐细弱以至消失。……鹿三这时才拔出梭镖钢刃，封堵着的血，咕嘟嘟响着从前胸后心涌出来，窑里就再听不到一丝声息。

忠实用钢笔画上了一个粗粗的句号，然后插上笔帽，长长地舒了一口气，双眼竟是湿润的潮热。……

过了年即 1992 年的 3 月间，我收到了忠实的来信。他在信里说到他的第一部长篇小说《白鹿原》的创作情况，还说他很看重这部作品，也很看重《当代》杂志和人民文学出版社的态度，在我们表态之前，他不想把这部倾注了他多年心血的长篇小说交给别的杂志和出版社，希望我们尽快派人到西安去看稿。后来，《当代》杂志的洪清波和人文社当代文学一编室的负责人高贤均便受命到西安去取回厚厚的一摞《白鹿原》的手稿。

按照三级审稿的规定，当时《当代》杂志有洪清波、常振家、朱盛昌和我按流水作业的办法看稿，负责出书的当代文学一编室则有刘会军、高贤均、李曙光参与其事。尽管对稿件有过一些具体的意见，但在总体上所有参与此事的同仁都认识到这是我们多年企盼的一部大作品。由于它那惊人的真实感，厚重的历史感，典型的人物形象塑造和雅俗共赏的艺术特色，使它在当代文学史上必然处在高峰的位置上。由此，我们一致认为应该给它以最高的待遇，即在《当代》杂志连载，并由人文社出版单行本。1992 年 8 月上旬，朱盛昌签署了在《当代》1992 年第 6 期和 1993 年第 1 期连载《白鹿原》的终审意见；1993 年 1 月 18 日，我作为书稿的终审人签署了这样的审读意见："这是一部显示作者走向成熟的现实主义巨著。作品恢弘的规模，严谨的结构，深邃的思想，真实的力量和精细的人物刻画(白嘉轩等人可视为典型)，使它在当代小说林中成为大气(磅礴)的作品，有永久艺术魅力的作品。应作重点书处理。"《白鹿原》在 1993 年 6 月出书。

1992 年春天陈忠实在他家院子里的梨花绽放前大约一个礼拜，把《白鹿原》的手稿郑重地交给高贤均和洪清波，同时就有一句久蓄于心的话涌到唇边：我连生命一起交给你们了。

现在，他视同生命一般的皇皇巨著虽然受到过一些有相当道理的批评，也受到一些误解，受到过某种有形、无形的压制，然而，《白鹿原》毕竟一出世便无可置疑地拥有了当代文坛多年罕见的震撼千千万万读者的轰动效应。它被誉为"一代奇书"，"放之欧亚，虽巴尔扎克、斯坦达尔，未肯轻让"(范曾语)的巨著，是"比之那些获得诺贝尔文学奖的小说并不逊色"(梁亮语)的大作品。《白鹿原》在中国当代文坛上，毫无疑问是小说丛林中的一棵枝叶茂盛、葳蕤光辉的大树，确确实实是一座拔地而起的风光无限、撼人心魄的高峰。

完成了《白鹿原》这件重活、大活、绝活，陈忠实不但超越了自己，也在一定意义上超越了他的老师柳青。绝不是忠实的学问比老师大，而是他有了超越老师、走自己的路的觉悟之后，作了坚韧不拔的几近十年的顽强奋斗(石家庄一位医生或护士在信中说："我想写出这本书的人不累死也得吐血……不知你是否活着还能看到我的信么？")；还因为时代不同了，忠实有了更多的参照，更少的束缚，有了更自由的创作条件。

陈忠实当之无愧地得到了许多荣誉并享誉海内外。现在，他那颗沉重的心可以放宽松一些了，他有理由发出欣慰的笑声了，他脸上那深深的刀刻似的皱褶似乎也该舒展一些了吧?!

一个真实本色的陈忠实

从 70 年代初开始，我和忠实已经有了二十多年的交谊。老朋友之间的来往、聊天不知道有过多少次，但像 1998 年 10 月间真正为了写文章而坐在一起单独对话，却还是第一次。

忠实告诉我，1992 年春天，交出了他视为生命的《白鹿原》手稿，他这才比较心安地重锁了老家的院门，返回西安省作协的大院里。从此一家人才又重新生活在一起。

1993 年 6 月，和《白鹿原》单行本出版几乎同时，他被选为陕西省作家协会主席。从此，他便以主要的精力投身于作协机关的日常工作，如机制、人员的调整，六层办公大楼的筹建，陕西文学队伍的建设等等。就个人而言，他认为最要紧的还是以沉静的心态读书和写点散文。为此，他给自己立下了三条约律：不再接受采访，不再关注对以往作品的评论，一般不参加那些应酬性的集会。"作家不能像明星那样，老上电视、传媒，让读者观众老看他那张老脸有什么意思嘛！作家归根结底是通过作品和读者交流。在作品之外的热炒，当做名人在各种媒体上曝光绝对没啥好处。文学的事业只能靠文学本身去完成嘛。"忠实一脸诚恳地说。

当然，他承认，《白鹿原》荣获"茅盾文学奖"并在今年四月颁奖之后，他不得不破了例。但半年过去了，也该到收束、约束自己的时候了。

"忠实，回眸已经逝去的年月，你觉得自己最成功的是什么呢?"我们开始了问答式的对话。

"那当然是从 1982 年到 1992 年下狠心蜗居在白鹿原北坡的祖屋里，完成了一系列从短篇到中篇、长篇的创作，特别是做成了《白鹿原》。我终于把握住了属于自己的十年。哦，上帝，我在迈进五十岁的时候拯救了自己的灵魂。"忠实很实在地坦言，双眼闪着真诚的光。

"那么，以后在创作上有什么重点呢?"我问。

"暂时定下的有《〈白鹿原〉创作手记》和把《蓝袍先生》扩写、改写为长

225

1998 年 10 月 15 日在陈忠实办公室，何启治（右）对陈忠实进行专访。这是专访谈话前的合影。

226

篇。"忠实说。

"你最赞赏的人生信条是什么呢？"

"不问收获，但问耕耘。"稍停，忠实接着说："我近年还用一首小诗勉励自己：踏过泥泞五十秋，何论春暖与春寒；从来浮尘难化铁，青山无言还无言。"平和刚强的铁汉子性格溢于言表。

"你最赞赏的品德是什么呢？"

"忠诚的劳动，尤其是智慧的、有创造性的劳动，包括科学和文学。"完全是不假思索的回答。

"那你所鄙视的呢？"

"当然是投机取巧的行为。"

"噢，我们换个话题吧。你有什么业余爱好，劳累之后怎么休息、放松自己呢？"

"和基层干部、农民玩'纠方'（土围棋），下象棋，听秦腔哪。为了暂时赶走满脑子里那些纠缠不清的人物故事，我就离开小圆桌，到院子里坐在竹躺椅上喝陕青酽茶，抽雪茄烟，把录音机放到最大音量听秦腔，或者喝西凤酒。全都是强烈型的刺激。忘情的时候，我还自己扯开嗓子自唱自赏呐。你听——'汉苏武在北海哪……'"忠实边站起来唱，边自嘲地说："哎，后面的唱词忘毬了。"

"当然，我知道你还是个足球迷呢！"我说。

"那不假。奥运、世界杯外围赛、决赛都爱看。我那小屋里收不到电视，我就骑车到七八华里远的亲戚家或空军工程学院朋友家里去看，哪怕熬到凌晨两三点再骑车回家里休息也过瘾。"

看忠实那么高兴，我有点不忍心又憋不住地问："忠实，你这些年自己难道就没有感到最难受的事情么？"

忠实一下愣住了，但很快就不再犹豫地说："那，我只能说是在感情生活方面……的失落……"

"能稍微说得具体一点吗？"我忍不住得寸进尺。

"……还是以后由我自己来写吧。"

望着忠实那双真诚而略带一点忧郁的眼睛，我知道，该适可而止了。

陈忠实，几乎亲身感受、体验过人民共和国的一切苦难，对人民的艰难和痛苦有真切、独特的感受。他深深地爱自己的故乡、祖国和人民。他坚韧，朴实，执著。他最终被公认为描摹巨大民族悲剧的圣手，成为当代中国文学的大家之一，绝非偶然。

他有收获的欢欣，也有失落和遗憾。

他有真诚的爱，也有鲜明的恨。

他很刚强坚韧，却也渴望温馨。

这，就是真实而本色的陈忠实。我想。

1998 年 12 月 27 日夜

草成于北京东中街寓所

227

《突出重围》和柳建伟的文学梦

一

号称为"二零零零对抗军事演习"的拼死厮杀，在持续进行了五十四天以后终于收场了。一个装备精良、代表目前中国军队主体力量的满编甲种师(代号"红军"，司令范英明)，在对抗中一而再地败给了装备了高科技技术并改革了陈旧军事观念的乙种师(代号"蓝军"，司令朱海鹏)，只是在第三次较量中，才以自杀性的冒险而取得惨胜。这就是柳建伟著长篇小说《突出重围》最简要、也是最基本的故事情节。

小说共二十一章，其前十章(第一次演习)选发于《当代》1998 年第 3 期，单行本于 1998 年 11 月由人民文学出版社出版。

作为编者，我们一开始就肯定这是一本甚合时宜的好书。这是因为我们认识到：

这是一本生动而有说服力地体现了中央军委科技强军、质量建军战略思想的好书；

这是一本充满爱国主义激情和阳刚之气的好书；

这是一本饱含忧患意识、能激发读者奋发图强的好书；

这也是一本以其跌宕起伏、环环相扣的故事情节和悲壮动人的艺术氛围而深深地感动读者和吸引读者的具备畅销书基本特征的好看耐读的书。

总之，这是一本既有深刻的思想内涵，又有强烈的艺术感染力的长篇佳作。因此，面对文学图书明显滑坡的市场，我们除了在《当代》杂志上选发了全书几近一半的篇幅之外，还下决心单行本第一版以两万起印。

然而，《突出重围》真的会获得读者(特别是女性读者)的欢迎吗？

还好，稿子交到图书责编刘稚的手里，她就爱不释手。

《当代》选发《突出重围》后，读者反响强烈。刊物在不长的时间内收到男女读者来信数十封。有的读者明确表示不认同"编者的话"对小说的批评("缺少令人难以忘怀的艺术形象和复杂丰富的感情")，认为这既不准确，也是苛求。

不到一年，小说两万册即已售完，目前正在赶印新版书。

1999 年 9 月 6 日，由中宣部、文化部、广播电影电视总局、新闻出版署、中国文联和中国作协联合从近几年涌现出的一批优秀长篇小说中精选出十部国庆五十周年献礼长篇小说，《突出重围》名列第二。

1999 年 9 月 15 日，中宣部组织实施的"精神文明建设五个一工程"第七届获奖作品举行颁奖大会，在备选的二百一十四种长篇小说中，《突出重围》脱颖而出。

至此，柳著《突出重围》作为深受普通读者欢迎，又深得领导者肯定的长篇佳作，便已成定论。

229

二

然而柳建伟的文学梦并不是从《突出重围》开始的。

柳建伟，1963 年诞生于桐柏、伏牛、武当三山环绕的小盆地上，系河南省南阳地区镇平县人。他于 1979 年就读于解放军信息工程学院，1983 年毕业。

然而，早在这之前，一次意外的失恋便引发了柳建伟的文学梦。苏联作家帕乌斯托夫斯基在他那本关于作家劳动的札记，在这部叫做《金蔷薇》(又译"金玫瑰")的美丽而动人的散文集中告诉我们：写作源于内心的召唤。不幸的童年生活和凄婉的初恋，是作家走向文学之路的契机。(大意)柳建伟有说不清幸还是不幸的童年：父亲在北京工作，母亲在县里教书，他在爷爷奶奶的呵护下在乡下生活，身份是城里人，实际是乡下人，小伙伴们玩耍时，他要割更多的猪草，干更多的农活。但柳建伟的初恋肯定是凄婉的、刻骨铭心的故事。那是 1979 年 9 月 1 日，这个十六岁的少年在父亲的陪伴下到省会郑州去报到上大学。同时报到的有一位亮丽柔美的江南女孩，飘动的马尾巴柔发，黄底黑花衬衣，白绸裙子构成了一道奇幻的风景。登上解放军信息工程学院接新生的卡车那一瞬间，突然飘起来的白裙子在少年柳建伟的眼前展示了少女洁白隐秘的一角。这是怎样惊心动魄的瞬间！从此他每次上课都紧盯着斜前方那双圆润的玉臂而害上了单相思。最早的寄托是改写陆游诗翁的《钗头凤》："红酥手，咫尺有……"结束处自然也是"错，错，错"！"莫，莫，莫"！这改写的词被不知内情的同学公开朗读过，而当事人自然是莫名其妙。直到建伟以治疗青春痘的秘方示爱，才招来了毫不含混的回绝。少年建伟的烦恼从此借助文学而宣泄。

1983 年，柳建伟大学毕业，旋即分配到某技术侦察部队工作。1995年参加中国作家协会。现为中校情报军官，四川巴金文学院创作员。

三

初涉文学的柳建伟既搞创作又写评论。《瞄准生死结——兼谈军事文学的困境》和《伟大的夭折——硬谈〈古船〉及其他》等文所显示的才华和功力，一下子就吸引了解放军艺术学院教师朱向前的注意。他连发三封信动员邀请柳建伟到军艺学习。1991 年柳建伟应招赴军艺学习，1993 年到鲁迅文学院进修，1994 年进入鲁院和北师大中文系合办的硕士研究生班学习，1997 年毕业。从此，柳建伟与文学结下了不解之缘。

在北京六年的学习期间，柳建伟在文学创作上逐渐完成了相当充分的多方面的准备，但主观上尚未找准创作的重点。他又是个孝子。1994年他母亲患癌症，至 1997 年 2 月病故，所花费六万余元，除近万元由镇政府支付外，均由建伟和他的两个收入很低的妹妹来支付。为此，柳建伟也曾利用一些现成的材料编撰过一些如《纵横天下》之类的纪实性畅销作品，也曾和书商讨价还价以卖文为生。

我就是在 1993 年柳建伟到鲁迅文学院进修后与他相识的。那时我还住在人民文学出版社的东八里庄宿舍，而鲁迅文学院距此不过一二百米。地理上的方便使我们之间有过多次交往和深入的交谈。这期间，我推荐建伟的中篇小说《都市里的生产队》和报告文学《红太阳 白太阳》的片断到《当代》发表，又在我当时担任主编的《中华文学选刊》选发了他的中篇小说《王金栓上校的婚姻》，并鼓励他把精力集中到有价值的严肃的文学创作上来。一个初夏的夜晚，在住处近旁的水果、菜市街上，踏着满地的月色和垃圾，我郑重地劝告建伟："建伟，为稻粱谋可以理解，但你的正业应该是写小说，特别是写好长篇小说。你不要浪费了自己的才能。你要好好写出可以流传下去的作品。不要辜负了自己和这个时代。"

建伟把这些话听到心里去并开始了认真扎实的创作实践。

后来，便有了关于长篇小说创作的长谈。柳建伟和我谈了三部长篇的构思。我建议他先写关于当下农村生活的最后定名为《北方城郭》的这一部。

1997 年 6 月，柳建伟长达五十五万字的第一部长篇小说《北方城郭》由人民文学出版社出版。这部描绘当代农村生活的长篇一下子就以它揭示社会矛盾的深刻性和雅俗共赏的可读性，以及它所塑造的艺术典型赢得读者的欢迎和文学评论界的好评，被视为"一棵长疯了的大树"，是近年来长篇小说创作难能可贵的新收获。此作在申报参加第五届茅盾文学奖评选的一百多部作品中，最近已被正式列为提供给终评委审议的二十五部备选作品之一，我想，这绝非偶然。

231

四

在《北方城郭》定稿付梓一年之后，柳建伟起笔写他的第二部长篇小说《突出重围》。

大约在 1998 年春节前的某一天，我社副总编高贤均作东请柳建伟吃饭，我和洪清波作陪。饭后，就在高贤均家里和柳建伟谈《突出重围》的审读印象和修改意见。

我们一致肯定小说充满爱国主义的激情和阳刚之气，几乎吻合了中央军委科技强军、质量建军的战略思想，是一部正合时代需要的好书。我们还特别指出敢于把部队的矛盾和社会腐败现象结合起来写，体现了作者的胆识和勇气。这样，军事演习的故事也就深刻地揭示了中国军队所面对的世界军事、政治、经济等多方面的严峻挑战，指出中国军人必须突破思想观念、军事技术与物质利诱等等"重围"，才能保持人民军队的本色，才有可能打赢未来可能发生的高科技战争。但我们又一致认为：在塑造艺术典型和表现丰富复杂的感情方面，它不如《北方城郭》。这些认识后来体现在"编者的话"中，概括为"《突出重围》在题材思想方面与《北方城郭》相比，有所超越，但在艺术方面却显得逊色了"。

很具体的意见已经难以复述。概要而言是三次军事演习的层次不清，为一般读者考虑，应尽可能叙述、交代得清晰一些；加强人物的个性化，使艺术形象更丰满一些，如"蓝军"司令朱海鹏和"红军"十分精明的、知识型的参谋军官唐龙太靠近了，有点类型化了；处理朱海鹏和江月蓉的关系不要写成反封建式的婚姻，不要简单地写成活人被死人拆散了；语言粗糙了一些，等等。

应该承认，三个编辑都不懂军事。我虽然在"文革"前不久到王杰生前所在工兵部队待过两三个月，但既没轮上摔手榴弹，也没打过靶。所以，我们没有也不可能就军事技术问题提过任何意见。柳建伟呢，作为一个有近二十年军龄的技术军官，他的军事实践也很可怜。他在大学是学计算机专业的，但学文、从文后没摸过计算机，现在连电脑还不会用，写作一直离不开 1993 年母亲送给他的那支可以吸用碳素墨水的钢笔。每次长篇完稿，厚可盈尺的手稿都由老父亲带着满脸的神圣和庄严装订成册。这使柳建伟满怀感动和感激之情。遗憾的是就军事技术而言，二十年来他总共只打过三次靶，一次步枪九发子弹，一次手枪五发子弹，一次机枪一梭子子弹，成绩是步枪八十一环，手枪十三环，机枪上靶两发。二十年来，柳建伟也没有在野战部队待过一天。然而，《突出重围》却写了一个军区，写了两个师几万人的对抗演习，还写到了让解放军现役高级指挥官佩服的程度，国防大学未来的将军中，有人还把他称为战略家。这似乎是个不解之谜。难怪 1999 年 9 月 17 日午夜播出的"读书时间"节目(157 期)中，主持人李潘问他凭什么能把军事题材的作品写得这么好。柳建伟的回答是：一靠作者的亲历感受，二靠所见所闻，三靠作者的心历，靠作者对时代生活的感受、认知乃至想象。

我想，恐怕得承认关键在于柳建伟的聪明才智，勤奋的学习钻研精神和非同一般的想象力。文学创作这碗饭毕竟也不是随便谁想吃就吃得上的。然而，我还想说，生活的功底毕竟还是很重要的。国防大学的学员在讨论作品时指出了《突出重围》的一些硬伤，如两次演习之间必须有

232

必要的准备和过渡，绝不可能想打就打起来；又如无论干劲多么大，也不可能靠人力把坦克推动起来，等等。这些硬伤是作者柳建伟造成的，可我们这些编辑谁也没有发现，就因为我们也没有生活，我们也不懂。

五

《突出重围》在《当代》发表，后来又在去年11月由人文社正式出书。这以后有过两次正式的作品研讨会：1999年4月23日上午我社和《小说选刊》联合在中国作协多功能厅召开的研讨会，以及1999年6月11日下午，在国防大学文化艺术活动中心，由解放军总政宣传部文艺局、国防大学宣传部、成都军区宣传部和我们人文社联合组织的作品研讨会。这中间，又分别在北京大学和三十八军举行了赠书仪式。就人文社来说，是力度空前的动作；就部队而言，对一部作品和一位青年作家这样关切、支持，也是罕见的。

参加中国作协研讨会的都是文学专家，先后发言的有汪守德、何镇邦、朱向前、蔡葵、白烨、雷达、丁临一、韩瑞亭、林为进、王强、贺绍俊等。他们一致肯定《突出重围》是独特而优秀的军事题材作品，是"忧患之作"，"本色之作"，"尝试之作"，是"塑造了众多军人形象的作品"，"雅俗共赏的作品"，也是"近年来军旅文学突破性的作品"；是"兵味十足，雄性十足的作品"，也是"以生活新颖、思想尖锐见长的作品"。

朱向前、白烨等都认为写人物，写人性的丰富性，艺术形象的丰满，《突出重围》不如《北方城郭》。但蔡葵不以为然，他认为柳建伟能在军事文学的气度上超过许多同类题材的作品，完全是一种大家气度。他写的人多也不要紧，几乎第一章就把人物都推出来，就像《子夜》那样。江月蓉留给朱海鹏的信和高军宜的遗书都写得很到位，《突出重围》的人物讨论起来很有讲头，我们不必苛求。

何镇邦、白烨、雷达都指出小说张而少弛，张弛关系的把握不够好。他们虽然未必懂军事技术，但从文学角度提出来的意见竟和军事专家的批评不谋而合。

出席在国防大学文化艺术活动中心举行的作品讨论会的，自然都是军事方面的行家，计："虎班"（未来将军班）学员八人，研究生班学员七

233

人。他们首先一致肯定《突出重围》的主旋律突出，忧患意识突出，说出了他们心里早就想说而不便说的话，是非常好的军旅文学长篇小说。作品在他们中间引起强烈共鸣。有人理解为：这是突破旧观念的重围，是突破人际关系的重围，是突破感情纠葛的重围，也是突破物质诱惑的重围。有人指出：军队建设决不容许失败，演习失败几次不要紧，实战失败一次就可能危及国家命运！真是一针见血，发人深思。

军事专家们虽然也肯定作品是"通俗易懂的国防教科书"，肯定作品"提出了许多深层次的问题供人思索"，但也指出作品的一些硬伤，供作者修订作品时参考，更有人认为作品把部队生活说得有点阴暗，认为副师长高军宜还是廉洁的好同志。

然而，军事行家们对《突出重围》的欣喜之情也是军人式的直率。吃晚饭时，他们一个个和柳建伟频频碰杯表示祝贺和感谢。酒宴阑珊，"虎班"参加讨论会的八个学员有六人主动给柳建伟留下地址电话，欢迎他将来到他们所在的部队去深入生活，保证提供一切方便。

柳建伟事后说，我原想，《突出重围》在未来将军们的眼里能打六十分就不错，现在看来能打上七八十分，我可以放心了。

我想，何止是这八十分的评价重要呢，柳建伟从北京大学文学爱好者、三十八军指战员和国防大学学员那里得到的信赖和友谊该是尤为值得珍视的吧。

六

《突出重围》开始构思于 1995 年冬(即《北方城郭》完成初稿后)。这名字是电视导演舒崇福起的。成都军区电视艺术中心请作者写反映部队生活的电视连续剧，却认为实战的拍摄难度大，便建议改写成军事演习；作者接受了意见，却也明知真正意义的演习故事出不来人物形象。结果便是现在这样战争不像战争，演习不像演习的故事框架。

成都军区电视艺术中心为剧本创作替作者请了半年创作假。1997 年12 月，作者在把《突出重围》的小说初稿交给我们人文社的同时，也把同名二十集电视连续剧剧本交给成都军区电视艺术中心。1999 年 4 月间小说大获好评已成定论，而电视剧在云南某地开拍后，却遇到严重的剧本问题，柳建伟又奉命到云南去修改剧本达一个多月。电视剧的名字在小说《突出重围》出版并获好评后，先更名《突破重围》报给审批领导机关。电视连续剧开拍送审本又更名《世纪闪电》，后又改名《突破重围》，又有消息说拟改为《大演习》。几次改动，小说和电视剧的作者事先都不知情。又据说，1999年8月，电视剧已封镜，并被中央电视台列为新世纪第一部播出的大型电视连续剧。但剧名仍为《突破重围》。"出"与"破"显然以"出"为好。如此改名，不知何意。

柳建伟最大的心愿是成为专业创作人员（专业作家），现在看来却还没有什么眉目。对作品，他自然希望不但小说好，电视连续剧也拍得好，但现在看来却难以预料。

《突出重围》的小说和剧本很难说谁先谁后，也可以说是在交错进行，因为从最早的构思到初稿完成可以说都是同步的。在我看来，所谓"诗无达诂，文无定法"，同一个作者用两种形式写相同的作品也未尝不可以尝试。只是历来由名著改编影视作品，经过艺术家的再创作而能够超过原著的实在太少。因此，我很希望电视连续剧《突破重围》能比小说《突出重围》更上一层楼（因为它拍摄在小说之后），但我又宁可在实际上有一点保留。

235

七

柳建伟渴望成为专业作家，也企盼着人民文学出版社和他签约，使他成为某种有基本保障的作家。作为朋友，作为被建伟一直称之为"老师"的一个老编辑，我唯愿建伟的心愿能够实现，因为这结果对支持他的创作实在很重要，而且以他的实力和已经取得的成绩来说，他也有资格得到这样的关怀和支持——我们国家享受专业待遇而不出什么作品的专业作家难道还少了吗?!

柳建伟在《小说选刊·长篇小说增刊》(1998年12月出版)选发《突出重围》时写了一篇短文《关于一个梦想的备忘》。其中说："1997年出版了《北方城郭》，1999年出版了这部《突出重围》，现在又每日伴着两包香烟描绘着《英雄时代》。这三部作品都是描绘当下中国社会现实的。《北方城郭》着重写了中国县城以下区域人们的生存境况。《突出重围》着重解剖了军队这个特殊的集团，在世纪之交面临的种种现实。《英雄时代》将描绘生活在省城和京都的人们，在改革事业进入深水区后的思想和行为。我的三十五岁的生命，近一半生活在县城和农村，近一半生活在省城和京都，十六年作为老百姓，十九年作为军人。这种独特的分割，决定了我必须一口气把这三部作品都写出来。我不能对我生活中的不同阶段厚此薄彼。更重要的是，只有把这三部作品放在一起，才能比较全面地表达出我对中国现实的整体看法。这部三部曲完成后，在从农村到京都这样广阔的舞台上，将有近四百个人物出场，上演各式各样的剧目。"

这种表述中有一种可贵的追求：对当下现实作规模宏阔的、史诗式的表现。眼下有多少六七十年代出生的作家醉心于咖啡屋、汽车、洋房，又有多少作家在复杂的现实面前畏难退却，或转而去写遥远的历史故事，或只以展示个人的隐私来招徕读者，或转而去写玄而又玄的，与读者大众无关痛痒的故事……固然，写什么，怎么写，是作家的自由，探索性的作品也可以出现有价值的、有艺术品位的好作品。但我在四十年的编辑工作中确已见过不少赶时髦的作家花开花落，在璀璨和凋零中幻化，而在青年作家中像柳建伟这样有相当造诣和有崇高追求的，毕竟不是太多而是太少。但愿有关各方都更多地关怀和支持、帮助柳建伟这样的作家吧。

在同一篇短文中，柳建伟又说："十二年前的一个秋夜，我在四川大邑梁坪山腰的斗室里，第一次读到了巴尔扎克的《〈人间喜剧〉前言》，我被一个胆大妄为的梦想攫住了：要做这样的作家。"

好家伙，要追踪巴尔扎克！这又被有的人视为狂妄和不切实际。但我宁可视之为柳建伟用来激励和约束自己的豪言壮语和雄心壮志。中国人历来甘于平庸的人太多，安贫乐道、无所作为的人太多，而少有发愤图强、敢为天下先的人。因此，我宁愿相信柳建伟会时时记着自己的豪言壮语和雄心壮志而扎扎实实地奋斗不息，并愿希望和幸运之星永远照耀着他。

"不问收获，但问耕耘。"以巴尔扎克为老师和榜样，勇敢地前行吧，建伟，有那么多关切、友爱的眼睛盯着你呢！

1999 年 9 月 22 日午夜 12 时半

236

谱写大上海乐章的高手

——从俞天白著长篇小说《大上海沉没》说起

  俞天白，是个有责任感和使命感的作家，也是个勤奋而多产的作家。除了《古宅》、《活寡》等若干中短篇小说，他的主要精力还是放在长篇小说的创作上。他迄今已公开发表、出版的长篇小说已有如下 10 种：

《吾也狂医生》，1981 年，花山文艺出版社；

《氛围》，1983 年，黑龙江人民出版社；

《愚人之门》，1985 年，十月文艺出版社；

《X 地带》，1986 年，上海文艺出版社；

《大上海沉没》，1991 年，人民文学出版社；

《大上海漂浮》，1994 年，上海文艺出版社；

《金环套》，1996 年，上海文艺出版社；

《大都会》，1997 年，人民文学出版社；

《大赢家》，1999 年，作家出版社；

《天地蛋》，2004 年，上海人民出版社。

  其中，《天地蛋》通过以医术糊口的知识分子楼独清一生的命运遭际，力图写出在变幻莫测的上一个世纪，中国人民的苦难与追求，迷惘和清醒，动摇和坚毅，失落与希望。为了完成这部以大上海及附近农村为舞台，时间跨度近一个世纪，最后删到七十来万字的长篇小说，作者从1999 年 2 月起笔，中间反复修改，六易其稿，到 2003 年 6 月终于杀青改定，其中的艰辛可想而知。此书以其厚重的历史感，深刻的反思精神和人物、内容的丰富被评论界称为"挑战风花雪月"的力作。

  俞天白在《天地蛋》的作者近照下面，写下了这样的自白："我是不幸的，也是幸运的。不幸，是出生在中国苦难最为深重的 20 世纪的上半叶，迎接我的竟是卢沟桥的炮火，而后社会的动荡，又剥夺了我受完整教育的权利；幸福，是因为抓住了 20 世纪的后半叶……自然是时代帮我点石成金，将这些不幸与幸运，点化成了一笔独特的财富。这财富，就是以《活寡》和《古宅》为代表的四部中篇小说、一部报告文学集和一部长篇报告文学以及两个长篇小说系列。这就是以《X 地带》为代表的中国半个世纪以来知识分子命运系列，以《大上海沉没》为代表的都市命运系列……"

这里面所说的报告文学集即 1992 年出版的《变幻莫测的面纱》和《上海：性格即命运》。前者由中国金融出版社出版。后者由上海文艺出版社出版。

作者把《大上海沉没》定为他"都市命运系列"的"代表"，我想绝不仅仅因为这是俞天白谱写大上海命运交响曲的第一乐章，而是因为《大上海沉没》确实是迄今为止他书写大上海起伏沉浮命运最具审美和认识价值，又是最重要、最成功的作品。

那么，《大上海沉没》究竟是一部什么样的作品呢？

238

首先值得肯定的，是《大上海沉没》的开拓性、警世作用和现实意义。它是新时期文学中第一部全景式的、多视角地展示当代上海众生相和上海命运趋势的首倡之作，也是时代感很强，既有深度也有广度地反映大动荡、大变革的优秀作品。

随着小说情节的展开，我们的视野里出现了一座二层楼的石库门房子，和在这里拥挤地住着的八户人家，以及由此延伸出去的另外两家人。于是改革年代的大上海，便成了这十户几十口人活动的人生大舞台。他们之中，有旧上海的工业巨子、商界小开、大学生、流氓、妓女、普通市民，也有新时期的各级干部、大厂长、青年银行家、乡镇企业头头、名牌服装店老裁缝、无耻港客、封建遗少、老劳模、个体户、售货员、留学生、工人、歌星、记者、作家乃至党政负责人，等等。这各色人物的交往活动，矛盾纠葛，爱和恨，欢乐和痛苦，追求和沉沦，崇高和卑鄙……色彩斑驳地展现在我们的眼前。小说通过一连串五彩斑斓的生活场景、鲜活丰满的人物群像和深邃新鲜的思想信息，形象地昭示我们：占全国财政收入六分之一的大上海，在改革深化的关键时刻，困难重重，形势严峻，其经济地位正在下沉，患了"衰弱巨人综合征"。小说颇具说服力地发出了振聋发聩的警告：大上海只有正视"衰弱巨人综合征"，不失良机地参加世界经济大循环，才有改革成功，繁荣发展的希望；而某些上海人那种"愚蠢过头的聪明"和"聪明过头的愚蠢"的心态，也到了亟须改变的时候了。

改革，不但关系到国家民族的命运，而且也和我们每一个人的生活休戚相关。上海是全国人民的上海。上海这个东方第一大都会是走向沉没，还是走向繁荣发展的希望之路，绝不仅仅是与上海人有关的事情，而是应该引起我们每一个中国人关心的大事。何况，我们还要问，《大上海沉没》所反映的沉没感，难道仅仅是上海市存在的问题吗？上海，也是全国各大城市的影子。上海不改革就可能面临沉没的问题，这应该引起我们大家的觉醒和紧迫感。而俞天白能通过小说的形式提出这样的问题，无疑就体现了他作为一个有良知的、有使命感的作家所具有的胆识和勇气。

当然，一个小说家不能仅仅、甚至主要并不是从理论上来提出现实生活中的问题。一部优秀的艺术作品"较大的思想深度和意识到的历史内容"，应该同"情节的生动性和丰富性"实现"完美的融合"。（恩格斯1859年5月18日致斐·拉萨尔的信，引自《马克思恩格斯选集》第四卷第343页）我们感到高兴的是，俞天白在这里已经取得了突破性的成绩。如上所述，小说为我们提供了各式各样有一定典型意义的人物群像。其中，如外号"真假天晓得"的何茂源，精明、专制，有副"'阿拉上海人'是不能让人欺侮的"自大魂灵，对家人如暴君，实则不过是上海小流氓，是在半封建半殖民地的都市中被扭曲了的小人物。又如"洋泾浜上海人"沙培民，则是在革命大潮中从农村来到上海的。好不容易当上了共产党的干部，一方面志得意满，以作为"上海人"而自豪，却又要维护"官"的尊严，不但不允许女儿当歌星卖唱，也看不起她的男友——普通工人简志君。此人可谓半是上海人半是乡下人；半是共产党员，半是市侩小人的混合体。再如他们的邻居，念念不忘顾正红的退休老工人孙师傅，从不屑于赚钱到眼红别人赚钱，退而复出，其心路历程在一代产业工人中颇具代表性。而他的儿子孙士诚，为了推销工厂的产品不得不以赌博输钱的方式行贿，他的痛苦和惶惑，对于走出传统轨道的工人干部来说，也有一定的普遍

239

意义。裴记培罗蒙的老裁缝和他的儿子裴鸿祥,则代表了两种完全不同的思想境界。前者小心翼翼,只图保住牌子和饭碗,眼界狭小;后者虽亦含辛茹苦,却视野开阔,勤恳中见精明,谦逊中寓雄才大略,虽为银行普通职员,却具大银行家的见识。此外,如"四大公司"中因失恋而落寞寡欢的张家大小姐如玉,"五香别墅"中精神分裂而又性无能的宦家遗少王彦楷,当过妓女以致几十年来对丈夫忍气吞声的华宝卿和她的敢爱、敢抗争的女儿小纹,居家无所事事,成天猜疑丈夫的葆珏,本位观念浓重的银行干部葆春,为调回上海而四处奔走的葆真,以及他们的亲戚:专家型的改革派企业家符锡九,书生型的正直工程师权抱黎,等等,虽落笔轻重长短不一,其不同的性格内涵,却都给人留下难忘的印象。

我想,缺乏作为长篇支柱型的,内涵丰富意蕴深刻的典型人物,从而通过其命运遭际来引导读者思索大上海是否在沉没,何以会沉没和挽救之道,也许是《大上海沉没》的一个遗憾。然而,小说以宏大的气势直面大上海变革中的现实,以其独特而又严谨的结构,众多血肉丰满、性格鲜明的人物群像,精彩独到的细节描写,浓郁的时代生活气息,乃至它的思想力量,都将把读者引向一个极富情趣和瑰丽动人的艺术世界。这无疑也是非常难能可贵的。难怪前辈陈荒煤读后会赞赏地说:"就(小说)反映的内容与规模的宏观,生活的场景,形象的丰富,作品反映的气势来说,也的确可以说是一部新的《子夜》。而这个《子夜》是在改革开放的大转折、大动荡、大震撼中的《子夜》。"(《作家的眼光勇气和魄力》,载《当代》1989 年第 4 期)

基于以上的认识,我在《大上海沉没》1991 年 8 月由人民文学出版社正式出版单行本时,便写下了如下的《内容说明》:"这是继《子夜》(茅盾)、《上海的早晨》(周而复)之后,又一部以反映上海社会生活为题材,并具有强烈的史诗意识、清醒的历史意识和深刻的文化意识的长篇巨著,是俞天白长篇小说系列《大上海人》的首篇。小说在新时期改革的历史大背景下,以恢宏而又细腻的艺术笔触,向读者展示了我国最大都会这个'千面女郎'斑驳陆离、多姿多彩的社会风貌和众生相,并以一连串色彩斑斓的生活画面,鲜活丰满的人物群像和深邃新鲜的思想信息,向我们描绘了大上海所患的'衰弱巨人综合征',以及上海人复杂微妙的心态,让我们看到了在改革大潮冲击下情势严峻而尚有希望的大上海。

"这是表现当代都市风貌的'清明上河图'，是改革关键时刻长鸣报警的钟声，是一曲爱的变奏，也是唤醒世人危机意识的杜鹃带血的啼叫！"

《大上海沉没》最早连载于《当代》1988 年第 5、6 期。作品发表后立即在海内外引起巨大的反响，除分别于 1989 年 1 月 21 日在上海和 3 月 29 日在北京先后举行了作品讨论会之外，日本 THK 电台和《每日新闻》都派记者访问了俞天白，并作了专题报道，在美国的华文报纸《世界日报》1989 年 2 月 11 日也及时作了报道，上海前市长汪道涵邀请俞天白面谈、交换意见(后由作者整理成文，作为《上海：性格即命运》一书的代序)，上海、北京等地多家报刊发表相关文章，虽然也有某些不和谐的声音，但总体上评论界对《大上海沉没》是一致肯定的，其中一些批评建议也是善意的。1989 年，上海作家协会委托《上海文学》主办"蜂花杯"上海四十年优秀小说奖时，《大上海沉没》荣幸获奖，成为与《红日》等并列的最优秀的五部长篇小说之一；1994 年 10 月，《大上海沉没》荣获炎黄杯"人民文学奖"；1997 年 5 月又获国家新闻出版总署主办的"八五"(1991～1995)优秀长篇小说出版奖等多种奖项。

这一切，对作者当然是极大的支持和鼓励。十年以后，在为祝贺《当代》创刊二十周年而写的短文中，天白还动情地回忆说：

至今我没有忘记当我将《大上海沉没》送到杂志社，启治兄阅后的那种兴奋状态……启治兄迫不及待地送给兆阳先生，向兆阳先生作了详细汇报。兆阳先生也兴奋异常，勾起了二十多年前他撰写那篇著名的《现实主义，广阔的道路》时的种种思考，以及由此而来的使他遭受的种种磨难，甚至想趁机再写一篇与此关联的文章，进一步阐明他几十年来不懈的追求与思考，为此他请启治兄陪同我去作了一次长谈。这次长谈后，兆阳先生特地送了我一副大字书写的对联，浓墨重笔，完全是对我这种文学定位的充分而热情的概括和肯定。对联是这样的：

心存古往今来事

人在长河大海中

这里的"古往今来"与"长河大海"八个字，涵盖面、思想深度、情感的厚重与信息量，实在是太大太广太丰富太厚重了……这副对联对于我，没有比这更准确更有力的鼓励了。为此，从 1988 年到今天的十二年来，我始终将它悬挂在我书房的最显要的地方日夜相伴，与《当代》工作的各

241

位朋友的帮助和友谊一样，它给我的关怀、鼓励将是永恒的。（载《当代》1999 年第 3 期）

作家成熟的标志可以从他的主要作品中找到脉络。如鲁迅一辈子探究的是揭示中国的国民性；巴金一辈子主要写封建家庭的罪恶，反映封建对中国的严酷毒害；老舍一辈子写庸俗市侩对中国社会发展的桎梏和阻碍；巴尔扎克一辈子写法国贵族必然灭亡，等等。

天白是有使命感有追求的作家。如他在新出的长篇小说《天地蛋》的扉页上的自白所说，他迄今创作的小说"就是以《X 地带》为代表的中国半个世纪以来知识分子命运系列，以《大上海沉没》为代表的都市命运系列。"有了《大上海沉没》和《大上海漂浮》、《金环套》、《大都会》这些长篇小说，我可以有把握地说，俞天白是谱写大上海乐章的好手。天白还在孜孜不倦地努力，但愿将来人们在回顾他总的创作成果时，可以高兴地说，俞天白是描绘当代中国都市命运的大家，是谱写都市命运交响乐的圣手。我们真诚地期待着。

2005 年 3 月 16 日夜

第六辑

编辑出版家剪影

夕阳风采

——韦君宜素描

　　写下这个题目，心里腾地便涌现出几年前在渤海海洋钻井平台上观望夕阳时，所见充满着悲壮色彩的落日情景和那种难以名状的心境——

　　除了海船，四顾是无边无际的茫茫海水，在你的脚下拍击着船帮，发出一声声使人心旌摇荡的叹息。这时，奔跑了一天的太阳仿佛真是疲惫不堪，再也没有多少热力了。夕阳通体燃烧着的橘红色已逐渐由浓变淡，同时以肉眼能感觉到的速度慢慢地往下沉，终于完全消失在海平线下。但这夕阳又像是并不情愿就此离去，于是便以它的余晖在水天相接的地方抹下壮丽动人的一笔：西天好像突然筑起一堵绛紫色的"墙"，晚霞把这墙涂染成红色的一片，愈往上这红色便由赭红而粉红而至于更淡，终于和灰蓝色的天幕融为一体。极目远眺，西边靠近晚霞的海水呈深浓的蓝黑色，而船边上的海水却不停地泛着浪花；在那起伏的海浪上，晚霞给染上了一片紫红，于是眼前便好像飘动着宽广无边的锦缎。

　　我想，这一切都是太阳给留下的呀。噢，它一定是不情愿、不甘心消失哪，这火热的、坚强的、美好的太阳，这仍然执拗地爱恋着人世，这仍在竭尽全力要继续给大地以热能和绚丽色彩的夕阳！

　　这夕阳所展现的风采和情怀，如今却自然使我联想到我的老上级韦君宜。我想，我们人民文学出版社的老社长，认真执著地追求着救国救民的真理、做了几十年编辑工作的老作家，如今年近七十四岁已经卧床而还在惦念着文坛和创作的韦君宜同志，不是很像这执拗地爱恋着人世，仍在竭尽全力继续燃烧的夕阳吗！

　　"崇拜朝阳的人总是比崇拜夕阳的人多。"(培根语)我却很乐意为我所

245

敬佩的君宜老人抒写我的夕阳礼赞！

一

我自 1959 年离开学校被分配到人民文学出版社，先当校对，然后才开始做当代文学的编辑工作。从此，可以说一直是在同志们亲切地称之为韦老太的君宜同志领导下工作的。记不得是在什么情况下第一次和她见面的，大概是因为我上面还有组长、主任，我不会有多少机会直接和她打交道。留下的最初印象是：这位社级领导平时衣着朴素，决不像是从富有的大家庭出来的人。她平时不苟言笑，讲起话来快如放机关枪，办起事来爽快利索，却没有另一些老延安、老解放区来的同志（如何文）那样对年轻下属问寒问暖好接近。一次在公共汽车站候车，见韦老太戴着深度近视眼镜昂首阔步地过来了，便点头招呼，岂料她却视若无睹地不予理睬，只顾自己挤上车走了，也不知是太专注于挤车没看见我，还是真不知道我是谁。

她这种比较内向的，认真到有点迂的性格，在平常的接触中也时有所见。

1964～1965 年间，我受命先到北京郊区南口农场组织参加农业建设的知识青年自己动手编写的报告文学、书信和日记的结集《我们的青春》，其后又到上海和两位工人业余作者一起完成了所谓"揭露资产阶级剥削罪行"的小说《天亮之前》。两部书稿都由韦老太终审通过，书名也都是由她选定的。作为从大学毕业不久的青年编辑，我能从无到有组织、编写出这两本小册子来，自以为已经尽心尽力；又由于适应了当时的政治需要，两本书各印了二十多万和近四十万册，便有点沾沾自喜起来。但自始至终就没有听韦老太说过什么表扬鼓励的话。至今尚记得的，是她不止一次地提醒说，在知识青年写的文章中可绝对不要出现什么"油票"啦，"粮票"、"糖票"啦这一类字眼。言下之意是，无论我们国家如何困难，都是暂时的，都不该公之于众，颇有点家丑不可外扬的味道。

1982 年，我申请参加中国作家协会，问她愿不愿意做我的入会介绍人。她只是说，我看你是可以参加作协了，便提笔签署了意见，此外再没有什么多余的话。

246

何启治看望病中的韦君宜（1994 年摄于韦君宜卧榻旁）

1984 年，龙世辉同志调离《当代》杂志，到作家出版社担任领导职务。她和另外几位领导循惯例设宴欢送。我是老龙的同事，便也参与张罗其事。这次是在前门全聚德烤鸭店临时订的席。按韦老太他们的规矩，除了被请的人，还是每人凑钱交粮票。使我感到意外的是，在这种场合也听不到韦老太说什么通常要说的客气话。只见她举起杯来就说，老龙，今天我们欢送你，你要知道，不论在"五七干校"还是从干校回来之后，我可没有什么对不起你的地方呵！这使大家都觉得突兀费解，但在她看来，大概要紧的是说出自己要说的话，照顾什么场合、环境之类倒在其次了。

其实，韦君宜的认真和执著，当然首先体现在她的专业工作上。

拨乱反正历史新时期的春风，使文坛和出版界逐渐繁荣起来。但美妙的乐曲中也有一些不和谐音。她对此深感忧虑。

1981 年初冬，韦老太冒着寒风出现在北京一些新华书店的门市部。从王府井到东单、东四，都留下了她来去匆匆的足迹。她和读者、售书人员交谈，探询，请教。不久，她就在社会调查的基础上写成《关于文学与文化的经济体制》一文(载《新观察》1981年第22期),探讨了出版、印刷、发行三方面存在的种种问题,提出了打破新华书店独家发行的"大一统"局面,乃至按不同服务对象把发行机构分成好几家,同时允许出版社自办发行等建议。文章在作家、读者和出版发行工作者中间引起了意想不到的强烈反响,其中有的建议后来已在实际工作中被采纳而成为事实。

1981年除夕,我按约定的时间去探访韦老太。谈到是当出版家还是当出版商这个话题,韦老太很有感慨地说:"按理谁都不难找到正确的答案,但真做起来却相当复杂,不好办。有的出版社用某某书社之类的名称代替省出版社,版权页上连印数也没有,谁也不知道就出些乱七八糟的东西,只顾赚他的钱。"接着,她还列举了另外一些不良现象,大不以为然地说:"有的作家被捧来捧去,都捧坏了。大家都奔着那个热门货来,这绝不是办法。一个作品选来选去,什么'女作家作品选',什么'佳作选',优秀中篇或短篇小说选,选来选去还就是那么几篇。说实在的,我觉得出版界一直存在着一些不正之风,包括几千几百块大手大脚地花钱请作家,这个'侠'那个'义'地滥印东西,以及十几次重印某一种作品,等等。"

她很严肃地批评说:"这样做编辑工作算什么?什么加工都不用做,剪下来贴上去就行。"她语重心长地指出:"一个好的编辑,实在不应该推波助澜地去支持这样的事。这样做对作家、对创作有什么好处呀!"

韦老太认为,要当出版家,不当出版商,就得下工夫出一些有意义的书,哪怕赔点钱也干。她说:"在有些人只顾赚大钱出什么'侠'什么'义'的时候,我们古典文学编辑室倒是出了一些要的人很少,只供研究者参考的书,比一般诗话、词话的印数还少。文艺理论方面也有一些。有的地方出版社为了扶植中青年作家,只销两三千册甚至几百册的小说集也出。这都是应该的,就得这么干。"

韦老太这么坚决、执拗地执行上级指示,这么严肃、执著地对待编辑出版工作,实在是出于她对社会主义文学事业的热爱,出于她对人民的一片赤诚呵!

二

在她手下工作的时间长了，就会知道貌似木讷寡言、不苟言笑的韦老太对工作、对作家其实充满了热情。为了支持未成名的年轻作家，她还常常表现出难能可贵的胆识和勇气。

文学出版社的一些老编辑都知道，我们出版社不允许、也没有经济条件为作家写作租用高级宾馆的房间来炮制"宾馆文学"，但韦老太却不止一次地为了让黄秋耘或别的作家有个安静的写作环境而腾出了自己的办公室，还从自己家里拿来了刚拆洗过的棉被。

还是这个似乎不大善于交际的韦君宜，却曾在1980年挤公共汽车跑到上海郊区南翔镇去看望、指导写长篇小说《生活的路》的青年女作家竹林（王祖玲）。当她看到嘉定县二中张校长在学校图书馆的书库里为竹林提供了极简易的住所时，竟感动得情不自禁地向老校长深深地鞠躬致谢！

还在党的十一届三中全会召开以前，她风尘仆仆地赶到湖南去组稿。原不相识的莫应丰，找上门来，讲自己的生平，讲他"文化大革命"中在部队见到的一些十分可怕、十分可气的事。后来他躲在文家市把这些真实的故事写成小说，在箱子里压了两年，现在才拿出来，这就是后来定名为《将军吟》的长篇小说。这在全国还是头一部正面写"文化大革命"的长篇，问韦老太敢不敢要？韦老太当即表示："你给我带回去看看吧。"后来龙世辉和另外几位同志先看了，也说小说写得好，就是全盘否定"文化大革命"，又牵涉到毛主席他老人家，真不知道究竟能不能出。韦老太在亲自看过稿子后被小说真切的细节、活生生的人物和作者的勇气深深地感动了。她明确表示："既然确是好作品，咱们就出。牵涉到毛主席他老人家的某些不恰当的描写，咱们把它稍稍去掉一点，改一改，别的照样出好了。"于是就把莫应丰请来，改成现在的长篇小说《将军吟》，并一举获得了首届"茅盾文学奖"。

此外，当正在写长篇历史小说《义和拳》的冯骥才还默默无闻的时候，她曾经在他那拥挤狭窄的居室里和他作过长久的恳谈。

当对《生活的路》（竹林）、《冬》（孙颙）和《铺花的歧路》（冯骥才）等长中篇小说众说纷纭、争论不休的时候，她知道光凭自己的威望还不足以说服大家，便组织编写了故事梗概，亲自送请茅公看。这些小说由于得

249

到茅盾的肯定、支持而终于得以出版了。作为总编辑的韦老太这才满意地笑了。

1981年，她从投稿中发现了北大中文系学生张曼菱写的中篇小说《有一个美丽的地方》，热情地向《当代》推荐(后刊于《当代》1982年第3期，又由张暖昕改编为电影《青春祭》)，于是张曼菱脱颖而出。

还有那部写来自上海十里洋场的两个女大学生参加长征，以及革命队伍上层生活故事的长篇小说《爱与仇》(珠珊)，那部写爱国画家张玉良的《画魂》(石楠)，她在为作者修改稿件和为小说的出版排除障碍上，都倾注过许多心血。……这一切，没有韦老太这样的胆识、勇气和认真执著，没有这位年近古稀老人的热情和亲历亲为的奔走，都是难以做到的。而韦老太为张洁出主意，帮助她修改提高长篇小说《沉重的翅膀》的事例，对我们做文学编辑工作的人，更具有示范的和启迪的意义。

那还得从1980年说起。那一天，张洁到出版社拜访了韦君宜。韦老太了解到她在工业部门工作了二十年，熟悉这方面的生活，且有创作热情，就鼓励她写改革题材的长篇小说。

1981年5月，韦老太接到《沉重的翅膀》的初稿，马上审读，认为这是优缺点都很明显的好作品，便立即请张洁来研究修改方案。

随后，《沉重的翅膀》在《十月》1981年第4、5期连载。反响强烈。绝大多数评论者认为这是一部体现了作者的胆识和才华，能近距离又比较准确地反映工业战线改革的好作品，只是行文匆忙，艺术上仍嫌粗糙，政治性议论有偏激、不准确之处。但也有人认为这是一部在思想上背离了四项基本原则，迎合了社会上一些人的资产阶级自由化思想的坏作品，有人甚至认为它比《苦恋》更坏，应该予以批判。有关领导部门也严肃地指出这部作品"有值得肯定的地方，也有某些明显的政治性错误"，要求在出书前帮助作者修改。

面对这许多意见，韦老太和该书责任编辑周达宝等同志与作者一起作了冷静的分析，并逐章、逐段甚至逐字逐句地推敲，对原稿作了近百处修改。

在此前后，韦君宜还到有关领导机关，甚至直接找了邓力群、胡乔木，为张洁及其书稿做了解释、疏通工作，给了张洁切切实实的支持和帮助。

1981 年 12 月，单行本由人民文学出版社正式出版后，听到各方面意见，张洁决定再一次修改《沉重的翅膀》。

1983 年 9 月，张洁在编辑部的帮助下第三次修改《沉重的翅膀》。为此，并再到曙光汽车厂等单位体验生活。其后，经过深思熟虑，作者对小说作了成书以来最大规模的第四次修改。年底竣工，全书近三分之一的篇幅重写过，并增加了一些新的情节，而总篇幅竟有所削减。

在作者反复修改的过程中，韦君宜始终给予热情的关注。1983 年 11 月，她写了长达四页纸的审读意见，对修改稿作了充分的肯定，并逐项提出作者和初、复审遗留的问题，请作者最后改定。

这样，《沉重的翅膀》的第四次修订本比之原作在政治思想上和艺术上都有显著提高。1984 年 7 月，修订本正式出版，在国内外引起强烈的反响和好评，并荣获第二届"茅盾文学奖"。

为了作家们的健康成长，为了百花盛开的社会主义文苑更加璀璨夺目，韦老太就这样无怨无悔地倾注着自己的热力和心血，一如那执拗地爱恋着人世，不甘心、不愿意消失，而竭尽全力继续给大地以热能和绚丽色彩的、满怀悲壮激情的夕阳！

251

三

纵观韦老太的人生道路，我们不难发现，她从人生的初春到晚秋，可以说是一刻不停地执著地追求着真理和崇高的境界。

韦君宜，原名魏蓁一，湖北建始人，1917 年农历 10 月 26 日生于北京，1936 年在清华大学哲学系读书时参加中国共产党。当日寇的铁蹄蹂躏祖国大地、我们的民族灾难日益深重的时候，这个"一二·九"运动中十分活跃的女战士便告别了清华大学的师友，由武汉而重庆、成都，终于在 1939 年初辗转来到延安。刚到延安不久她就当了《中国青年》的编辑。此后做了三四年教员等工作。全国解放前夕，她被动员去参加《中国青年》的复刊筹备工作，此后就再没有离开过编辑工作岗位，先后担任过《文艺学习》主编，《人民文学》副主编，作家出版社、人民文学出版社的副总编、副社长等职务，1981 年 2 月任人民文学出版社总编辑。1983 年，她以六十五岁的高龄担负了人民文学出版社社长的重任，直至 1986

年 1 月离休，但仍担任着中国作家协会期刊工作委员会的主任委员。

韦君宜诞生在一个从知识分子变为旧官僚的家庭。父亲是清末出国民初归国的在日本学铁路的留学生。他从技术人员升为铁路局长，解职后就在租界里当了寓公。母亲是清末举人的女儿，略通文墨。在这样的家庭里，她从小接受比较严格的家庭教育。旧社会富裕人家大小姐能够享受到的一切，只要她愿意当然也都能得到。但是，打从上天津南开中学的时候起，她就受到丁玲、周扬乃至郭沫若、鲁迅等左翼文学家的影响，到 1935 年考上清华大学哲学系的头一年，她就成为"一二·九"爱国救亡学生运动的活跃分子。可以说，从大学时代开始，革命就代替读书成了她的主要生涯，她从此就义无反顾地走上了革命的道路。和那个时代许多革命知识分子一样，她是先接触革命文学后参加革命实践，由一个纯真的爱国者进而成长为一个赤诚、坚定的革命者的。她当时是在受到家庭软禁的情况下坚决地放弃了旧官僚家庭给她安排的优裕舒适的生活，以及一切令当时许多年轻人艳羡的、诸如出国留学之类的出路，而十分自觉地、百折不回地奔向抗日的圣地延安的。这正如她自己所说的，是因为当时"正热恋着革命，热恋着我的祖国"啊！（见韦君宜《海上繁华梦·我的文学道路》）

如果说，她之投身革命还有什么独特之处的话，那就是她对革命事业爱得真纯，爱得执著，爱得实在，可以说没有掺杂什么个人名利的私心，所以经过几十年的折腾磨炼，她的革命信念依然坚定不移，而作为真诚的革命者，却显得更加成熟了。

1939 年她刚到延安时，和许多奔向延安的知识青年一样，她想不是到"陕公"（陕北公学），就是"抗大"（中国人民抗日军事政治大学）。没想到，当时的中央青委第二书记胡乔木亲自到招待所的窑洞来找她，说她是老民先队员，青年工作做久了，笔杆子也可以，而现在《中国青年》又很需要人，希望她去当编辑。她便不加计较就服从了组织的安排。

1953 年她在《中国青年》总编辑的岗位上，虽然只有三十五岁，按照中组部提出的团中央应更新换代的要求，她却成了当年的输送对象。输送到哪里去呢？原来是要送她到一个工学院去当党的领导干部。她有点慌了，赶快给胡乔木写了封恳切的信。大意是说，自己比较喜欢文学，希望乔木同志从中为力，另外安排合适一些的工作。结果是分配到中国作协。从此就再也没有离开过编辑工作。显然，这不是为了追求个人的什么，而是为了更好地完成党的委托，是为了党的事业。从我认识韦老太以来，就不止一次听她讲要当个好编辑就不要去谋官位，不能成官迷。她曾坦然地对我说："比如我，假如想当官，我是要后悔的；因为我的很多同学早已做了官，我要想做个像点样子的官大概也不会太困难。可是我觉得，编辑工作既然是很有意义的革命工作之一，就要安心去做。"

韦君宜这一代革命者，是经历过中国革命的许多坎坷的。党的工作的一些严重失误，她自己和最亲近的人，还有一些早年参加革命的老同学都曾受其害，有的还为此付出了生命的代价。她深感痛惜。但这些挫折并没有使她消沉，而是促使她进行严肃的思索，从而使她觉醒，成为更清醒、更成熟的革命者。试看她在"文革"之后写的文章，如《编辑的忏悔》、《那几年的经历——我看见的"文革"后半截》，等等，以及那些回忆蒋南翔、冯雪峰、胡耀邦等老同学、老同事、老上级的文章(见韦君宜《海上繁华梦》)，即可见一斑。而更能体现她的清醒和冷峻的，我以为当推她的悼亡文章《当代人的悲剧——悼杨述》(载《当代》1980 年第 4 期)。

此文夹叙夹议，历述杨述这个党的老干部、这个迂夫子似的老实人如何被打成"三家村的伙计"，以及他所受的种种冤屈和终于觉醒的过程。最后韦老太沉痛地写道："在稍稍静下来之后我才来回想这个老实人的一生——一个真正的悲剧，完全符合于理论上'悲剧'两字定义的悲剧。我哭，比年轻人失去爱人哭得更厉害，因为这不止是我失去一个亲人的悲痛，更可伤痛的是他这一生的经历。为什么我们这时代要发生这种事情，而且发生得这么多？……我要哭着说：年轻人啊，请你们了解一下老年人的悲痛、老年人所付出的牺牲吧。这些人实际是以他们的生命作为代价，换来了今天思想解放的局面的。实际上我们是踩着他们的血迹向前走啊！"悲愤之情溢于言表，冷峻的批判入木三分。文章发表时她坚持用《当代人的悲剧》这个题目，显然也颇有深意。冰心说韦君宜"是一位极好的作家，她的作品非常质朴真挚"。此文就是一例，确实可以说是以其特有的"质朴真挚"而扣人心弦、发人深思的优秀的反思散文。

韦老太沉痛抨击党的历史上的种种失误，决不意味着她的革命信念有所动摇。毋宁说，惟其爱之深，才期之切吧。

有一件小事是我终生难忘的。我在 1989 年 2 月申请去美国探亲，4

253

月获得入境签证，只买到了 6 月 14 日的离境机票。那些日子里北京的纷乱尽人皆知。我每天依然上班工作。因为离出国的日子尚远，还没有向韦老太正式辞行。不知她听谁说知道了这件事。有一天《当代》编辑部的同事告诉我：老太太两次打电话找你，让你回个电话。其时她正有《记周扬》等稿子在我手里，我还以为她急于想知道稿件的处理意见。我知道她那时只能靠轻便助行器慢慢地移步才能挪到电话机旁（为免干扰，电话并不是装在她的卧室里），挂通电话后便静静地等着。终于隐隐能听到脚步的挪动声了。感觉到她拿起了话筒，我便急忙问她是不是关于稿子的事。她却说，不是的。听说你就要去美国探亲是吗？我说，是的，还有一个多月才走呢！她便很严肃地说，何启治，你听着，不管现在怎么乱，不管我们国家怎么样，我告诉你，你可一定要回来！你明白吗？你一定要回来！那种关心，那种急切，就像叮嘱自己的亲人无论如何不要忘了母亲似的。我忙一迭声地答应，我明白，我知道，我无论如何一定会回来的！心里像平添了一团火似的，眼眶立刻发热潮润了。老太太她这是为了什么?! 她这流露出来的，全是一片对祖国的挚爱和对我们党的伟大事业的深情啊！

254

四

1986 年 4 月 21 日，在北京沙滩北街 2 号一间简朴的会议室里，全国文学期刊编辑座谈会的筹备会正在进行。席上一位头发灰黄的老太太心口有点发闷，她端起茶杯刚刚呷了一口茶水，突然咯噔一下，便感到恶心、头晕，周围熟悉的人立即变得模糊不清，天花板仿佛也摇晃起来。但她心里还明白，知道其时葛洛正在发言，她嘱咐自己一定要坚持住，等发言告一段落再让作协派车送自己回家去休息。但她的手终于不听大脑的指挥，茶杯啪的一声砸在桌子上，她身不由己地倒了下来。一片混乱中有人捡起了她的眼镜，汽车飞驰着把她送到协和医院。是脑溢血——高血压、脑血栓加上过度疲劳的结果。现代医学从死亡的危险中把她抢救过来。她就是当时会议的主持人、中国作协文学期刊工作委员会主任韦君宜同志。

她从人民文学出版社社长的岗位上退下来才不过几个月。此前的几十年里，这个被冰心老人称作"极好的作家"的人把自己大半生的主要精力都奉献给了革命斗争和文学编辑出版工作。作为编辑家和出版家，她有自己杰出的贡献。然而，从学生时代开始，她就喜欢文学创作。她有十年老解放区的生活积累，她有学运和革命斗争的亲身经历。她熟悉许多革命知识分子和他们所出身的那种大家庭。她有好多东西可写，有好多东西想写。然而，就在她刚刚可以把主要精力转到文学创作上来的时候，却不幸病倒了。生活对她开了个多么残酷的玩笑！

不过韦老太毕竟是个久经考验的老共产党员。记得那年作协开代表大会，我陪她到代表们的住处去看望与会代表时，她就曾对因脚伤半卧在床上的黄宗英说，我们可不能把自己当作寡妇悲伤得抬不起头来，我们还有许多事情要做啊！她自己确实是这样做的。杨述病逝时她好悲痛，却很快就在悲伤中振作起来，一边坚持工作，一边坚持名副其实的业余写作。如今，她成了病残人，在病情稳定后，又一边作康复的治疗锻炼，一边尽力所能及多少写一点东西。

"文革"之前，她只出版了一本谈青年修养的短文和随笔的结集《前进的脚迹》(1954年，青年出版社)。短篇小说集《女人集》刚刚排出清样，未及付梓，"文革"的浩劫就开始了。待拨乱反正历史新时期的曙光普照大地，她的作品也像迎春的鲜花一样在社会主义文学的百花园里一朵接一朵地开放了。先是搁浅十多年的《女人集》(1979年，四川人民出版社)，继而依次是散文集《似水流年》(1981年，湖南人民出版社)，中篇小说集《老干部别传》(1984年，人民文学出版社)，散文集《故国情》(1985年，百花文艺出版社)，编辑札记《老编辑手记》(1986年，四川人民出版社)，长篇小说《母与子》(1986年，上海文艺出版社)，中短篇小说集《旧梦难温》(1991年，人民文学出版社)和散文、杂文集《海上繁华梦》(1991年，人民文学出版社)，等等。

她的散文和杂文比较接近现实生活，及时地反映了人们所思所想，常能体现一个老新闻记者的职业敏感，而文字朴实无华，感情真挚，发自肺腑，常能引起读者的强烈共鸣。如《我们都发横财了吗?》，《应该敢提"俭"字》(均见韦君宜《海上繁华梦》)等等，都有很强的现实针对性，在读者中颇受瞩目。《海上繁华梦》和《婚礼谈往》(见韦君宜《故国情》)就完全由青年读者投票而获《青年一代》的年度优秀作品奖。而刊载于《人民文

255

学》的《病室众生相》熔叙事、议论、抒情于一炉，真可谓天衣无缝的散文佳作。

她的小说，也多有散文化的特点，常能在白描中见出写人状物的文学功底，又能在塑造形象、铺排故事中见出思想的深度。这些特点在最早的小说集《女人集》中就已显露出来，而到了荣获中国作协优秀中篇小说奖的《洗礼》，就更加炉火纯青了。前辈作家丁玲在见到《洗礼》时，喜不自禁地读了一遍又一遍，并忍不住要放下别的工作写文章向读者推荐说："韦君宜同志从事写作四十余年了。早在 1941 年，延安《解放日报》文艺版就发表了她的《龙》，当时就很受人注意。……我读她的《洗礼》感到她的文字功力很深。作者的思想深度和处理故事的能力，都不是一般作家所能轻易达到的。她的文字朴素无华，清湛如一湾静水，却又深深埋藏着无尽的汹涌波涛，引人深思，令人心神激荡……"（《我读〈洗礼〉》，载《当代》1982 年第 3 期）其小说创作的成就，由此可见一斑。

但如果你问韦老太自己有什么得意之作，她却会很平淡地说，没有，没有哪篇满意的。这话自然有谦虚的一面，但也有一点道理，因为她实在也是写得太匆忙。写作也像她平时说话、做事那样，总是急急忙忙地赶着写，赶着做。我想，如果给她更多一点时间，让她有更充裕的时间去生活、思索、提炼，让她写得更从容一些，理当会写得更多，也写得更好一些吧。

1990 年 3 月，人民文学出版社在北京饭店举行庆祝建社四十周年座谈会，许多来致贺的作家都希望她能出席大会，以便能在会上见见她。但她说除了行动不便，医生也禁止她出去活动，她在人多的场合就头晕。谈到这些令人遗憾的情况，一位诗人、多年在她手下工作的老编辑王笠耘很有感触地说："韦老太还是退晚了，如果早两年从第一线上退下来，身体大概不至于垮得这么快。"

其实，韦老太就是特别认真执著的人，无论在工作岗位上还是写作，她都是一丝不苟、全力以赴。她自己在文章中也对这类问题作过坦诚的回答："我为什么抛弃了学业和舒适的生活来革命呢？是为了在革命队伍里可以做官发财吗？当然不是。是认为这里有真理，有可以救中国的真理！值得为此抛掉个人的一切。那么又为什么搞文学呢？自然也不是为了挣稿费或出名，是觉得文学可以反映我们这队伍里一切动人的、可歌可泣的生活，叫人不要忘记。"（《海上繁华梦·编辑的忏悔》）正是这种赤诚和纯真，使她总是认真执著，全力以赴呵！

如今，康复不大见效，又加上脊骨疏松，韦老太卧床已经两个多月，她的生活都要保姆照料，已经不大能用手写作了。我知道，除了已经发表、出版的作品，她还有一部叫作《思痛录》*的手稿不知什么时候才能和读者见面；而她心里想写却尚未成文的东西又该有多少呵。她还能把它们写出来或通过口授笔录成文吗？呵，我不知道，我没有把握，唯有在心里存着最美好的祝愿。

在人生的长途上，韦老太已经坚毅执著地度过了七十四个春秋。虽然她如今仍然头脑清楚思维敏捷，但留给她的时间大概不会太多了。她把毕生的精力，最美好的年华都奉献给了自己所挚爱的祖国和理想的事业，不管生活怎样委屈了她，不管道路如何艰难曲折，她总是一往无前，无怨无悔，一丝不苟，全力以赴！

在曙色熹微中，我却仿佛看见，夕阳的坚韧、热情、绚丽和悲壮，已在她的身上铺染上一片庄严而又动人的光芒。

1990 年岁杪草成
1991 年春改定　　　257

---

　*《思痛录》1998 年 5 月由北京十月文艺出版社以"百年人生丛书"之一种正式出版发行，后由大众文艺出版社、文化艺术出版社以及香港的出版机构先后补充、订正再版，在社会上引起强烈反响，被称为"韦君宜现象"。

赤子丹心无冕王

——悼朝垠

朝垠，你就这样走了。带着你那一头丰茂乌黑的美发，带着你那颗毕生为文学而搏动的热心，带着人到中年的成熟，也带着我辈共有的信念和憧憬，就这样悄没声地，急匆匆地走了！

1993年国庆刚过，我们曾约集在京的同窗偕夫人孩子到一位乔迁新居的同学家里聚会。当电话通知你时，你高兴地答：好，我一定来，不过明天我就要到湖南去参加毛主席百年诞辰纪念征文的评选工作，我们把聚会的时间定在10月底如何？我们几乎毫不犹豫地接受了你的建议，因为像这样的聚会是不能没有你的。谁料，几天后就传来你一病不起的噩耗，那么突然，那么令人痛感人生的无奈。

于是，一页页旧时的日记，裹挟着无限惆怅的思绪，在我们眼前闪动、翻飞……

暮春，珞珈山武汉大学学生宿舍门前路边有一片粉色的云霞，那是两行夹道的樱花，也是我们课余经常结伴流连的所在。但你却说，我更爱一个人漫步，在东湖畔，在半山坡，无拘无束地走，漫无边际地想。颇有屈原的遗风。

盛夏，在东湖之滨的游泳场，我们都恨不得整天泡在水里，唯独你，浸湿身子就回到岸边，仰卧沙滩领受日光的照射。你解释道：我爱水，也爱太阳，沐浴之道，正在兼而得之。

这又俨然是哲学家的口吻了。

你一直身体不好，在学校时就享受病号饭的待遇，但却始终骨瘦如柴。对此你似乎不以为然，每每笑答：我并不指望长命百岁、能活过五

258

十知天命之年，就该感谢"上帝"的恩赐了。

然而，我们谁都知道，你虽然酷爱自由却绝不孤芳自守；你有哲人的深沉，却更具有诗人的豁达与澄明，乐天知命，与悲观无缘，并不乞求上帝的施舍。毕业后，我们一起分配到北京的不同单位就职。记得我们到北京的第一个聚会就是由你提议的到天安门前留影。也记得在单身汉中你是第一个购置锅碗瓢盆，举火自炊，最先"识"人间烟火的。于是，你所在的"人民文学"宿舍也就成了我们同学聚会的据点，几乎每个星期日都有一会，会必有餐，百吃不厌的便是你主炊的肉末煮面条。某日，我和冰如因正在热恋而偶然缺席，为了表示"警告"，你建议给我寄张明信片去。大家签名之后，你大笔一挥在上面画了两个醒目的标点符号"?!"。这封不著一字而尽得风流的来信，早已经不知哪里去了，但"王朝垠"式的幽默却从此留存在我的心中，至今难以忘怀。

"文革"中，我们都先后遭到一些磨难。"清查"、"隔离"使我们聚会的时候少了，攀谈的机会就更难得，即便是下放在同一个"五七干校"，在一起劳动，为了避嫌，也只能相对无言，视如不见。那时最让我们担心的还是你病弱的身体。有一次，我居然在搬运水泥电线杆的重劳动队伍中发现了你。我简直不敢相信自己的眼睛——弱不禁风，又瘦又高的你怎么能承受那又粗又长的水泥杆的重压?! 惊诧、痛惜与不平使我怒火中烧，但彼时彼地又能怎么样呢? 你显然意会了我无言的愤懑，主动上前搭话，以你特有的潇洒，故作轻松地说：不管劳动是不是创造了一切，起码说我更壮实了，我可以对付得了的。说罢回身毅然朝水泥杆走去。那神情大有走向祭坛的悲壮气概。

你是在"文革"后期才仓促成家的，匆匆地迎来了新婚之喜，匆匆地有了第一个女儿，不幸，又在唐山地震的余波中匆匆地经受了丧妻之痛。真不明白，命运何以对你如此刻薄! 难怪你从那时开始嗜酒。我不止一次地见你或陪你在豪饮之后，便醉卧床榻，随即引吭高歌："一条小路，曲曲弯弯细又长……"，或者"我亲爱的朋友，你不要……"。我知道，这些都是你和你专修俄语的亡妻赵延明爱唱的歌。那声音凄楚而深沉，边唱边以双手捏拳捶床伴奏，其情其景，真是撕心裂肺，催人泪下!

后来，有一天在你的和平里简易楼寓所里，我偶然见到你正在用一堆不同币值的硬币教女儿丹妮运算加减法，取暖做饭两用炉上坐着一只

259

变了形的小钢精锅，里面有一些宽面条在热汤里漂着。我惊讶于平时烟酒不断的你怎么把日子过得这么清苦，你却说不要紧，只要把丹妮哺育成人，我就了却一桩心事了。令人难忘的、好沉重的话题哟！

面对新时期文学的繁荣，我们总算活得有滋有味了。你从"五七干校"回到原来工作的《人民文学》编辑部以后，相继担任了这个具有全国性影响的大刊物的各级职务，直到副主编，并加入了中国共产党。而且，你终于又有了一个新的家，一位敬你爱你的新夫人，一套有室有厅的新居室。真可谓柳暗花明，豁然开朗，恰恰如你的自称：开始了你生命史上的再次起步。你也确实像变了一个人。在同学们惯常的聚会上逐渐看不到你的身影，甚至一连几个月也听不见你的声音(哪怕是给我们通一次电话)。有人据此议论你是新婚沉醉，忘了朋友。但很快事实便为你澄清了误会。好几次，我因办事路过你家，顺便作了不速之客去看你，都发现你那里不是高朋满座，就是文稿盈室，书桌上沙发上、茶几上都铺满了那种我们非常熟悉的小稿纸贴在大稿纸上的原稿。客人，则都是不曾相识的陌生人，经过介绍才知道大多是经你发现并通过《人民文学》推出的，已在文坛颇有名气的青年作家。为了他(她)们，你可是费尽了心力，不仅忘了朋友，也忘了老婆孩子，甚至忘了自己。据巧勤告诉我们，为了加工修改一篇稿子，或给青年作者们复函，你常常伏案到深夜，有时熬得太晚就在坐椅或沙发上睡着，醒来已经天亮。在那段时间里，你的面容日见消瘦与憔悴，而烟量酒量却天天见长。我们清楚这固然是以酒代茶用以待客的需要，更主要的还是为给你自己改稿、熬夜时提神。但烟酒过量毕竟不是好事，为此我们曾轮番地劝你要有所节制，为了自己的健康，也为了我们所珍重的一切，特别是当我们说起在同班同学中间，近年来已有不少才华横溢的教授、诗人因病早逝的不幸。然而，你自有你无可奈何的苦涩。在一阵黯然之后你说：我感谢你们的关心，但我必须喝，我不得不喝，也正是为了我们所珍重的一切。我只有四分之一个胃，为了坚持工作啤酒已成为支撑我身体必不可少的需要。再说，人生一世我就剩下这点乐趣，如果也要去掉，活着还有什么意思呢？说罢只见你举杯在手，建议为那些英年早逝的同窗干杯。旋即把话头一转，又谈起你湖南老家所涌现出来的一批文学新人，滔滔不绝，如数家珍，激情洋溢，精神焕发。看着听着你这种忘乎所以的神情，我们心里真说不

1991 年 11 月 14 日，何启治、王朝垠等人在北京东八里庄何宅合影。右起：何启治、张晓舟、缪俊杰、张仁杏、王朝垠、何清、叶冰如。

出是一股什么滋味。

　　1991 年 11 月 14 日，是我们都不会忘记的日子。这天晚上，在广东汕头一中任特级教师的张仁杏带着他刚从国际关系学院中文系毕业的儿子张晓舟来看望我们。大家集聚在我位于东八里庄的宿舍。俊杰自动进厨房掌勺，变戏法似的摆出一桌子菜肴。这是我们和张仁杏君三十三年后的重逢——我们和仁杏于 1954 年入学的那个班在 1958 年毕业离校，我和你却因奉调临时参加工作而推迟了一年才毕业。你历来不大会做家务，便脱去大衣，穿一套黑西装坐下来和张君父子神侃。你和他们讲文坛上的趣闻笑话，一只手随意地扶着沙发背，右手几乎一刻不停地夹着一支香烟。你还向分别了三十三年的同窗介绍自己的新居："高高在上"地在二十层的楼顶上，晚上过了十一点停了电梯便只好自己爬上去。你很体谅地说，这没什么，开电梯的工人也要休息嘛。张君提醒说，心脏不好可要注意哟。你便劝他放心，说自己常备药不离身；还说也不会蛮干，不会逞能一口气爬到顶，半中间多休息几次就是。那天你似乎一直很开心，吃饭时也真是一杯接一杯地开怀畅饮。只是谈到那个被划了十几个"右派"的"871"班(8 指 1958 年毕业，7 是系的序列，1 是班级序列)时，大家都不禁有点黯然。我便站起来说，过去的就算了，愿今后一切顺利。我接着招呼说，仁杏，朝垠，来，让我们三个为自己所在的、才华横溢而又多灾多难的"871"干杯！这时，你的脸上竟是少有的庄严肃穆啊！真的，这个班真有一些才华出众、百折不挠的人才呢，像才华横溢敢作敢当，却被扣上"右派司令"帽子的吴开斌，像博学多才的卢斯飞、颜雄、黄瑞云教授，像聪颖灵秀的诗人刘业超……

当然，你也是颇有才气的一个。大家都还记得你在《人民日报》评论版上连续发表两篇长篇评论文章。你用那么幽默、精彩的语言来谈作家、编辑和出版发行者的三角关系，就是不完全赞成你的人也很可能为你的机智、幽默所倾倒。还有你不同寻常的口才也是令人叹服的。一次你即席用纯正的湖南腔模仿伟人谈创作灵感和啤酒的关系，就让举座绝倒。

记不起是哪一次聚会，席间有一位女作家因感佩你潇洒的性格和脱俗的气质，曾开玩笑地对你说：我会算命，我看你将来一定会静静地死在一个山青水秀的地方。岂料戏言成真，你真的在 10 月 15 日晨，远离我们，远离妻子和女儿，因心肌梗塞猝然去世，地点恰恰在举世闻名，集天下奇山秀水之胜的湘西张家界。

是的，以你为人为艺为业的才华与成就，息声于故乡张家界内、金鞭溪侧实在是当之无愧的。只是行色匆匆，走得特急了些。秀水青山你何曾看够！你的爱妻苏巧勤嘱我为你写一副挽联送别。我遵嘱拟定了如下的概括了你的一生的语句：上联是"湘水长江京都月"，下联是"赤子丹心无冕王"。你生长在湖南，学成于武汉，在北京没日没夜地当了三十多年编辑，作为优秀的编辑家，你一辈子为人作嫁，忠诚于文学事业；全身心地为国为民，执著于崇高的理想，清清白白地做人，光明磊落地做事，痛痛快快地爱过恨过，说你是无忧无虑，无私无畏，潇洒旷达的无冕之王是不会过分的吧。谨以此奉献于你的灵前，愿你在山青水秀、生你养你的故乡的土地上安息吧！

1993 年岁杪

贤均，我有话对你说

世上有许多让人敬重的人。其中有的人，活着的时候只是静静地做事，甚至默默无闻，直到去世之后，才让人感到他沉甸甸的存在；而高贤均，不但在世的时候干得生龙活虎，有声有色，等他不幸病倒了，远行了，我们就更会深深地感到他缺席的沉重和悲伤。在贤均最后的日子里，已不便讲话。错失了和他对话的机会，我只好把想要倾诉的话语记录在这里，以了心愿，并寄托哀思。

前年，2000 年 9 月的最后一天，中午吃饭的时候，你捧着盒饭到我的办公室来。我以为你会像往日那样边吃边闲聊。却不料，你说的竟然是，老何，我由咳血而查出肺癌，很可能是晚期。参加会诊的医生都这么判断。当然，要最后确诊还要等国庆大假过了，到医院做全面的检查才能定下来。

我的天，肺癌，还很可能是晚期，叫我说什么好！我只好劝你国庆假日好好休息，眼前的工作也尽可能分给别人来做。

岂料，你接着就说，下午就找×××谈话吧。你是老领导，我们一块儿和他谈。今年正编审的名额有限他没通过，我们给他鼓鼓劲，让他明年再争取。你一边说一边还带着微笑。

贤均，这就是你，一心扑在工作上，哪怕面对着绝症也依然镇定从容。

这使我想起，你在评职称上一贯的谦让。按你的条件，你早就该评上编审了，但你总是说不急不急，名额有限，先让给别的同志吧。于是，到 1997 年你都当了副总编了，你还不申报；1998 年你还是把名额让给了别人；直到 1999 年，你当副总编的第三年，当代文学这一片够申报条件的人几乎都通过了，你才一笔不苟地写好了你的申报材料，成了除了你这个评委之外全票通过的新编审。自有评定专业职称的制度以来，人民文学出版社哪里会有不是编审的副总编呢。而你，就是这样优秀而又谦逊的唯一呀！

你在入党问题上的态度同样让我感动。

老实说，自从国际共产主义运动发生剧变和我国逐步进入市场经济以来，申请参加中国共产党的人中，动机不纯者恐怕只会增加不会减少吧。批判"入党做官论"只是从一个侧面反映了这个问题。而贤均，你在这个问题上严格要求自己、慎之又慎的态度同样堪为许多新党员的模范。

我自己入党几十年来，从未动员过别人入党，就因为我认为一个中国人是否申请参加中国共产党涉及当事人的基本觉悟。参加这样一个任重道远、情况复杂的大国的执政党，确实无须别人来动员。但高贤均例外。贤均，你又成了我所知道的唯一——你是唯一被我破例动员入党的人。

在劝说你的过程中，我才知道原来你那解放前曾任大学教授又担任过省政府会计处科长的父亲，以及1958年被错划为右派的大哥，那位解放军的雷达站站长、中共预备党员因悲愤而自杀这件事，在以"阶级斗争为纲"的年代里成了你追求进步的难以逾越的障碍。而怕被别人指责入党是为了做官的清高思想，就使你在上述家庭背景已经不再成为障碍的新时期，仍然迟疑着没有提出入党申请。当编辑部副主任、主任的时候没有申请，当《中华文学选刊》副主编、主编的时候还是没有申请。直到1997年6月你担任副总编辑，成了出版社领导成员之后，才接受我的劝说，递交了入党志愿书。这样，你便一度成为人文社历史上唯一的非党领导成员。贤均，如果我党多有一些像你这样纯洁而又有坚定共产主义信仰的党员就好了。正是出于这样的考虑，我在介绍人意见的末尾写道："希望出版社的党组织以吸收高贤均这样优秀的知识分子为例，加强宣传教育工作，以提高我党在知识分子中的感召力。"贤均，我打心眼里为你成为党内的同志感到高兴啊！

作为1978年高考的四川文科状元、北大才子，你的专业水平早就得到同事和作家们的公认。但我后来知道你还是音乐和无线电的发烧友。你可以阅读俄语读物，更可以翻译英语和用英语演讲，这在80年代初的大学中文系本科毕业生中也不多见。尽管有人曾善意地笑话你的英语为

264

"中国式英语"，我以为也无损于你的博学多识。而你对自己的同事却很宽厚，总是善于发现和肯定他们的进步和成绩。你曾多次讲过，当代文学的编辑同仁中，我和另外两位同事已经做到了"超水平发挥"了。这话在我听来，主要还是肯定我们不敢太偷懒罢了。有幸在人民文学出版社这样重要的文学编辑岗位上工作，只要你有正常的智商而又勤奋努力，都是应该能够取得相当可观的成绩的。

由此，我又想到，二十年来，在繁重的行政工作之外，你参与担任责编、复审和终审的各类书稿近三百部，约八千万字，你先后荣获新闻出版署直属出版社的优秀编辑奖、优秀选题奖和优秀校对奖，在《白鹿原》、《尘埃落定》、《活动变人形》、《大国之魂》等荣获大奖的作品的编辑出版工作中，你倾注了多少智慧、心血和可贵的劳动啊！贤均，你哪里只是"超水平发挥"呢，你为社会主义文学事业的繁荣，是在超负荷地透支着你的生命呢！

1996 年年底，《漓江》杂志的友人约我写一篇回顾三十多年编辑生涯的文章。这就是后来刊发于《漓江》1997 年第 1 期的《从〈古船〉到〈白鹿原〉》。考虑到当时对这些重要作品不但有学术性的争议，而且还有带政治性的批评，为慎重起见，稿件寄出前我请你和另外两位朋友看过。一位朋友说，文章是好文章，有些敏感的话，如周扬在中国作协第四次全国代表大会上讲，文学干预政治似乎很痛快，等政治反过来干预文学可就难受之类，还是删去为好。另一位朋友一方面建议在谈到《古船》、《白鹿原》的评价分歧时，要承认这争论是和对现实主义真实性在认识上的歧异有关，因而要旗帜鲜明地主张现实主义的真实性应该体现在作品写出人物和生活的丰富性和多义性上——但这位朋友又好心地提醒说，文章谈到的敏感话题可能惹麻烦，你老何犯得着发表这种文章吗？在这种情况下，不能说我没有一点疑虑。而贤均，你的态度真是给了我有力的支持。你毫不犹豫地说，说真话的好文章，当然要发！这样，我在接受那两位朋友的具体修改意见后，把《从〈古船〉到〈白鹿原〉》寄出去发表了。贤均，在这件事情上，你的胆识和坚守真理的勇气给我留下了难忘的印象。

去年 4 月，你已经住院治疗。我为了参加柳建伟的《英雄时代》的研讨会到了成都。其时，成都的媒体正在宣传四川文坛的"三驾马车"，即《尘埃落定》的作者阿来，《大国之魂》和《中国知青梦》的作者邓贤，以及

265

《北方城郭》、《突出重围》和《英雄时代》的作者柳建伟。他们三位的主要作品可都是经由咱们人文社推向文坛的。当然，还有王火、马识途……这样，在一些热心的朋友的建议下，四川省作协就借着《英雄时代》的研讨会向你、我颁赠纪念杯，称我们是"作家的良师益友"。对此，我更多的是视之为对我们工作的鞭策和鼓励，但你是当之无愧的，而且对正在和病魔搏斗中的你，显然也是很及时的安慰。

1996 年 12 月，何启治与高贤均（右）参加中国作协第五次全国代表大会时合影。

除了纪念杯，我同时带回来的两份蜀锦纪念品中，其一绣的是松鹤延年，另一幅则是绣的国宝大熊猫。当我问你想要哪一种时，你毫不犹豫地选择了松鹤延年。我知道，你是多么想创造奇迹，抓紧时间来完成你未了的心愿、尽可能为你念念不忘的文学出版事业多作贡献啊！

这又让我想起你还在朝阳医院住院治疗的时候，有一次我给你打电话问好，你却突然对我说，老何，我们这辈子恐怕是选错了职业——我们应该选择当作家呀！……我当时就表示，你做编辑做作家都会很出色，而我，恐怕还是当个编辑比较合适吧。我说的是真心话，因为我知道你有相当丰富的生活经历，你也有当作家的才气、激情，对生活的敏感和深刻的思考。我还知道，你在上北大之前就开始了文学创作，其后又连续发表了中篇小说《成熟的夏天》、《七个大学生》、《回头不是岸》和独幕剧《不速之客》等作品。你后来中断了创作，是为了做好你热爱的文学编辑工作而作出的牺牲呀！

有了这样的想法，我后来听说你多次劝告我们的同事"与其当个三流作家，不如当个一流的编辑家"也就不感到奇怪了。你是殷切地希望我们为更多一流作家的成长做好服务工作啊！

到90年代，尤其是后期，我们已经常常有机会在外出开会时同住一室。我们不但聊天融洽，而且我也能目睹你如何天天坚持做腹部和足底按摩、做气功，坚持散步锻炼。我知道你是多么热爱生活，珍惜生命。常常是刚住下来，你拨通电话就爽朗地呼叫：宝贝，想爸爸了吧？功课做好了吗？再就是叮嘱她的饮食起居，注意安全。对聪明可爱的女儿高然如此，对年轻美丽又才能出众的妻子蒋京宁可想而知。

但我知道，你不仅是个很重亲情的人，你也是一个重友情，有广博爱心的人。今年进入8月以来，几次电话联系小蒋都说你病情加重不便说话，我只好请她转达我和陈忠实、王火他们的问候。却不料你在8月16日早上就突然昏迷过去，从此再没有醒来。那天九点多赶到医院去看望过昏迷中的你之后，到过道上的沙发旁劝小蒋。只听见她一边流着泪一边向人文社社长聂震宁转达你还清醒时对改进出版社工作的关注，说你如何惦着健全出版社领导班子，如何关心年轻干部的培养和使用。小蒋说，你多次提到某人虽有缺点但也有才，学养好，有凝聚力，为人公正，要提拔使用；又说某人聪明点子多，虽有不足还是要作安排，用其所长。小蒋说，你惦着那么多事，那么多人，就是顾不上说她和高然以后怎么办……

267

啊，贤均，还叫我说什么好呢！你那颗博大的爱心，就不说装着整个天下吧，起码也是满满地装着咱们这个出版社和文学出版事业啊！

唉，贤均，你真是太追求完美了。其实，人世间哪儿有绝对的完美呢！这样，加上你略嫌内向的性格，你的一生就真是活得太累了。

在你最后的日子里没和你说上话，现在只好写一些在纸上。贤均，你请走好。我会永远记住你的，直到自己生命结束的那一天；如果人真的还有来生，那么，我想说的就是：让我们还在一起共事，做知心的好朋友吧。

2002年8月25日下午7时

苍茫冬日忆林辰

时序进入万木萧疏的冬日，林辰同志离开我们也有一些日子了。小鼎和早春都先后对我说，出版社准备为纪念林辰同志编一本书，你还是为他写点什么吧。

这时候，我首先想起的倒是我和林辰同志最后一面的情景。记得是一个深秋的日子，古典室的降云告诉我，说林老病了，你有空去看看他吧。我知道，那时老人已经是孤身一人住在人文社东中街的宿舍里，儿子为稻粱谋而整日在外奔波，他平时的饮食就由住在楼上同一位置的儿媳妇来照料。那天吃过晚饭后，我便去登门拜访了。

敲门，过了一会儿才有动静，随即听到轻轻的移动脚步的声音。终于，门开了，林老拉着我的手，带着颇重的贵州口音连说，难得一见，难得一见。在并不明亮的灯光下，我透过一千多度的近视眼镜，看他那也是戴着眼镜的苍老疲惫的面容，心里真有点不是滋味。满屋都是书籍报刊，贴墙的书柜、书架上，窗台以至茶几椅凳上，都不大整齐地堆放着各色图书。房子没有好好装修过。本来就不宽大的客厅这一来就显得更老旧拥挤了。终于，我们各自找了张旧椅子坐下。林老说，感冒而已，躺几天就算好了，没得事，没得事。接下来，就不再说与病有关的事，而是关心文坛、社会信息，关心出版社的事情：人事上有什么变动，出版市场有什么变化，出版社的收益好不好……一如老农探询农作物的收成。其间，我怕影响老人休息，几次告辞，他都一再挽留说，再坐一下，再坐一下。最后临走，还一定要送我，吃力地从坐椅上起来，还是挪动着细碎的步子，送我到房门口，殷殷地叮嘱：下次再来，下次一定再来！

唉，谁能想到，这就是我们的最后一面呢！

　　我和林辰同志相识较晚，1976～1980 年间，我奉调参加新版《鲁迅全集》的编辑、注释工作，担任《野草》、《朝花夕拾》、《华盖集》等集子的责任编辑，而他是定稿小组的成员，这才有了朝夕相处，随时向他请教的机会。

　　说起来，林辰可是咱们人民文学出版社当之无愧的元老了。解放初，冯雪峰接受了设在上海的鲁迅编刊社社长兼总编辑的任命，在一个月内就配备好了包括林辰、王士菁、孙用、杨霁云等四个编辑和杨立平、殷维汉两个工作人员的工作班子。林辰还在年轻时就是鲁迅伟大精神的崇拜者和积极的研究者。1948 年，在资料收集相当困难的情况下，他撰写、出版了《鲁迅事迹考》，在鲁迅研究领域里成绩斐然。还不到四十岁，他就是重庆西南师范学院的教授和中文系主任了。到 1951 年，当接到冯雪峰请他参加《鲁迅全集》编注工作的通知时，他立即高高兴兴地赴上海；1952 年 7 月，又随鲁迅著作编刊社搬到了北京，从此便完全献身于鲁迅著作的研究和普及工作达三十多年，直到 1984 年退休。

　　在咱们社鲁迅著作编辑室，林辰常常以年轻人的热情和劲头投入工作，把自己的知识、研究成果毫无保留地贡献出来。为了在 1981 年鲁迅百年诞辰把收集比较完备，注释更加详尽、准确，校勘比较严肃、认真、细致的新版十六卷本《鲁迅全集》奉献给读者，他和大家一样，全力以赴。关于《准风月谈》，他就曾以蝇头小字抄录、整理过数百页资料。他对鲁迅著作十分熟悉，我们有什么难题找到他，大都能迎刃而解：30 年代的文坛掌故，他了如指掌；有关的文章、资料，他可以马上说出出处或提供查找的线索；提到当时的一个什么人，他也可以立刻说出这个人的事略和著作出版情况，甚至什么样的封面和版本，都说得一清二楚。大家半开玩笑地说，"林老真是个书库！"其实，他为了帮大家释疑解难，不光动口也动手。不大好借的书，如《天演论》最早的中译本，他也不怕麻烦地找出来，包扎得方方正正地交到责任编辑的手里。

　　作为定稿小组的成员，他总是以鲁迅先生那种严谨的治学精神来对待新版《鲁迅全集》的编注工作。讨论注释稿时，他常常告诫年轻人："编注语言与写文章不一样，要用最简练、准确的文字，以求最清楚地表达一个意思。因此，一个字，一个标点都不能马虎。"他自己总是为此而绞

269

尽脑汁，字斟句酌，绝不马虎。往往在会议主持人说"这一条可以通过了吧"的时候，他会习惯地把右手往前一伸，肃然正色地说："不行！"然后再分析、推敲，直到从内容到文字都满意时，他那苍老而带有倦容的脸上才有轻松的微笑。

这种严格要求、精益求精的精神也体现在他自己经手的注释工作上。鲁迅在《而已集·略谈香港》一文中，提到"蒙古人'入主中夏'时"，一个和尚受翻译之骗而葬身火海的故事。林辰在 1958 年的《鲁迅全集》注释中引用了明代冯梦龙的《古今谭概·谬误部》的有关记载。多年来，他一直感到遗憾，希望能从史料而不是笔记小说中引证材料，而且觉得明代在时间上也未免太晚了一点。这样，他平日翻阅杂书时，也就特别用了点心思。终于有一天，他在南宋李心传的《建炎以来系年要录》卷十八中，找到了更理想的注释材料。这是史料，在时间上又早了许多。他这才满意地改写了这条注文，觉得只有这样才算尽了力。

崇仰鲁迅，博学敬业，严谨认真，这就是作为学者和编辑的林辰的特点和作风。

人生易老天难老。生老病死是谁都躲不过的规律。林老永远地走了，但有一代接一代的编辑在继承着他毕生钟情的未了事业。令人高兴的是，听说最新修订版的《鲁迅全集》明年即将出齐。我想，林老在泉下有知，也当露出欣慰的微笑吧。

2003 年 12 月 20 日夜

思忆王仰

　　王仰的全名叫王仰晨*，但人民文学出版社熟悉他的老同事都这么有意省略地叫他，就像把王笠耘叫做王笠，把杨立平叫做杨立。我想，这是带着一点亲切意味的称呼吧。

　　2005 年 2 月 8 日，我有点意外地收到他写于 2 月 6 日的一封信。其中说："十分抱歉，承寄下的贺卡收到已久，迟未奉复，是很失礼的，乞谅。"关于自己的健康情况，他说："这一两年来，常为病痛所扰，一度住过几个月医院；现在的情况仍欠佳，除频频咯血（但量不多）外，又得了晚期青光眼。如今左目已失明，因而看书写字，行走做事都十分不便，还需慢慢适应。三四月前的一天，摔了两次跤，后来经检查是脑血栓（轻度）所致；自那时起，左侧上下肢都不灵了，如今走路已离不了拐杖，胳臂倒好多了。总之，恢复得还可以，只是慢了些。"

　　我每年岁末都会给曾经领导过我的老同志寄个贺年卡，表达一点敬意和关切（当然也未必都很周到）。好多年不见面了，王仰也就八十出头吧，想不到健康情况已经这么糟。而尤感意外的是，在这封信里，他最后还很郑重其事地说："几年前我们间曾有过一次不愉快，虽然我不想再提及，但我的歉疚之情至今仍时感耿耿，我也感谢你的大度。这里重提

271

---

　　* 王仰晨（1921～2005）原名王树基，上海人，中共党员。1935 年起在上海、昆明、重庆做排字工人。1949 年后历任北京三联书店行政处办公室主任、人民文学出版社现代文学编辑部鲁迅著作编辑室主任等职。编审。1979 年加入中国作协。曾获首届韬奋出版奖及新闻出版署授予的优秀编辑奖。参与主持《青春之歌》、《瞿秋白文集》、《鲁迅全集》、《茅盾全集》、《巴金全集》、《巴金散文集》等图书的编辑出版工作。

一下，算是彻底埋葬了吧。"

自1981年做完《鲁迅全集》的编注工作，我转做当代文学的编辑，印象中就没有再和王仰打什么交道了，会有什么样的不愉快以致让他"时感耿耿"呢？我也是快七十的人了，记忆力已大不如前，虽苦思冥想仍不得要领。只好赶紧打电话表示慰问，当然也想知道那造成彼此不愉快的究竟是什么事。然而，在电话里王仰竟然只字不再提及"不愉快"的事，只是说，你都不记得，那就更不必说了。他连一点暗示都没有。无奈，我只好劝他一定要好好保重身体，争取早日康复。我还按自己的人生感悟强调说："健康而不长寿太可惜，长寿而不健康太痛苦呵！"王仰只是唯唯。

而更意想不到的是，只过了三四个月，在2005年6月就看到了他已不幸病逝的讣告，还说遵照王仰晨同志生前遗愿和家属意见，"丧事从简，不举行遗体告别仪式"。我只有黯然长叹！

遥想1962年我刚从人民文学出版社校对科调到编辑部工作，被指定作为范本学习的扎拉嘎胡的长篇小说《红路》的发排稿，就是王仰经手的。那上面用红笔批改勾画得密密麻麻的笔迹就是王仰作为责任编辑劳动的印记。（后来我亲自听老扎感慨地说人民文学出版社的编辑真是"内蒙作家的保姆"，那时脑子里就出现了王仰一笔一画地在《红路》原稿上用红笔写下的像蝌蚪一样的文字。）

我在人民文学出版社编辑的第一本书是配合社会主义教育运动的家史集《仇恨的火花》。从此书的组稿、编选、文字加工，到代表编辑部写的"编辑说明"，以至为此书写的第一篇书评（《一部苦难和斗争的"画卷"》，载1964年3月《北京日报》），都是在王仰的指导帮助下完成的。

可以说，王仰就是我编辑生涯中的第一个老师。

1974年夏，我作为首都出版系统派出的唯一一名援藏教师，到青海格尔木和拉萨等地工作，1976年夏完成任务回到出版社。我走的时候是小说北组的编辑，回来不久，在经历唐山大地震之后奉调到鲁迅著作编辑室，参加新版(1981年版)《鲁迅全集》的编辑、注释工作。此时，王仰是鲁迅著作编辑室主任，是我的直接领导。

那时，参加《鲁迅全集》编注工作的除了本社的同事，还有从广州来的秦牧、上海华东师大的郭豫适，还有苏州的徐斯年，山东的包子衍，

272

湖南的朱正，以及周正甫、陈涌、蒋锡金、陈琼芝、王锡荣等等，都先后从山南海北、四面八方为了一个共同的目标汇聚到人民文学出版社鲁编室来了。我们就像鲁迅所说，真是成了"拼命地作，忘记吃饭，减少睡眠，吃了药来编辑"的人。而作为鲁编室主任的王仰就是这样像负重的牛一样带头忘我地劳作的人。

当时，只有五十多岁的王仰，白发已过早地爬上了他的头；他身个偏矮，平时又微弯着腰走路，就更显得瘦小了。由于长期劳累而且从来不见他参加任何健身活动，而致诸病缠身：严重的关节炎，高血压，慢性支气管扩张……每到冬春，咯血频仍——他身边的痰盂里常漂着淡淡的血丝。他办公桌旁的窗台上，常常堆放着高高矮矮、大大小小形状各异的许多药瓶。可这位"吃了药来编辑"的人，却几乎总是第一个跑来上班——稍稍佝偻着腰，缓缓地穿过大院，颇吃力地沿着狭窄的楼梯，登上后楼三楼他那间不见阳光的小办公室。晚上，往往又加班两三个钟头，到八九点钟才回家吃饭。这是因为压在他身上的担子实在太沉重了：二十九种单行本，十六卷《全集》的全部注释（包括索引）二百四十万字，发稿前和付型前，他都要先后两次认真地审读；此外，还要完成编辑部庞杂的组织工作。他的时间实在不够用，便只好早来晚走，往往把星期日当成了第七个工作日！

王仰与冯雪峰共事多年，也和雪峰同志一样十分尊崇鲁迅先生。他最担心的就是没有完成新版《全集》的编注自己就病倒了爬不起来。他常对我们说："只要能在这个岗位上完成党的嘱托，我心里就踏实一些；我身体不行，干完这件工作就差不多了，得分秒必争！"

他确实是在分秒必争。每当诸病同时发作，走路都很困难时，我们劝他："你在家歇两天吧，有急事再找你就是了。"可他却说："不，现在还不是歇的时候，拼命也要把《全集》搞出来，不然我们就无法交代！"有一回，他连续拔了三颗牙，不能说话，不能吃饭，却仍然到办公室来伏案看稿。我们有事找他，他只好打着手势，像聋哑人似的；内容复杂一点的，便只好改用笔谈。大夫不只一次为他开了假条，他却一天也没有休息。

与王仰交往的时间长了，我也知道王仰的父亲在大革命时期担任过上海总工会的委员长，他母亲也是为革命受过苦、出过力的老人。父亲

273

早已去世，王仰把所有的孝心敬奉给母亲。母亲病重时，已近花甲之年的他每天中午还赶回去给老人喂饭、洗涤。王仰的心里明白，母亲和他同在这个世界上的日子不多了，趁老母亲的脑子还清醒，他多想和老妈妈多待几天，和她多说几句心里话呀——要不然，真会后悔一辈子呵！

但是，这正是大干 1980 年、新版《鲁迅全集》一卷接一卷发稿的关键时刻，"真是忠孝不能两全哪"！我知道王仰心里的难受。他只能在公与私、理智与感情的冲突中，选择了公，选择了理智。

就是在王仰母亲住进协和医院那几天，他也没能陪侍在母亲的病榻旁。一个星期六的下午，终于把母亲从设在走廊的临时"急诊室"转到了病房，王仰稍感安心，便又回到出版社来上班。岂料，母亲竟然就在这个夜晚溘然长逝！王仰终究没能在母亲撒手人寰的时候握住她那双操劳了一辈子的手！让大家感到意外的是，第二天，星期日一早，王仰臂戴黑纱，竟然又到办公室来加班了——也许只有这样才能稍减他心头的悲痛吧！

后来，因为长期不在一个部门工作，加上性格方面的差异，我和王仰并没有作过深入的长谈。但今天回想起来，还是有两件事情让我至今铭记在心头。

其一，是说他早在三四十年代就开始喜欢写作，发表过小说《海年先生》，散文《寻觅》、《保人》等。后来没有机会出版，自己还利用做排字工人的方便偷偷地自印过一本小册子。王仰是不苟言笑的人，但说到这件事时却少见地露出了谦和的微笑。写到这里，我禁不住想起王仰在给我的信里还有这样的话："这些年来，你做了不少，也写了不少，令我十分钦羡，你还年轻，当仍能大有作为……"那么，当年他似乎有点不好意思地对我说他偷偷地自印过散文小册子的话，是不是也包含着一个深爱文学而没有得到发挥机会的人的失落情绪呢？

其二，是说 40 年代初，他在重庆南方印书馆做工务主任，却意外地接触到了由陶希圣"搜集资料及整理文稿"后，经蒋介石"二十次的修订"而成的《中国之命运》。该书宣扬"一个主义，一个政党，一个领袖"，强调中国之命运寄托于国民党，"唯有中国国民党，他是领导革命创造民国的总枢纽，他是中华民族复兴和国家建设的大动脉"。王仰自然知道这部文稿的重要性，立即多印了一份校样，通过曾家岩八路军驻重庆办事处转送到了延安。这是发生在 1943 年的事，因为该书在印制的过程中就已将校样送到中共中央，所以，中央就能及时指定由刘少奇召集延安的理论干部会议，部署了批驳和反击。打头的是 1943 年 7 月刊于中共中央机关报《解放日报》头版头条的陈伯达的文章《评〈中国之命运〉》，其后又陆续发表了范文澜、艾思奇、齐燕铭等人的文章。而陈伯达的长文是经由毛泽东亲自修改过的。它激烈地斥责蒋介石"抹煞了各种主要的历史事实"，对于忠勇为国的中国共产党做了极其"忍心害理"的诬蔑。

闻此，我不禁肃然起敬。

我至今不知道做这件事情的时候，王仰是不是我党的地下党员，但我永远记得他在讲这件事时两眼是灼灼闪亮的。他显然把这作为终生可以引为豪壮的一件事情。

他曾经是勇敢热情的革命者，是敬业、勤奋、严谨细致得一丝不苟的老编辑人，当然也是对自己的人生多少感到有点遗憾的人。我想，这就是本色本真的王仰。

王仰晨同志病逝于 2005 年 6 月 12 日，在他逝世将近一周年的时候，谨以此文表达我的敬意和真诚的思念。

2006 年 3 月 28 日　　　275

严文井：教我们玩七巧板的智者

如果说，严文井同志是从他的"冰心大姐"那里得到启迪，学会了玩七巧板的话，那么，我就是从文井同志那里学着玩七巧板了——虽然我不是他的好学生。

1991年春节，文井同志从冰心那里得到她抄录的三首录龚自珍的诗句集成的绝句，"在再三玩味之后，引起不少震动"。于是他写信给冰心，请她"把所有同类'少作'都抄给我"。他又认定："谢集实乃谢作，自珍原句变成了冰心风味……后学者势必要下一番工夫，才能真正领会其中味也。"还说，"这不仅是为了研究谢，同时也是为了研究那个'五四'"。

后来，我和《当代》编辑部的同仁加上古典部的林东海，在3月16日去访问了冰心老人。我们不但得到了八首冰心在贝满中学上学期间(1914~1918)集龚自珍诗而成的绝句，而且还有三副集龚诗而成的对联。此时已是91岁高龄的冰心老人同意我们把这些绝句和对联全部由《当代》刊发，以飨读者。我们虽然对冰心老人的这些"少作"也体会不深，但已经和文井同志一样感到分外高兴，于是便请文井同志撰写引导读者学习冰心集句的文章，又请林东海帮助查明八首绝句和三副对联的出处，并作简要的注释，连同文井、冰心的通信一并刊发于《当代》1991年第4期。文井同志就是在这样的背景下于4月3日撰成《一直在玩七巧板的女寿星——记冰心》一文，并在成稿后的4月5日，给我和老朱(盛昌)写了一封信。此信具有鲜明的严文井风格，而且实际上也是帮助我们认识冰心，并教我们如何玩七巧板的，故不揣冒昧全信照引如下：

朱、何二总：

"记冰心"一文终于写出。此老读书多，熟悉敝国历史，尤其是百年来的英雄豪杰，贱民百姓，特别是她脑瓜至今仍然好使，下笔不凡。要我来写她，而且还必须扯上"集句"的事，时值 1991 年大喜之年，真是对我进行一场考试。硬着头皮，起了三个稿子，终于交卷。及格与否，二位裁决。如尚能用，请复制两份给我留底。

此文颇难写。老子有曰："道可道，非常道；名可名，非常名。""道"这东西，可释为"规律"乎？十分难说，玄乎哉？所以后面就有"玄而又玄"之说了。小子愚钝，此文中有漏洞，请二位不必追根刨底，高抬贵手。

此颂

编安

文井

四月五日晨三时

其时，老朱作为人民文学出版社副总编兼任《当代》的副主编，我则以常务副主编的名义主持《当代》的日常编务。文井同志在 1983 年才卸去人民文学出版社社长职务，1993 年才离休。我们一直在他麾下工作，他却以"二总"相称，调侃之意一目了然。而二三百字的短信，知人论世都有独到之处，又借老子的话以自辩，引人遐想。一封短信，幽默，诙谐，风趣，挥洒自如，其中蕴含的学识功力，我辈岂能望其项背。我们哪儿还有资格和能力对文井同志三易其稿的文章说三道四、追根刨底呵。此文当然是一字不改，全文照发了。

我们当然也不会为文井同志在凌晨三时来写这封信感到惊讶。因为下午会客，夜晚读书写作，凌晨和上午睡觉，早已成了他异于常人的作息习惯了。

这是我做编辑工作以来，第一次比较直接地和文井同志打交道的一件事。正是这件事，让我意识到，这是一位睿智长者教我们在面对复杂事物的时候，怎么玩七巧板咧；也正是这件事，让我开始认真地思考，文井同志究竟是如有一些人所说的油滑的人呢，还是久经风雨的洗练，大彻大悟的聪明睿智的人呢？

我知道，文井同志于 1938 年民族危机深重的时候奔赴延安，曾是延

277

安鲁艺的教师，是亲自听过毛泽东《在延安文艺座谈会上的讲话》的人，也是直接和他老人家交谈过的人。解放后，他主要在中共中央宣传部文艺处和中国作协担任领导职务，1961年才以中国作协书记处书记身份兼任人民文学出版社社长、总编辑。"文革"期间在中国作协机关参加运动。总之，半个多世纪以来，从延安整风、审干、"抢救失足者"运动到十年浩劫，文井同志在主要以"左"为特征的历次政治运动中经受了考验。那么，他是如有的人所说，是油滑世故的老运动员呢，还是经过时代风雨的洗礼而成为一个睿智正直的聪明人呢？我了解太少，只能根据自己的经历和见闻说一点直观的印象。

还是从头说起吧。

1973年夏天，我从湖北咸宁文化部"五七干校"调回人文社工作。我受命担任柳青著长篇小说《铜墙铁壁》再版的责任编辑。由于政治上的不正常的干扰，直到1974年7月我作为中央出版系统派出的唯一的援藏教师，到青海格尔木和拉萨等地工作，此书仍然无法再版。为了处理相关的问题，出版社组织了专门领导小组。文井同志是其中成员——但似乎

1994年冬何启治与严文井合摄于严宅

不是主持人，当时也没有任命正式的社长。到 1974 年 3 月，"批林批孔"运动日趋热闹起来，并对《铜墙铁壁》的再版产生了直接的影响。由于各方面的反应乃至干预，以致出版社领导小组研究这部小说的再版问题时，又提出了两个问题：一、书中有没有宣扬"孔孟之道"的文字？二、再查一查有没有为彭德怀"招魂"的问题。

关于第一个问题，我汇报说经过全面检查，只发现第五章开头讲到会计陈绍清老汉的时候，说他"是个穷念书人，早年在私学堂教'子曰学而时习之'糊口……"我说，现在把引用《论语》的这句话删去，也就不成问题了。

关于第二个问题，我认为"彭德怀"的名字早已删去，而且柳青本人主张，为了保险一点，牵涉到一些真人的地方可把实写改为虚写。……如果这样还不行，那就只有把 1947 年陕北沙家店战役的整个历史背景改了——可这一改，也就不成其为《铜墙铁壁》这部书了。说话间，我对这样折腾一部小说的不满也已表现出来。这时文井同志便出来说话，认为既然没有把握就不要贸然做结论，并建议请李季同志来把关。"因为沙家店战役进行时，他正在陕北赶着毛驴办小报"云云。

我不知道李季同志作何回应。实际上修订后的《铜墙铁壁》拖到 1976 年 2 月才再版。我在初夏时节收到这本书，已经行将结束我的援藏教师的工作，就要回出版社重操旧业了。但文井同志建议中的幽默成分，今天看来再清楚不过了。

我在西藏格尔木中学任教时，在 1975 年 2 月间，还很意外地收到文井同志的一封航空信。信封是用出版社报废的《西游记》封面翻过来做成，印有"人民文学出版社"几个字以及地址、电话。信纸是草黄色的土纸，没有任何印刷体的字。四页信纸中，文井同志写了一多半当时流行的标语口号式的文字，诸如从我的"行动和经验中得到许多启发，受到不少教育"之类，还祝愿我"在新的一年中取得更大的成就，成为我们文教战线斗批改中的一名先进战士"云云。但让我怦然心动的却是这样一些话语：

我个人有一件私事想麻烦你一下，不知可否办到？

我爱人李叔华得了一种恶性肿瘤，四个月前开刀切除；但为了防止瘤细胞的转移和扩散，从西药上说，是没有什么有效的药的。现在有不少同志告诉我，射（麝）香是防止和治疗癌症的一种很有效的药，但北京很难弄到。我凭着想当然的态度，想从西藏来碰一碰运气。你可否乘去拉萨之便帮我打听一下，有无可能买到一个真的射（麝）香，有四、五钱重即可。如有而又能买到，需要多少钱，请即来信告我，即当汇款给你。如没有或买起来很困难，也就算了，千万请不要在意。

　　知道你的事情多，日程紧，这类事只能顺便问问，如果特意为我去打听，我将会感到很不安。……

　　可以说，这封信里没有任何严文井式的幽默、风趣和智慧。这在当时的环境下自然是情理之中的事。但大概当时已有假货骗人的事，故他特意在："真的射（麝）香"的"真的"二字下画了两个圈。以我当时对癌症很肤浅的一点知识，也知道找麝香是"救人一命胜造七级浮屠"的好事，起码是会减轻病人的痛苦的好事。我当然会尽力去办。而当时当地（青海），确实不像解放初，已经很难找到麝香了。好在那时格尔木有个西藏第四地质普查大队，我们从北京去的援藏教师和那些地质学院毕业的年轻的地质队员很快就成了有许多共同语言的朋友。其中有一位来自上海的女地质队员叫杨胜秋，比较喜欢文学，也比较热心助人。我当即请她帮忙。过了一些日子，她还果然搞到了一个麝香，不大，也就四、五钱的样子。但总算是可以帮上文井同志一点忙了。印象中她没有要钱，说是另托朋友搞来的，我只好送她一些文学书籍表达感谢之忱。

　　对于文井同志的家事，我所知甚少。前些时在《严文井选集》中读到《我相信……》等篇章，才知道李叔华同志在"文革"浩劫中，是始终和文井同志相依为命的忠实伴侣。正是她，煞费苦心地为文井同志在书柜的显眼位置上贴上"我们应该相信群众，我们应该相信党……"的语录，在文井同志被挂黑牌，罚跪，被抄家的时候，刻意地提醒他：不要自杀！那时候，他们在一起生活已经三十年。那么，在李叔华同志病重要为她寻找麝香的时候，他们已经共同生活近四十年了！我现在当然知道，在癌症面前往往是药石无灵的。但正如鲁迅所说的，医生能治好病人的病就应该好好去治，如果治不好，就要尽量减轻病人的痛苦。（大意）我真是庆幸，起码为减轻李叔华同志的病苦略尽了一点心意。

　　我后来在文学出版社的每一步"升迁"，都是被动的，至今也不知道是哪一位领导人（包括文井同志）为我说了什么举荐的好话。只记得到1986年夏天，我已经是《当代》的副主编兼编辑部主任，一次在地安门明珠海鲜酒楼请顾问和"《当代》文学奖"的评委们吃饭，文井同志见到我就笑着说，"何启治呵，你也总算混到了这一天啦！"我记得这件事，是因为文井同志第一次和我当面开这样的玩笑，而自己不善应对，大概也只是报以无言的微笑吧。

　　1992 年 9 月，我同样在事先不知情的情况下进入人文社的领导班子。那时已经有了一个规矩，即每到过年的时候，社领导成员，都分别和老干处的同志一起到离退休的老领导家里拜年。我主动要求去看望严文井同志，就因为每次到他位于红庙北里文化部宿舍的家里去，都不但能享受到美味的咖啡，还能听到他睿智风趣的谈话——虽然他家里那只近十斤重的黄毛公猫散发的腥臊气味实在难闻。谈话的内容已不大记得了，无非是文坛掌故和对流行的作家作品的看法。比如《当代》常发新人的作品，他看到了，觉得好就会夸几句。上海的王晓玉在《当代》发了七万多字的中篇小说《正宫娘娘》。他看了很高兴，说这作品很独特，文化蕴含深，不人云亦云。他是喜欢竹林的，对她的创作多有鼓励，认为《娟娟啊娟娟》（即竹林的第一部长篇小说《生活的路》）写出了自己的风格。但竹林的长篇代表作《女巫》有些畸形的片断情节，他不喜欢，也就直说。他还说过他年纪大了，对头顶上戴顶什么帽子已经没什么兴趣了，但"《当代》顾问"这顶帽子他还是要的，就因为他喜欢《当代》。这话当然也有点玩笑的成分，但作为《当代》的创始人之一，他关心《当代》也是真心实意的。

　　我们社的一些老人可能会记住这一天：1999 年 5 月 31 日。这一天，3 月 24 日到任的新社长聂震宁召开人民文学出版社专家委员会第一次会议。老聂请严文井老社长当专家委员会的名誉主任并到会讲话。除了专家委员会的委员，像我这样刚退休又返聘的原社领导成员也被邀到会。我始料不及的是，对我来说，这竟是与文井同志的最后一面。

　　那天上午九时在后三楼会议室开会。约十时半，文井同志才步履艰难地由老干处的谢施基和另一人从两边搀扶着进入会场。全场当即掌声欢迎。

　　文井同志穿深蓝色中山装，两眼闪灼着深邃的目光。坐定开始讲话，他音速稍慢，但思维还很清晰。他还是习惯地面带微笑说：聂社长，请我来开会，我，就来了。聂震宁同志来当我们的新社长，我表示欢迎。

281

我略感意外的是，说着说着，文井同志竟讲到重读鲁迅《聪明人和傻子和奴才》(见《鲁迅全集》卷2《野草》)的感受。

他说，我们都很熟悉鲁迅先生讲的聪明人和傻子和奴才的故事。这些年，我常常想，要我做奴才，我是不做的，我不愿意。但做傻瓜呢，要有很大的勇气，我怕还没达到这种境界。那就做所谓的聪明人吧。但还是不甘心。所以，做人真难哪。……

讲到这里，有人就插话，说韦君宜晚年大彻大悟，写出《思痛录》，影响很大。

文井同志没有正面回应。只是说，韦君宜那时候在绥德，不在延安，对延安了解不多。

那你来写回忆录吧。人们期待着。

……文井同志王顾左右而言他，还是没有正面回答。

后来，我听一位我很尊敬的老诗人牛汉说，文井同志晚年写了不少寓言、童话，真是大彻大悟，想象奇特，气韵不凡。我想，写《思痛录》的韦君宜和写寓言、童话的严文井，难道不是以不同的形式表达了自己的心声吗？他们都以自己的大智大勇达到了敢于反抗，敢于把黑屋子砸出个窗户来的"傻子"的境界。这就好。

我企盼能早日看到文井同志生前未发表的寓言、童话。

在经历过几十年的风霜雨雪之后，我固然敬重那些敢于反抗极"左"势力迫害的"傻子"，也同样尊敬以另一种方式抵制极"左"势力迫害的智者——而且认为这样的智者绝不是鲁迅先生所讲故事中的伪善的"聪明人"。

文井同志也许曾在做聪明人和做傻子之间挣扎过，但他最终已修炼成像他的冰心大姐那样会玩七巧板的智者。他问心无愧。好人一生心安。愿他的在天之灵安息吧。

2006 年 6 月 15 日草成

屠岸是"独一无二"的

　　我为什么说，在领导过我的几位社领导中，屠岸的"品德和贡献"是"独一无二"的呢？要回答这个问题，还得从头说起。

　　和李晋西合作完成《我仍在苦苦跋涉：牛汉自述》书稿的整理编撰之后，第二个访问对象就是诗人、翻译家、戏剧评论家、编辑家屠岸，他当然也是我的老领导。

　　记得我在电话中提出希望的时候，并不敢奢望他会立即答应，所以主动建议他考虑一下再答复，我说一周之后再和他联系。然而，不到一个礼拜，也不待我打电话给他，屠岸同志就主动打电话给我，说他有写自传或回忆录的想法，但由于活动太多和其他文学工作太忙，一直没法着手，现在就由他讲述并提供相关的作品、日记和其他材料，由李晋西和我做记录、整理和编撰成书的工作吧。至于采访的方式，他说不必采用"牛汉模式"，不用到中国作协的创作基地去，因为他有慢性肾功能衰竭这种病，不能吃富含蛋白质的食品，正餐必须吃一盘糊糊状的"维思多主食粉"（俗称"麦淀粉"，去掉面筋，不含蛋白质的面粉），所以采访只能到他家里来。至于我和李晋西中午吃饭的问题，他说不要到外面餐馆去吃——他请了会做南方口味菜肴的保姆，午饭桌上加两双筷子就是了。

　　事情就这样确定下来。从 2007 年 11 月起，我和李晋西每周以周末为主，大约有两三天到他家去采访他。其他几天，则让彼此处理一些紧急的事务或做一些必要的准备，当然也是为了顾及张弛有度，毕竟他和我都是老人了。

　　这样，到了 2008 年的春天，由李晋西整理成初稿，经我通读、校改过的"屠岸自述"初稿，便交由屠岸做或补充，或删节，或订正的工作。就在这个时候，2008年3月24日的晚上，我给屠岸同志写了一封信，其中说："从去年11月我和李晋西为做你的'自述'而专访你以来，……我们不断增进、深化了对你的了解。我原来就知道，在领导过我的几位社领导中，你是谦谦君子，以儒雅著称。而现在，我从你自述的几十年的历史中，很具体地知道，你的学识、修养以及在诗创作和翻译等方面的成就都是不同凡响的。你的品德和贡献，起码在我认识的领导人中，是独一无二的，因而也是特别令人感动和敬佩的。"

2008年5月10日，屠岸同志在把我给他的信的复印件应我之请寄给我的同时，回信给我说："我又看了一遍您给我的这封信。越看越觉得惭愧。您信中对我的评价，我也觉得是担当不起的。说'品德和贡献''独一无二'，这'独一无二'如何理解，我想了一下，如果说有个人特色，这无可非议——但这样理解，任何人都是'独一无二'的。如果理解为任何别人都不如我，不如我的'品德和贡献'，那我绝对承受不起！这绝不是谦虚……"

其实我在信里写下那几句话时，只是凭个人的印象和感觉，并没有像屠岸同志在回信时那么认真、严谨地推敲过。但经他这么一分析，我倒真的要好好想一想，我为什么会说，屠岸同志在领导过我的几位社领导中，其"品德和贡献"，是"独一无二的，因而也是特别令人感动和敬佩"的呢？

人民文学出版社的同事知道，领导过我的几位社领导，即社长、总编辑和《当代》杂志主编，先后有严文井、韦君宜、秦兆阳、屠岸、孟伟哉、陈早春、聂震宁、刘玉山等人。正像大家所了解的，他们参加革命有先后，在文学创作和理论修养，在编辑工作乃至行政领导和组织工作等方面都可以说各有建树。那么，屠岸的"品德和贡献"哪些地方比起他们会显得是"独一无二"呢？

首先，我想应该是指他文学艺术上的造诣和在著译作品方面的成就。屠岸是当之无愧的诗人、作家、戏剧评论家、翻译家和学者型的编辑家。他还爱好话剧、电影、绘画和书法。他有包括《屠岸十四行诗》和《济慈诗选》在内的洋洋数百万言的著译作品，可谓著作等身，其涵盖面之广，学问之深，确实是独一无二的；就其交游而言，在诗歌界、戏剧界、翻译界和其他各界朋友之多，其亲和力之大，恐怕也是独一无二的。

其次，在看重亲情，创造和谐、亲密的家人关系，以及在继承、发扬传统伦理道德的优长方面，他也堪称楷模。其中突出的事例，是他们家从 2003 年元旦开始坚持多年定期举行的"晨笛家庭诗会"。"晨笛"是屠岸外孙的名字，屠岸用来命名他们家的诗会。在周末或节假日举办家庭诗会由屠岸提出，家人一致赞同。开始只是朗读、分析中国古典诗歌，渐及古今中外的诗歌名作，后来由女婿提出，是不是系统一点，便从中国新诗开始，以诗人为单元来谈。这就从胡适开始，而后是鲁迅、徐志摩、郁达夫、朱湘、戴望舒、李金发，抗战时的艾青、田间、臧克家、鲁藜、陈辉等等，一个人主讲，然后朗诵诗人的代表作。到 2005 年的五一晚上，是第四十次家庭诗会，主题是鲁迅与诗。儿子宇平读鲁迅小传，屠岸讲鲁迅的旧体诗、新诗、散文诗、新打油诗，外孙女张宜露朗读了《我的失恋》。2008 年 1 月的一次，讲的是济慈的《夜莺颂》。真是亲情浓浓，其乐融融，与会者无论男女长幼，都各有收获。这样的家庭聚会，何止是在我认识的社领导人中，就是在我知道的同事、亲友之中，也是绝无仅有、"独一无二"的呀！

第三，是在对待爱情、友情方面。董申生，是屠岸的初恋女友，后来她去了台湾，最后去美国，而屠岸对她的爱情可谓终生不渝。与妻子章妙英，他们之间的爱情和夫妻之情，是"春蚕到死丝难尽，蜡炬成灰泪不干"。屠岸和成幼殊、陈鲁直、卢世光等在 40 年代成立野火诗歌会，以诗会友，他们的友谊持续了六十多年，至今仍有虽不定期却还比较经常的聚会，谈诗论艺，热情不减当年。这就是屠岸在对待爱情、友情方面的几个突出的事例。他在回顾自己一生的爱情生活时坦然地说："我一生只爱过两个女子。一个是申生，虽然没有结合，但她永远是我心中的圣女。一个是妙英，做了一辈子夫妻，她是我的孟光。我们的婚姻生活是幸福的，婚姻关系是牢固的。我们是一辈子白头偕老的夫妻。"在文艺、文化界，有几个人可以像屠岸这样心地坦荡地说话呢？！

当然，屠岸并不是无可挑剔的完人（世上哪里有完人？）。就工作而言，他自己说："我可以跳单人舞，但如果是满台灯光，我就晕了。"……好了，不再罗列了，还是让有兴趣的读者自己去阅读《生正逢时——屠岸自述》吧，请读者自己去感受、去领悟吧。读屠岸，你会读到真实的、波

285

澜壮阔或者波谲云诡的时代，会读到一个比较纯粹、真实坦荡、百折不挠的文化人的人生故事。你肯定会受益匪浅，从中获得启迪和心灵的净化。

呵，屠岸，我视为亦师亦友的老领导，你值得我好好学习的，何止是上面提到的这一些呢！你虽非完人，却确实相当完美，完美得我不得不掏出心里话来对你说，我"不敢说能像你那样待人处世，或者说'虽不能至，心向往之'，也许能更准确地表达我的一种心情"吧（2008 年 3 月 24 日夜致屠岸信）。

2009 年 3 月 24 日夜

王笠在我心中

　　王笠即王笠耘。熟悉的同事都这样称呼他，就像把王仰晨叫做王仰，含有一点亲切的意味吧。

　　王笠在我心中，首先是个非常敬业的人，是对人民文学出版社、对中国当代文学出版工作有卓越贡献的编辑家。在人文社草创时期，他是最早参加工作的有功人员之一。1951 年建社之初，当时在生活·读书·新知三联书店总管理处工作的王笠耘、袁榴庄等人，就成为人文社最初的基本干部队伍中的编校人员。当时一切因陋就简，因地制宜，他们就在三联总管理处大院里一个西晒的大屋子里集体办公。以后凭借他的专业功底深厚和勤奋努力，渐渐成为当代文学编辑的行家里手。《风云初记》《大波》《死不着》《冬天里的春天》《新儿女英雄传》《蒲柳人家》《一代风流》《桥隆飙》《六十年的变迁》《骑兵之歌》《草原的早晨》《嘎达梅林传奇》《茫茫的草原》等共有二百多部作品经他编发面世。其中突破性的成果，是王火荣获第四届茅盾文学奖的长篇小说《战争和人》三部曲。王笠为这部一百六十多万字的长篇先后写于 1985 年、1988 年、1991 年的"未想发表的三篇读稿意见"，今天读来，仍然是有分析、有创见，对作者和读者都有帮助的好文章。他分管内蒙古地区时，工作之细致深入，使有的作品起死回生，有的青年作家脱颖而出，以致 90 年代中期，我到呼和浩特参加一次文学研讨活动时，内蒙古作协主席老扎(扎拉嘎胡)还直对我夸说王笠的劳绩，并再次表达对王笠这位被他们称之为"内蒙作家的保姆"的编辑家的感激之情。

　　王笠在我心中，是非常严谨，甚至严谨得有点拘谨、刻板的人。我刚到他当组长的小说北组工作时，他的指导可谓事无巨细、大事小情一一提及。最难忘的是用复写纸复写了若干份由他草拟的"致作者的信"发给小组成员(不知是否人手一份)，要求在处理稿件、和作者联系时，务必参照这份"样板信"来写信。至于平时的待人处世，他也可以说是比较严谨、比较中规中矩的人，在政治上当然也是比较听党的话的人。比如在"文革"中，他不会做如严文井在阎纲于半夜挨斗之后悄悄地给他一块桃酥、一块狗肉骨头这样的事，但你要他大张挞伐，借机泄私愤打人骂人，那也绝不可能。1970年军宣队在咸宁"五七干校"大搞揭批查"五一六现行反革命分子"运动。我是被揪出来的，王笠是排长。当我被分配在他的排里监督劳动时，他的态度就是照章办事，既无特殊的同情关照，当然也绝没有歧视和虐待，在沼泽地里一身水一身泥地开辟水稻田的时候，他付出的艰辛决不会比我少。

王笠在我心中，还是比较热心助人，比较重友情，也是知恩图报、具有真挚的感恩之情的人。"文革"后期，我受命组织写知青生活的长篇小说。作者马慧、沈小兰是韦老太在延安插队知青中挑选出来的。这部最后定名为《延河在召唤》的长篇小说被强加上阶级斗争的内容，折腾了两三年终于出版时，我已经奉派到青海的西藏格尔木中学当语文教师。这种违反艺术创作规律的做法，最终被证明是错误的，但王笠和我一样，当时只能按领导意图来做，对马慧、沈小兰从写作初步常识到结构故事、编写提纲以至具体的编撰文字，都尽量按上级的指示来贯彻和辅导。马慧对小说创作只着力于政治分析，尤其欠缺艺术细胞，但她却对学英语有兴趣。早年在西南联大电机系和清华大学外国文学系学习、毕业的王笠，便很热心地去辅导马慧学英语，以致马慧慨叹：想不到你们社搞当代文学的编辑老师英语也这么棒呵！

最让我体察到王笠知恩图报之情的，是他对老社长韦君宜的感念之情。2008年4月10日，韦老太的故乡人——中共湖北建始县委、建始县人民政府在全国政协第五会议室举行"韦君宜纪念馆筹建工作座谈会暨文物捐赠仪式"。我受韦老太女儿杨团的委托给张洁、王笠等人打邀请电话。王笠接到电话，当即表示他很想参加，但眼下有困难。他说他的两个肾都坏了，按西医说必须动手术换肾，他幸亏没有听西医的话，否则必死无疑；现在按中医的办法治疗，只是还不便走动，所以怕是无法赴

288

会。听声音，说话真是有气无力。稍后，他又主动给我打电话，还是气喘吁吁的说话很费力，表示韦老太这个会他还是想克服困难去参加；万一真走不动就请我代为转达他对韦老太的感激和怀念之情，转达他对韦老太故乡人的敬意。同事中有一种说法，说王笠是韦老太的"爱将"。我从他在能否参加"韦君宜纪念馆筹建工作座谈会暨文物捐赠仪式"的反复犹豫中，完全能体察他那时因病重无法赴会而产生的痛苦烦恼的心情。王笠最终没有参加这次活动，却在 4 月 27 日，在举行这个仪式的十七天之后永远停止了呼吸，真是让人痛惜！

1997 年 10 月何启治与王笠耘合摄于王寓

　　王笠在我心中，是一位十分勤奋努力的人。他几十年来在把主要精力投入编辑工作的同时，一直坚持业余写作，1989 年 11 月退休后更是全身心地投入到创作中去。他的创作理论研究《小说创作十戒》，诗集《心花飘向远方》，中篇小说《春儿姑娘》，长篇小说《她爬上河岸》等等精心之作，就这样一部部呈现在读者眼前，也令人信服地展现了他多方面的文学才能。而为了完成这些作品，他昼夜运思，反复推敲修改，直到他自己尽心尽力为止。他就住在我楼上，往往夜深人静时会发出一声脆响，我在睡梦中醒来，就知道王笠还在写作，大概是不小心把笔或镇纸之类的东西掉地上了(他不愿意折腾，所以不搞装修，原有的水泥地板至今依旧)。为了写作，他已经养成了不同于常人的作息习惯，总是晚上写到凌晨两三点，而上午却要睡到十点、十一点才起床。我们知道他习惯的人，自然不会在上午去打扰他。

王笠在我心中，也是有主意、有个性的人。他一般比较谦和，喜怒不形于色。但真惹恼了他，忍无可忍时，也会有激昂慷慨，甚至金刚怒目的神态。记得他的《小说创作十戒》由人文社在 2001 年再版时，责任编辑是刚到编辑部不久的一位博士生。他不理解王笠的苦心，说他采用的例子都太老太陈旧了；又不知道人文社尊重作者的好传统，不经商量就在一些地方下笔作了改动，甚至还想抽掉个别章节，并以他个人名义写篇"编后记"。王笠知道后真是生气了。其时我虽已退休，但还返聘在社里工作，算是这本书的终审人吧。他便找到我，一反平时的温良恭俭让，说他（指责编）懂什么创作呵，读了几本别车杜（指 19 世纪俄罗斯著名文学批评家别林斯基、车尔尼雪夫斯基和杜勃罗留波夫）就以为有资格指导别人写作啦?! 又说，我这可是一辈子做编辑工作的经验总结，他怎么可以乱改?! 你告诉他，都给我恢复原来的样子。我只好安慰他，说这位博士生刚做编辑，凭书本知识，缺少实践经验，我去做他的工作好了。想不到，王笠在气头上竟冒出一句更具杀伤力的话：博士怎么啦? 我和你如果在大学教书，早就是博士导了! 我只好劝他息怒。大概因为有这一段故事，所以他在赠我样书时，特意写上"启治再指正　谢谢你!"这样的话。

还有一件事，本来与王笠没有直接关系，但也把他惹火了。是在一次离退休老干部的支部会上吧，一位曾经给老社长王任叔（巴人）同志当过助手的人发言。他左一个"王巴人"，右一个"王巴人"，确实听得有点扎耳朵。王笠显然听得很不舒服，终于憋不住他的反感，对我说，叫巴人就巴人，王任叔就王任叔，什么"王巴人"，他怎么这样没礼貌、没教养呵! 说话时一脸的严肃和气愤。

这就是我心中的王笠、王笠耘同志。在中国当代文坛，他可以说是有德、有才、有功之人；作为一个文学编辑，一个真实的人，他又是严谨得有点刻板的、有主意有个性有脾气的人。

呵，王笠、王笠耘同志。你的脾性也许与当今这个世界的喧嚣热闹不太合拍。如今，我们送你远行，愿你的灵魂在另一个比较安静的世界里安息吧。

2009 年 4 月 5 日

后 记

如果不是党的十一届三中全会(1978 年 12 月)开创了一个实事求是、以经济建设为中心的新时代,如果没有思想解放运动和持续三十年的改革开放,我的编辑人生将黯然失色;而有了这三十年,我就可以不必过于自谦地说,我确实为自己的编辑人生感到自豪。

当然,如果没有人民文学出版社和《当代》杂志,也同样不可能有我的什么编辑业绩可言。

也就是说,没有时代的进步,没有我所在的重要编辑岗位,就不会有《书林守望丛书·何启治卷》这本书。这一点,只要看看我的《世纪书话》中的首篇(关于《铜墙铁壁》的再版)和其他篇章,就会相信我言之有据,并不夸张。

此书确定选目的原则,大体上是:

一、只限于当代文学部分(这是我的主业),故已将获全国优秀报告文学奖的《播鲁迅精神之火》删去;

二、只保留有关在文学史上有地位的作家和有相当潜力的作家的文字——经过几十年的检验,这一点已不难判断;

三、只保留自己的相关文字,其他属于他人见解的文字,如韦君宜、秦兆阳谈编辑工作,虽由自己访问整理,也只好割爱。

此外,还有相当数量的序、跋,因与编辑工作关系不大,遵照丛书编委会的建议,也不再收入。

整理编辑一本半个世纪(1959~2009 年)以来反映自己编辑工作经验教训的书,是我的夙愿。但在目前的市场条件下,出版谈编辑体会的书

2006年9月，宗福邦、缪俊杰、何启治三学友七十华诞之庆与来宾合影。
前排左起：邓兴器、冯立三、谢永旺、何启治、缪俊杰、宗福邦、赵克勤、何镇
邦、何西来、刘虔；后排左起：汪蕾、房慧玲、王玮、李晓红、岳建一、刘治
平、李晓燕、宗连坚、罗娜辉、韦凤宝、李晋西。

292

籍之难可想而知。谨对《书林守望丛书》编委会和支持这套丛书出版的单
位和个人，表示由衷的敬意和感谢。

作　者

2009 年 12 月 22 日